Kenneth S. Whitton

Dietrich Fischer-Dieskau · Ein Leben für den Gesang

Kenneth S. Whitton

Dietrich Fischer-Dieskau
Ein Leben für den Gesang

Übertragen und bearbeitet
von Ulla Küster

Deutsche Verlags-Anstalt
Stuttgart

CIP-Kurztitelaufnahme der Deutschen Bibliothek

Whitton, Kenneth S.:
Dietrich Fischer-Dieskau:
e. Leben für d. Gesang / Kenneth S. Whitton.
Übertr. u. bearb. von Ulla Küster. –
Stuttgart: Deutsche Verlags-Anstalt, 1984
Einheitssacht.: Dietrich Fischer-Dieskau ‹dt.›
ISBN 3-421-06210-2
NE: Küster, Ulla [Bearb.]

Titel der englischen Ausgabe:
Kenneth S. Whitton
Dietrich Fischer-Dieskau
Mastersinger
© der englischen Ausgabe 1981
Oswald Wolff (Publishers) Ltd., London
© der deutschen Ausgabe 1984
Deutsche Verlags-Anstalt GmbH, Stuttgart
Typographische Gestaltung: Brigitte Müller
Gesamtherstellung:
Hieronymus Mühlberger KG, Augsburg
Printed in Germany

Inhalt

Was die Eigenart, das Spezifische einer Stimme ausmacht, läßt sich mit Worten nicht beschreiben. Besonders dann nicht, wenn es sich – wie bei Dietrich Fischer-Dieskau – um eine Stimme handelt, die mit einzigartiger Technik und Stimmfärbung auf die Inspiration des Sängers reagiert. Man kann aber ein Bild geben vom Gestaltungswillen, von der Motivation des Sängers; man kann beschreiben, wie groß Erkenntnis und Empfinden sind, die dieser Stimme den Impuls geben. Das hat Kenneth Whitton sich zur Aufgabe gemacht. Er schöpft dabei aus gründlichem Wissen über das Lied, über die Oper und über Vokalwerke im allgemeinen und nicht zuletzt aus seiner langen Bekanntschaft mit dem Sänger.

Die schöne Müllerin war das erste Werk, das Dietrich Fischer-Dieskau in London für die Schallplatte sang. Er war damals noch sehr jung. Alle, die bei dieser Aufnahme mitwirkten, waren sich damals schon einig: Das ist einer der größten Interpreten, die Deutschland hervorgebracht hat. Schon damals war er Musiker durch und durch. Ihn interessierte bei einem Lied nicht die Singstimme allein, er kannte auch den Klavierpart genau. Er wußte, daß die Stimmung eines Liedes, seine Aussage, seine Bilder ganz entscheidend vom Klavier mitgeprägt werden. Für mich als Pianisten war das außerordentlich anregend.

Was ist das Einzigartige an Dietrich Fischer-Dieskau? Um darauf zu antworten, braucht man ein ganzes Buch. Kenneth Whitton hat es geschrieben. Soll man das Besondere an ihm aber mit einem Satz charakterisieren, so meine ich: »Routine gibt es für ihn nicht!« Es ist ihm nicht möglich, sich ständig in eingefahrenen Geleisen zu bewegen. Alles beginnt er ohne Vorurteil, ganz unvoreingenommen und frisch. Oft ist eine Wiederholung bereits eine Art Neuschöpfung. Er will seinen Schubert, seinen Schumann, seinen Hugo Wolf oder seinen Johannes Brahms nicht »verbessern«, im Gegenteil. Er hat so viel Achtung vor dem Komponisten, daß er in jeder Probe jedes noch so bekannte Lied anpackt, als sänge er es zum ersten Mal. Bei ihm gibt es keine öde Gleichförmigkeit, keine sklavische Bindung an das Metronom. Geschmeidiger, lebendiger Rhythmus leiten ihn. Wie jeder ernsthafte Künstler tritt er für eine Freiheit ein, die von Disziplin, Formgefühl und Geschmack geprägt ist.

Fischer-Dieskau schwört auf »tempo rubato« und nutzt es mit unnachahmlicher Finesse. Das bedeutet, daß nicht jeder Takt so lang ist wie der folgende; die Länge der Takte paßt sich einer Phrase an, die sich ja auch über mehrere Takte erstreckt. Fischer-Dieskau will das Entscheidende einer Phrase aufzeigen, er will einen Höhepunkt herausstellen, der natürlich nicht der höchste Ton einer musikalischen Linie sein muß. Er sucht ihn in einer subtilen Wendung der Melodie, in einem Harmoniewechsel der Begleitung, in einem bedeutungsvollen Wort des vertonten Gedichts. Dieser Höhepunkt wird behutsam und überzeugend herausgearbeitet, manchmal auch mit Macht hervorgekehrt, ganz wie das Lied es verlangt. Im rubato liegt aber auch die Möglichkeit, im Tempo nachzugeben, winzige Raffungen oder Verzögerungen einzuschalten. Rubato ist Lebenskraft und Triebfeder, kaum zu erklären und mit größter Vorsicht anzuwenden. Wird rubato falsch eingesetzt, kann aus einer bezaubernd schönen Phrase abscheulich Sentimentales werden, eine ganze Passage kann zerstört, aus Hohem Banales gemacht werden. Fischer-Dieskau beherrscht das tempo rubato mit solchem Feingefühl, daß er damit der Musik Flügel verleiht und den Hörer mitreißt, ohne daß er es merkt.

Wenn ich an meine Zusammenarbeit mit ihm denke, so kommen mir vor allem unsere Proben in den Sinn. Es waren unvergeßliche Stunden der Freude, in denen wir bei ernster, konzentrierter Arbeit, unterbrochen von fröhlichem Lachen, zu Gedankenflügen und zündenden Ideen kamen.

Ich fand den Menschen Fischer-Dieskau immer ebenso anregend wie den Künstler, denn die Stimme ist Teil des Menschen. Davon handelt dieses Buch.   *Gerald Moore*

Mit seinem Gesang hat Dietrich Fischer-Dieskau mir neuen Zugang zu vielen musikalischen Gebieten ermöglicht; er hat mir deutsche Gedichte durch seine Interpretation ihrer Vertonungen erschlossen. Für mich – und für viele andere – hat er neues Licht auf europäische Musik und Literatur geworfen.

Ich hatte das Glück, den Sänger bereits am Anfang seiner Karriere zu hören. Ich konnte seitdem sein Werden und seine Laufbahn verfolgen und manches Gespräch in Deutschland, England und anderswo mit dem Künstler führen.

Heute steht Dietrich Fischer-Dieskau, wie neueste Schallplattenaufnahmen und Konzerte beweisen, in der vordersten Reihe großer Musikinterpreten. Die Zeit für eine Biographie ist noch nicht gekommen; sie kann erst in einer fernen Zukunft geschrieben werden.

Dieses Buch kann nur als ein Zwischenbericht gesehen werden, geschrieben von einem Zeitgenossen, der alle Schallplattenaufnahmen des Künstlers kennt und besitzt, der ihn in den letzten dreißig Jahren in Konzerten und Opern erlebt, mit ihm korrespondiert und gesprochen hat. Das Buch versucht, die Karriere des Sängers von 1947 bis heute zu dokumentieren.

Kenneth S. Whitton

Für den Kunstgesang unserer Zeit hat Dietrich Fischer-Dieskau Maßstäbe gesetzt. Sein Name ist aus der Welt des Gesanges nicht wegzudenken. Im Lied, in der Oper, im Oratorium – überall hat der Sänger seit mehr als 35 Jahren Bedeutendes geleistet. Mit keinem Musiker unserer Tage wurden so viele Schallplattenaufnahmen gemacht; sie geben Zeugnis von der Entwicklung seiner Stimme, seiner Werkinterpretation, von seinem gesamten sängerischen Wirken.

Dietrich Fischer-Dieskau wurde am 28. Mai 1925 in Berlin geboren. Er wuchs in Zehlendorf, einem Vorort Berlins, auf. In diesem am Ende des letzten Krieges schwer getroffenen Stadtteil – auch das Elternhaus des Sängers gibt es nicht mehr – hat der Vater, Albert Fischer, ein Lehrer mit ungewöhnlich großen, vielseitigen Interessen, nach zwei anderen höheren Schulen des Ortes das Zehlendorfer Gymnasium begründet. Es konnte vor einigen Jahren sein 75jähriges Bestehen feiern. Über dem Eingang zur Aula stehen zwei für Vater und Sohn beziehungsreiche Zeilen aus Schillers Gedicht »Das Ideal und das Leben«:

> »Nur dem Ernst, den keine Mühe bleichet,
> Rauscht der Wahrheit tiefversteckter Born.«

Albert Fischer galt als »Reformer«. Er legte großen Wert auf das Erlernen klassischer Sprachen und auf gründlichen Deutschunterricht, doch wandte er sich gegen einseitigen Drill und stumpfsinniges Pauken. Als Schulleiter bemühte er sich, stärker als damals üblich, um Verständnis für seine Schüler. An seiner Schule gab es eine Schülerzeitung, man fuhr in das von Fischer eingeführte Schullandheim im Riesengebirge, Lehrer und Schüler unternahmen damals schon gemeinsame Wande-

Der Vater

rungen. Vor allem aber ermunterte Albert Fischer seine Schüler, sich mit Musik zu beschäftigen. Sie sollten Musik hören und
verstehen lernen, mehr noch: selbst Musik machen.

Dietrich Fischer-Dieskau, der sich gut daran erinnert, was
für ein offener, unorthodoxer Erzieher sein Vater war, erzählte
mir einmal, daß Alberts Vater, ein heute noch geschätzter
Hymnologe, seinem Sohn schlichtweg verboten hatte, Musiker
zu werden: Das sei eine brotlose Kunst!

Albert Fischer war am 1. April 1865 in Althaldensleben bei
Magdeburg geboren worden. In erster Ehe war er mit Elisabeth
Puder (1874–1917) verheiratet. Die beiden Kinder aus dieser
Ehe leben nicht mehr. Nach dem Tod seiner ersten Frau heira-
tete er Theodora (Dora) Klingelhöffer (1884–1966). Aus dieser
Verbindung stammen drei Söhne: Klaus (geb. 1921), Martin
(geb. 1923) und Albert Dietrich, der Sänger.

In Zehlendorf war man stolz auf Albert Fischer. In den frühen zwanziger Jahren wurde im Theater des Westens seine

Die Mutter

Operette _Sesenheim_ aufgeführt. Sie hat die Liebesgeschichte zwischen Goethe und Friederike Brion zum Thema (den gleichen Stoff vertonte – allerdings sehr viel professioneller und erfolgreicher – Franz Lehár 1928 in _Friederike_). Vor allem aber war es diesem ernsten, gebildeten und musikalischen Menschen zu danken, daß in Zehlendorf ein reges Konzertleben aufblühte. Musiker wie Richard Strauss, Emmy Destinn, Franz von Vecsey, Claire Dux, Frieda Hempel, Emilie Herzog und viele andere traten hier auf. Durch diese Konzerte wurde der junge Dietrich Fischer-Dieskau in die große Musik eingeführt. Die Welt der Literatur öffnete sich ihm in der Bibliothek seines Vaters, wo ihn besonders eine abgegriffene, mit vielen Anmerkungen versehene Cotta-Ausgabe von Goethes Werken faszinierte.

1937 beschloß Albert Fischer, den Mädchennamen seiner Mutter anzunehmen, der sonst ausgestorben wäre. Er führte nun den Namen Fischer-Dieskau. Auch hier war wieder Musik im Spiel: Emma Fischer, geborene von Dieskau, war nämlich eine direkte Nachfahrin jenes Kammerherrn Carl Heinrich von Dieskau, für den Johann Sebastian Bach seine weltliche Kantate *Mer hahn en neue Oberkeet,* die sogenannte *Bauernkantate,* geschrieben hat. Sie wurde am 30. August 1742 zum ersten Male aufgeführt, als dieser Herr von Dieskau die Güter Klein-Zschocher und Knautheim bei Leipzig übernahm. Der Text versucht, dem neuen Herrn den Wunsch nach niedrigeren Abgaben nahezubringen und endet mit dem Huldigungschor »Es lebe Dieskau und sein Haus!« Oft hat Dietrich Fischer-Dieskau diese Kantate gesungen. Es ist ein besonderer Ohrenschmaus, wie er auf der Schallplatte von 1961 das »Dieskau« sozusagen auf der Zunge zergehen läßt.

Wenn auch die Beziehungen des Sängers zu Zehlendorf lockerer geworden sind, der Name der Familie wird dort heute noch in Ehren gehalten. Am Anfang des Fischer-Dieskau-Weges, der von der Königstraße zum Paul-Mebes-Park führt, steht auf einer Metalltafel: »Dr. Albert Fischer-Dieskau, Geheimrat, Begründer des Zehlendorfer Gymnasiums, 1865–1937«. Albert Fischer-Dieskau, seine Mutter und seine beiden Frauen sind auf dem Friedhof begraben, der in Zehlendorfs Ortsteil »Onkel Toms Hütte« liegt.

Wie mag wohl ein Singspiel, das ein nicht mehr ganz junger Direktor eines Gymnasiums geschrieben hatte, in der unruhigen Zeit zu Anfang der zwanziger Jahre gewirkt haben? Der Erste Weltkrieg war mit der Niederlage Deutschlands zu Ende gegangen, die Monarchie war 1919 von einer nicht vom Glück begünstigten Republik abgelöst worden, die Inflation hatte das Geld entwertet und die Menschen verarmt. Wie eigenartig muß sich da ein Singspiel über eine Liebesaffäre Goethes neben Werken des Expressionismus und der »Neuen Sachlichkeit« ausgenommen haben, in einer Zeit, die kaltschnäuzig war, triebhaft und vulgär.

Aber es gab auch anderes im Berlin jener Tage. Wilhelm Furtwängler dirigierte die Philharmonischen Konzerte, in der Staatsoper wurde unter Leitung von Erich Kleiber Alban Bergs *Wozzeck* uraufgeführt, Otto Klemperer war Direktor der Kroll-Oper, die Städtische Oper leitete Bruno Walter, der in seinem 1946 erschienenen Buch »Thema und Variationen« schreibt:

»In der Tat war es, als ob alle hohen künstlerischen Kräfte noch einmal aufstrahlten und dem letzten festlichen Symposion der Geister seinen vielfarbigen hohen Glanz gaben, bevor die Nacht der Barbarei hereinbrach.«

Als Dietrich Fischer-Dieskau geboren wurde, war sein Vater sechzig Jahre alt. Immer wieder hat es den Sänger eigenartig berührt, daß sein Vater nur fünf Jahre nach Hugo Wolf geboren wurde. Außer dem Großvater – noch vor Schuberts Tod 1822 geboren –, der über Choräle gearbeitet hatte, gab es in der Familie niemanden, der sich von Berufs wegen mit Musik beschäftigt hatte. Der Vater als Philologe hatte sich sein Musikwissen selbst beigebracht. Die Mutter spielte ausgezeichnet Klavier und wäre gern Sängerin geworden; ihre Mutter, die noch Grieg als Dirigenten erlebt hatte, war Pianistin gewesen.

Die Musik hatte im Hause Fischer-Dieskau immer eine wichtige Rolle gespielt; dafür ist eine der frühesten Erinnerungen des Sängers bezeichnend: Er sieht sich am Sonntagmorgen unter dem Flügel sitzen, an dem sein Vater kunstvoll und mit Hingabe Choräle improvisiert. Das erste Musikstück, das einen tiefen Eindruck auf Fischer-Dieskau machte, war der *Hochzeitsmarsch* aus *Lohengrin*, den er mit vielleicht sechs Jahren am Radio hörte.

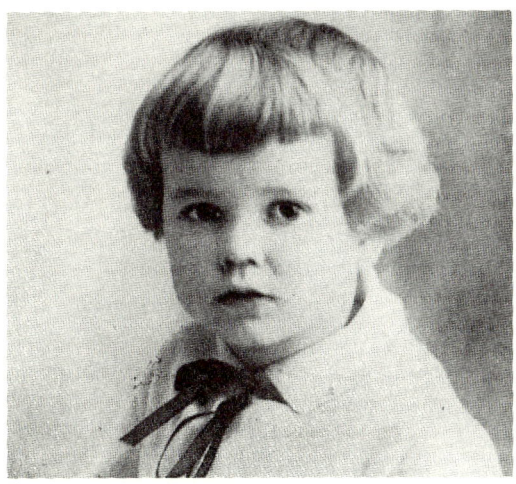

Mit vier Jahren

15

Viele Musik- und Theateraufführungen, die der Vater in der Aula seiner Schule veranstaltete, blieben ihm unvergessen. Ein Wunderkind war Fischer-Dieskau jedoch nicht; kein kleiner Mozart, kein Yehudi Menuhin.

Ich habe den Sänger einmal gefragt, wie er sich selbst als Kind beschreiben würde; er meinte: »Scheu, ungeschickt, folgsam, unsportlich.« Unsportlich – das wunderte mich, hatte doch sein Vater in Zehlendorf schon 1911 einen Tennisclub, die »Zehlendorfer Wespen«, ins Leben gerufen und wenig später einen Ruder-Club für Schüler am Wannsee gegründet.

Mit fünf Jahren kam Dietrich Fischer-Dieskau in eine Grundschule nach Berlin-Lichterfelde. Mit neun Jahren erhielt er den ersten Klavierunterricht. In seiner Freizeit führte er mit einem Puppentheater Webers *Freischütz* auf. Die Figuren dafür schnitt er aus *Neuruppiner Bilderbogen* aus, die Musik lieferte ihm das Grammophon, wie er überhaupt begeistert Schallplatten hörte.

Auch zur Malerei, die ihm heute so viel bedeutet, wurde Fischer-Dieskau schon damals geführt. Friedrich Seyer, der Vater seines ersten Klavierlehrers Joachim Seyer-Stephan, war ein bekannter Märchenillustrator. Von ihm angeleitet begann Fischer-Dieskau zu zeichnen und zu malen. Heute findet man in seinen Häusern in Berlin und in Berg bei München viele Zeugnisse seiner Begabung als Maler. Er sagt – und diese Meinung teilt er mit vielen anderen Musikern –, das Malen helfe ihm, Anspannung und Druck seines Berufes zu überwinden und zeitweise zu vergessen. Als der Sänger 1961 gefragt wurde, welches Bild ihm am meisten bedeute, nannte er damals Paul Klees letztes Gemälde *Ohne Titel* aus dem Jahr 1940. Allerdings sei für ihn moderne darstellende Kunst viel schwerer zu verstehen als moderne Musik. Im Deutschland des Dritten Reiches sei man zu sehr von der Entwicklung der modernen Kunst abgeschnitten gewesen. Fischer-Dieskau selbst malt »modern«, aber nicht nach dem Zeitgeschmack, mit einer Vorliebe für außergewöhnliche Formen. Alles, was mit Malerei zusammenhängt, interessiert ihn. Lieblingsmaler aber glaubt er keine zu haben, obgleich er die Namen Max Ernst, Wilhelm Leibl, Claude Monet und Gustave Courbet besonders häufig erwähnt.

Als Adolf Hitler 1933 an die Macht kam, war Fischer-Dieskau sieben Jahre alt. Seine Entwicklungsjahre, die an sich völlig normal verliefen, wurden natürlich vom »Tausendjährigen Reich« mitgeprägt. Wie alle seine Altersgenossen kam er mit zehn Jahren zur Hitlerjugend. Der »scheue, ungeschickte« Junge war nicht gerade der Prototyp eines Hitlerjungen! Kriegsspiele und pseudo-militärischen Drill fand er schrecklich. Er erzählte mir, wie erschöpft er gewesen sei, nachdem er stundenlang ohne Unterbrechung Fackeln durch Berlin bis zum Olympia-Stadion hatte tragen müssen.

Die meisten Mitschüler waren ebenfalls keine begeisterten Nazis. Fischer-Dieskau berichtet, das habe sich namentlich im Lateinunterricht gezeigt, wenn immer wieder bohrende Fragen von den Schülern gestellt wurden. Der Antisemitismus, der besonders im Religionsunterricht zum Ausdruck kam, hat ihm schwer zu schaffen gemacht, und der Drill im Turnunterricht, der damals ja besonders wichtig genommen wurde, habe ihn abgestoßen.

Die Eltern des Sängers waren unpolitische Menschen. Seinen Vater beschreibt er als »kaisertreu, aber ›liberal‹ im Ersten Weltkrieg«. Er war nicht Soldat gewesen, während Joachim, der Sohn aus erster Ehe, als Leutnant im Feld stand. In den dreißiger Jahren, als Fischer-Dieskaus Vater im Ruhestand und nicht mehr im Schuldienst war, konnte er sich intensiver der Erziehung seiner Söhne widmen. Er hatte angefangen zu schreiben, was den damals achtjährigen Dietrich ebenfalls zu schriftstellerischen Taten anregte. Er schrieb seinem Vater aus den Ferien, er habe einen Roman mit dem Titel *Mein Garten* begonnen und bereits 14 Seiten fertiggestellt. Leider ist dieses Opus im Krieg verbrannt, Fischer-Dieskau erinnert sich aber noch an einige Sätze: »Ich wollte heiraten. Ich telefonierte so lange herum, bis ich eine fand. Dann sagte ich der Frau, wir gingen morgen zum Standesamt.« Es wird wohl keine unsterbliche Dichtung gewesen sein.

Die Eltern nahmen am kulturellen Leben Berlins, das immer noch sehr reich war, regen Anteil, und die Kinder wurden so oft wie möglich ins Konzert und ins Theater mitgenommen. Die erste Oper, die Fischer-Dieskau erlebte, war Wagners *Lohengrin*.

Er schrieb mir darüber: »Lohengrin entschied über mein weiteres Los. Ritterpracht und Schwanenschild taten das ihre, um freilich etwas ganz anderes zum Vorschein zu bringen: die Lust am Singen. Und wenn ich auch nie die damals für echt gehaltenen Goldlocken des Heldentenors am eigenen Kopf auszuprobieren hatte, so fand ich doch eine Terz tiefer unter den Baritonisten meinen Lebensunterhalt.«

Auch sein älterer Bruder Klaus war musikalisch hochbegabt. Er wurde Organist, Komponist und Leiter des von ihm gegründeten Hugo-Distler-Chors in Berlin.

In Schillers Tragödie *Wallensteins Tod* heißt es: »Und in dem Heute wandelt schon das Morgen.« Diese Worte scheinen sich – was Dietrich Fischer-Dieskau betrifft – zu bewahrheiten. Denn alles, was er heute tut, hat ihn schon als junger Mensch interessiert und innerlich erfüllt: Singen, Oper, Malen, Schreiben. Darüber hinaus darf aber eines nicht vergessen werden: das Dirigieren.

Am 16. Oktober 1973 ging ein lang gehegter Wunsch des Sängers in Erfüllung; er leitete ein Konzert der »Camerata Academica Salzburg« im Stadtsaal zu Innsbruck. Natürlich hat er als Junge – wie viele andere auch – Schallplatten vor dem Grammophon dirigiert, und als er mit elf Jahren zum ersten Mal ein Orchesterkonzert erlebte, wurde er von dem Anblick des weißgelockten Dirigenten in Begeisterung versetzt; er war so hingerissen, daß er noch heute genau weiß, was gespielt wurde: Liszt! Ein Klavierkonzert mit Konrad Hansen als Solist und die *Faust-Symphonie*. Vor diesem Idealbild schmolzen seine früheren Berufswünsche wie Reichspräsident und Lokomotivführer dahin.

Diesem offiziellen Debut Fischer-Dieskaus als Dirigent in Innsbruck war ein »inoffizielles« vorausgegangen. Wie er erzählt, hatte er als Zwölfjähriger seine Eltern zur Kur nach Flinsberg in Ostpreußen begleitet. Dort wurde von der Kurkapelle ein Wettdirigieren veranstaltet. Der Junge beteiligte sich. Er wollte die ihm von seinen Puppentheater-Aufführungen so wohl bekannte *Freischütz*-Ouvertüre dirigieren. Der Leiter der Kapelle aber wählte einen Walzer für ihn: *An der schönen blauen Donau* – das schien für einen Jungen im Matrosenanzug geeigneter. Leider gehörte dieses Musikstück nicht zum Repertoire des Zwölfjährigen. Ihn begeisterte aber die Situation; er stand auf einem Stuhl und wedelte mit dem Taktstock fröhlich hin und her. Den Wink eines freundlichen Hornisten aber, der ihn auf eine Pause aufmerksam machen wollte, verstand er nicht. In der schrecklichen Stille, die mit der Pause eintrat, dirigierte Fischer-Dieskau munter weiter. So endete bis auf weiteres eine vielversprechende Karriere.

Auf dem Klavier hatte Fischer-Dieskau rasch Fortschritte gemacht, so daß er Freunde, die Flöte oder Klarinette spielten, begleiten konnte. Auch seine Stimme, die schon einem Lehrer in der Grundschule aufgefallen war, entwickelte sich immer mehr zu einem schönen Knaben-Alt. Bei Schulkonzerten durfte er mitwirken; er spielte die c-moll-Phantasie von Mozart auf dem Klavier und dirigierte das *Sanctus* aus der Es-Dur-Messe von Schubert.

Die Konzertbesuche mit seinen Eltern und die vielen Schallplatten in seiner Familie hatten in Fischer-Dieskau schon früh großes Interesse für Sänger geweckt. Seine größte Bewunderung galt damals Emmi Leisner (1885–1958). Ihre mächtige Altstimme können wir heute noch auf Schallplatten bewundern. Berühmt sind ihre Aufnahmen des Duetts Fricka-Wotan mit Friedrich Schorr aus Wagners *Walküre* und ihre Interpretation der Lieder von Max Reger. Angeregt durch ihr Singen machte sich Fischer-Dieskau zum ersten Mal daran, ein Lied, nämlich *Wie bist du, meine Königin* von Johannes Brahms, richtig zu lernen und zu studieren. Und gerade in dieser Zeit bekam er Stimmbruch. Er war damals fünfzehn Jahre alt, und Fischer-Dieskau meint heute, es sei ein sehr sanfter Bruch gewesen, er habe eigentlich gar keine Pause im Singen machen müssen. Auch habe er ohnehin nur gesungen, wenn niemand ihm zuhörte, so daß es niemanden habe stören können. Welch ein Unterschied: Der fünfzehnjährige Stimmbrüchler, der in einem entlegenen Zimmer allein zu singen versucht, und der Sänger heute in großen Sälen vor Tausenden!

Im Jahr 1937 starb der Vater Fischer-Dieskau im Alter von 72 Jahren. Damit verstärkte sich der Einfluß der künstlerisch begabten Mutter auf ihre Söhne. Hatte der damals zwölfjährige

Dietrich von seinem Vater viel über Opernmusik erfahren, besonders über Richard Wagner und Richard Strauss (Verdi fand er zu simpel), so ermunterte die Mutter ihren Sohn, die Musik ihrer Lieblingskomponisten auf dem Klavier zu spielen – Schumann, Chopin, Brahms.

Mit dem Einmarsch in Polen am 1. September 1939 entfesselte Adolf Hitler den Zweiten Weltkrieg. Zunächst änderte sich das Leben in Berlin kaum. Die Erwachsenen gingen ihrer Arbeit nach, die Kinder besuchten die Schule. Mit den schweren Bombenangriffen des Jahres 1942 wurde das anders.

Der Sänger war vierzehn Jahre alt, als der Krieg ausbrach. Zunächst lief auch sein Leben im gewohnten Geleise weiter. Aber immer mehr Lehrer verschwanden an die Front, und der Schulbetrieb wurde von Tag zu Tag unregelmäßiger. Anstelle des Abiturs trat damals häufig ein sogenanntes Not-Abitur. So brauchte Fischer-Dieskau die Prüfung beispielsweise nur mündlich abzulegen. Sie brachte ihn wieder einmal in Verbindung mit Johann Sebastian Bach. Sein Musiklehrer wählte für ihn als Abiturthema »Parallelen zwischen Bachs *Bauernkantate* und der Kantate *Phöbus und Pan*«. (Die Musik zur Arie Pans »Zu Tanze, zu Sprunge« ist mit der Baß-Arie »Dein Wachstum sei feste« aus der *Bauernkantate* identisch.)

Ein überragender Schüler ist Fischer-Dieskau wohl nicht gewesen. Kein Lehrer hat es verstanden, in ihm den intellektuellen Wissensdurst zu wecken, der ihn heute kennzeichnet. Außer in Deutsch, Musik, Zeichnen und Englisch hat er im Grunde wenig von der Schule profitiert. Das mag auch der Grund dafür sein, daß er sich selbst nie in der Rolle des Lehrenden sehen mochte. Solange ich Dietrich Fischer-Dieskau kenne, hat er immer wieder gesagt, er eigne sich nicht als Lehrer und wolle weder ein Buch über das Singen schreiben, noch je Meisterkurse geben. Er war sich darin mit dem Sänger Geraint Evans einig, der einmal meinte: »Ich möchte lieber eine ganze Oper herausbringen, als jemals einen Sänger unterrichten! Todesängste würde ich ausstehen, weil ich immer befürchten müßte, ihm etwas Falsches beizubringen.« Aber Fischer-Dieskau ist sich natürlich im klaren darüber, daß jeder Schüler das Recht auf einen guten Lehrer hat – auch wenn er mit dem Unterricht an

Bei der Überreichung des Ernst-von-Siemens-Musikpreises am 11. April 1980.
——————— *Mit Hermann Reutter und Aribert Reimann* ———————

einigen deutschen Musikhochschulen ganz und gar nicht einverstanden ist.

Als der Sänger bei der Verleihung des Ernst-von-Siemens-Musik-Preises der Bayerischen Akademie der Wissenschaften in München am 11. April 1980 erklärte, daß er die Preis-Summe von 150 000 Schweizer Franken für einen Stipendienfonds zugunsten begabter junger Sänger zur Verfügung stellen wolle, fügte er hinzu: »Auch ich selbst möchte unterrichten, wenn ich eines Tages weniger internationale Verpflichtungen haben werde.« Er sagte, daß es ihm besonders darum gehe, jungen Menschen bei der Weiterbildung ihrer Stimmtechnik zu helfen und ihnen sein Wissen über Konzert- und Bühnenpraxis weiterzugeben. Für viele seiner Zuhörer war das eine Überraschung. Ganz besonders einverstanden dürfte der österreichische Pianist und häufige Begleiter Fischer-Dieskaus, Jörg Demus, mit diesen Worten gewesen sein. Hatte er mir doch im Jahr vorher geschrieben: »Wäre ich als Pianist etwa mit einer ähnlichen Gestalt eines Vorgängers konfrontiert, so müßte es mein oberstes Bestreben sein, diese Vorzüge zu studieren, zu analysieren und mir selbst – wenn auch in abgewandelter persönlicher Weise – zu eigen zu machen. Wenig genug ist aber davon im Gesang geschehen. Weiterhin hören wir geistig nicht bewältigten, falsch oder blaß deklamierten, kurzatmig phrasierten – kurzum ungenügenden Liedgesang in aller Welt und loben diesen dann noch.« Und er setzte hinzu: »So wünsche ich mir, daß Fischer-Dieskau in noch verstärktem Maße indirekt (durch seine Leistungen) und in naher Zukunft auch direkt als Pädagoge tätig würde.«

Mit Literatur hat Fischer-Dieskau sich erst relativ spät beschäftigt. Er hatte mit großem Vergnügen die damals üblichen Jugendbücher verschlungen – Karl May, die Abenteuerbücher Friedrich Gerstäckers und Johanna Spyris *Heidi*. Er hatte klassische Theaterstücke gesehen und berühmte Schauspieler in großen Rollen bewundert: Heinrich George im *Götz von Berlichingen*, Ludwig Wüllner im *König Lear* und Eugen Klöpfer im *Wilhelm Tell*. Als ihm dann aber die Werke der großen Dichter in die Hände kamen, las er mit Begeisterung – Goethe, Schiller, Kleist, Keller.

Die Atmosphäre des Elternhauses und die musikalische Anregung in der Schule hatten den Boden bereitet für die Entfaltung seiner sängerischen Begabung. Emmi Leisner hatte zu Gesangunterricht geraten. Sie wollte den Jungen nicht selbst unterrichten, sondern schickte ihn zu Georg A. Walter, einem Tenor, der als Evangelist in Bachs Passionen bekannt war. Und wenn der damals Sechzehnjährige auch davon geträumt hatte, ein Heldentenor zu werden – man denke an seine Lohengrinbegeisterung –, so stellte sich bald heraus, daß aus dem Knaben-Alt ein hoher lyrischer Bariton geworden war. Walter studierte mit dem jungen Sänger vor allem Bach-Kantaten. Er legte damit den Grund für die nahe, ja innige Beziehung, die Fischer-Dieskau zu Bach hat. Die maßlos schwierigen Ornamente, Verzierungen, Läufe, Triller und Koloraturen – all das, was man bei Fischer-Dieskau heute fast als selbstverständlich hinnimmt – lernte der Sänger damals.

Mit sehr gemischten Gefühlen erinnert sich Fischer-Dieskau an ein Konzert, das die Schüler von Georg A. Walter gaben. Er hatte die Schlußansprache des Hans Sachs aus Wagners *Meistersingern* vorzutragen – und das mit siebzehn! Noch heute ist er der Ansicht, daß es nicht klug ist, dieses Stück mit einer so jungen Stimme zu studieren. Er hat den Hans Sachs auch erst wieder gesungen, als er sich reif dafür fühlte, am 12. Februar 1976 – also mit 51 Jahren.

Als Fischer-Dieskau sein Studium an der Berliner Musikhochschule begann, war er eigentlich kein Anfänger mehr. Er hatte alle Bach-Kantaten studiert. Er hatte bei Liederabenden, namentlich denen von Emmi Leisner nicht nur intensiv zugehört, sondern das Gehörte auch analysiert und für sich verarbeitet. Und ähnlich war es mit Opern, die er viel und in großartiger Besetzung gehört hatte, zum Beispiel *Parsifal* mit Franz Völker und Rudolf Bockelmann, *Fidelio* mit Frida Leider oder *Ariadne auf Naxos* mit Erna Berger oder Elisabeth Schwarzkopf.

Wieviel er konnte, was von ihm ausging, zeigte sich schon bei seinem ersten öffentlichen Konzert am 31. Januar 1942 im Zehlendorfer Gemeindehaus. Begleitet von einer Klavierstudentin sang er vor 150 Zuhörern Schuberts *Winterreise* – wie er heute findet, ziemlich sentimental und schmachtend. Die Lieder *Rückblick* und *Irrlicht* ließen die jungen Musiker allerdings aus, weil sie sie zu schwer fanden. Auf halbem Weg wurden sie in ihrer *Winterreise* unterbrochen. Die Sirenen heulten. Man mußte die Luftschutzkeller aufsuchen. Es war einer der schwersten Bombenangriffe auf Berlin; er dauerte drei Stunden. Den Sänger erfüllt es noch heute mit Glück und Stolz, daß alle Zuhörer sich nach der Entwarnung wieder im Saal zusammenfanden, um den Vortrag der Lieder bis zum Schluß anzuhören.

Einer seiner ersten Lehrer an der Berliner Musikhochschule war Hermann Weißenborn. Bis zu seinem Tod im Jahr 1956 ist Fischer-Dieskau immer wieder zu ihm gegangen, wenn möglich zwei- bis dreimal die Woche, um seine Stimme kontrollieren zu lassen. Bis heute bewahrt der Sänger diesem Lehrer dankbare Zuneigung und Verehrung. Weißenborn war Schüler von Messchaert und dem bekannten Raimund zur Mühlen gewesen und hat auch andere berühmte Sänger unterrichtet, so Gerhard Stolze, Marga Höffgen, Elisabeth Höngen und Donald Bell.

Obgleich der erste Unterricht bei ihm nur wenige Monate dauerte, weil Fischer-Dieskau Soldat werden mußte, hat Weißenborn in dieser kurzen Zeit den Grund für Fischer-Dieskaus spätere Meisterschaft gelegt und ihm die Einstellung zu seiner Kunst vermittelt. Der Sänger lernte vor allem Atem-Technik (nach der Garcia-Methode) und Lautbildung bei ihm, und daß jede Art von Musik ihre eigene Interpretation braucht. Der unscheinbare, schmächtige Mann bestand darauf, daß Perfektion das oberste Ziel für einen Sänger sein müsse, daß dieses Ziel nur durch ständiges konsequentes Üben erreicht und daß das einmal Erreichte nur durch unentwegtes Bemühen zum innersten Besitz werden könne. Und doch war er sich darüber im klaren, daß »man einem Schüler nur in den Sattel helfen kann, reiten muß er dann allein«. Es ist charakteristisch für Fischer-Dieskau, daß er sich nicht für fertig, nicht für unfehlbar hält. »Es ist des Lernens kein Ende«, schrieb Robert Schumann unter seine »Musikalische Haus- und Lebensregeln«. Dieser Satz könnte auch als Motto über dem Leben des Sängers stehen.

1943, als die deutsche Wehrmacht das Desaster von Stalingrad erlebt hatte, als die Nazis nach dem Aufstand im Warschauer Ghetto zur »Endlösung der Judenfrage« übergegangen waren, zeichnete sich die Niederlage Deutschlands ab. Mehr als anderthalb Millionen deutsche Soldaten waren bis dahin gefallen, und immer häufiger wurden ältere und ganz junge Männer eingezogen. Unter diesen Umständen war es unwahrscheinlich, daß ein junger Sänger wie Fischer-Dieskau, wer auch immer sich für ihn verwendete, nicht Soldat werden mußte. Trotzdem versuchte Hermann Weißenborn mit folgendem Schreiben seinen Schüler vor dem Kriegsdienst zu bewahren.

»Zeugnis

Bln/Wilmersdorf, 12. 10. 43

Herr Fischer-Dieskau ist eine außerordentliche stimmliche Begabung. Seine außergewöhnlich schöne Baritonstimme hat einen seltenen Klangreiz, ist voller Expression und zeigt großen Umfang. Mit tiefinnerlichem Ausdruck gestaltet er Lieder und Arien und erweist sich hierbei als schöpferischer Künstler von größter Musikalität. Das überragende Talent Fischer-Dieskaus in jeder Weise zu fördern, ist dringendstes Gebot und entspricht der Anordnung unseres Führers, den künstlerischen Nachwuchs unseres Volkes dem Vaterland zu erhalten und zu fördern.

Professor H. Weißenborn
Leiter der Gesangsabteilung an der Staatl. Hochschule
für Musik zu Berlin.«

Als Soldat 1945

Auf dieses Schreiben kam keine Reaktion; Fischer-Dieskau wurde im Herbst 1943 einberufen. Er trennte sich schwer von seinem Studium, aber auch von einer jungen Cellistin, Irmgard Poppen, die er inzwischen kennengelernt hatte.

Zunächst kam er nach Fürstenwalde bei Berlin zu einer Veterinär-Einheit, die kurz darauf nach Rußland geschickt wurde, um einen Transportzug mit 150 verletzten und kranken Pferden vor den vorrückenden Russen zu retten. Fischer-Dieskau erzählt, daß er den unruhigen Tieren beim Bürsten ins Ohr gesungen habe. Ob wohl auch Lieder aus der *Winterreise* darunter waren?

In meinem Besitz befindet sich der Bericht eines unbekannt gebliebenen Studenten, der von Fischer-Dieskaus zweiter öffentlicher Darbietung der *Winterreise* während eines Heimaturlaubs erzählt: »Frühjahr 1944 – es ist also noch Krieg! Wir sitzen im großen Hörsaal der Hochschule für Musik und haben ›Liedkunst‹. Das ist ein obligates Unterrichtsfach für alle, die im Gesang ausgebildet werden. Allerdings finden die meisten es recht langweilig, denn sie träumen von einer glänzenden Karriere als Opernstar . . .

Wir haben Schubert ›durchgenommen‹ und enden nun heute bei seiner *Winterreise*. Professor Kusterer sitzt am Flügel, erklärt, demonstriert, spricht über Text, musikalische Gestaltung und vieles andere, was ein Sänger wissen muß, wenn er eines Tages ein Schubertlied interpretieren will. Plötzlich fragt er, ob jemand unter uns Studenten sei, der ein Lied singen wolle. Ein junger Mann steht auf und geht gelassen zum Flügel. Wir schauen uns erstaunt an: Ein Neuer! Hochaufgeschossen, schmal, in einer Uniform, die ihm in jeder Beziehung nicht zu passen scheint! Wir sind doppelt erstaunt, da es sich um einen jungen *Mann* handelt – männliche Kommilitonen haben wir kaum –. ›Er hat wohl Studienurlaub‹, wird geraunt. Professor Kusterer und ›der Neue‹ verständigen sich kurz und beginnen!

Das erste Lied aus der *Winterreise* erklingt: ›Fremd bin ich eingezogen, fremd zieh ich wieder aus . . .‹ Wir lauschen, staunen noch einmal! Der junge Soldat, der eigentlich fast noch ein Kindergesicht hat, hat eine Stimme – ein ›Material‹, wie man sagt – nicht zu fassen. Und seine fühlbar besondere Art von Musikalität überträgt sich irgendwie – erstaunlich!

Das Lied ist zu Ende. Der Professor blättert die Noten um, schaut fragend zu dem Jungen auf. Der nickt nur . . . und singt. Und *wie* er singt! Plötzlich erleben wir in faszinierender Dichte, in einer, den Grund der Seele bewegenden Unmittelbarkeit, die ganze Qual um verlorenes Liebesglück mit – sind verlassen in Eis und Schnee – spüren Hoffnung, Verzweiflung, Trotz, Mitleid – die ganze Tragik eines einsamen Menschen.

Die Unterrichtsstunde ist eigentlich längst vorbei – niemand ist sich dessen bewußt –, immer wieder öffnet sich leise die Tür, und andere Studenten kommen auf den Zehenspitzen herein . . . hören zu!

Es ist, als hätte etwas Unnennbares die Kunde in der Hochschule verbreitet: ›Da singt einer *Winterreise*, kommt und lauscht!‹ Jedenfalls ist der Hörsaal unmerklich ›ausverkauft‹, es gibt keinen freien Platz mehr!

›Der Neue‹ aber singt mit bescheidener Selbstverständlichkeit, mit sicherer Schlichtheit ein Lied nach dem anderen, als müsse es so sein.

Und über uns alle breitet sich etwas, das nicht in Worte zu

kleiden ist – unsere jungen Gemüter sind ergriffen – wir ahnen, daß wir eine ›Sternstunde‹ erleben! ›Wunderlicher Alter! Willst du mit mir gehn? Willst zu meinen Liedern deine Leier drehn?‹ Die letzten Töne verklingen. Der Professor läßt die Hände sinken. Völlige Stille. Dann schaut er zu dem Sänger auf: ›Wie heißen Sie denn, junger Mann?‹

›Dietrich Fischer-Dieskau.‹«

Der Sänger kam dann zur Infanterieausbildung nach Perleberg. Von hier aus wurde er mit seinen Kameraden nach Rußland abkommandiert, unterwegs aber nach Italien umgeleitet, wo sie bei einem schweren Luftangriff große Verluste erlitten. Tage und Nächte verbrachten er und seine Kameraden in Granattrichtern.

Bis zum Kriegsende – und länger! – blieb der Gefreite Fischer-Dieskau in Oberitalien. Manchmal gab es Abwechslung im grauen Soldatenalltag. In Bologna hatte ein General von der Begabung des jungen Sängers gehört, und manchmal konnte er mit Nachschubwagen auf holprigen, zerstörten Straßen zu ihm fahren. »Nachdem ich mein ›Heil Hitler‹ gesagt hatte, befahl er mir, den *Erlkönig* zu singen.«

Die Sorge und die Unruhe um die Zukunft wuchs. Aus den gegnerischen Stellungen wurden die Soldaten über Lautsprecher zum Überlaufen aufgefordert. Es war die Stimme von Thomas Manns Sohn Klaus.

Drei Tage vor Waffenstillstand, am 5. Mai 1945, wurden Fischer-Dieskau und seine Kameraden von den Amerikanern überrascht, als sie gerade das Dach eines Bauernhauses in der Po-Ebene reparierten. Sie wurden gefangengenommen, und diese Gefangenschaft dauerte zwei Jahre.

Es gibt keinen Zweifel darüber, daß die Kriegsjahre und die Zeit der Gefangenschaft einen Menschen wie Dietrich Fischer-Dieskau sowohl menschlich als künstlerisch prägten. Er lernte Freundschaft, Menschlichkeit und Toleranz in ganz neuer Weise schätzen und erfuhr, wie sehr Kunst den Sinn des Menschen vom alltäglich Irdischen zu Höherem, zu den Sternen zu lenken vermag. So hatte die Zeit in der Gefangenschaft durchaus auch ihre positiven Seiten, zumal Fischer-Dieskau von den Amerikanern als Kulturbeauftragter im Lager eingesetzt war. Er sang

Lieder ohne oder mit improvisierter Begleitung, er rezitierte Gedichte, schrieb sich aus dem Gedächtnis eine Klavierbegleitung zu Schuberts *Schöne Müllerin*, die er dann auch zu Gehör brachte. Er spielte mit seinen Kameraden auf einem »besorgten« Klavier vierhändig, aber nicht nur im eigenen Lager: Das Klavier wurde auf einem Lastwagen von einem Lager zum anderen gefahren, und ein Pianist, der einmal bei Radio Leipzig gearbeitet hatte, ein Mann zum Umblättern und Fischer-Dieskau gaben dort Konzerte. Wenn in Baracken »Theatersäle« hergerichtet werden mußten – und diese »Säle« faßten manchmal bis zu tausend Personen – verrichteten diese Arbeiten natürlich die Aufführenden selbst. Fischer-Dieskau sang dann vielleicht die Titelrolle in Eduard Künnekes Operette *Der Vetter aus Dingsda* und führte auch Regie, und mancher Zuhörer war mit dieser leichten Muse bereits glücklich; aber man bot auch ernste Musik, vor allem immer wieder Lieder, zum Beispiel das *Italienische Liederbuch* von Hugo Wolf. Die Noten dazu hatte Gustav Adolf Trumpff, ein Musikwissenschaftler, für zwei Schachteln Zigaretten erworben. Am Heiligen Abend 1945 wurde Heinrich Schütz' *Weihnachtsoratorium* aufgeführt; Fischer-Dieskau sang sämtliche Solopartien, einschließlich Sopran.

Der Sänger wurde in dieser Zeit mit der italienischen Sprache, ihren Worten und vor allem mit ihrem Klang vertraut. Bei Bauarbeiten im Apennin fanden die Gefangenen Gelegenheit, mit den Einheimischen in Kontakt zu kommen, mit den Bauern und Arbeitern zu reden und ihre köstlichen Kastanientörtchen zu genießen. Fischer-Dieskau meint, er spreche italienisch heute nicht gerade fließend, aber »ich kann mich verständlich machen, wenn ich muß«.

Es war allerdings unmöglich, außerhalb des Gefangenenlagers Kultur zu erleben. Einmal gelang es Fischer-Dieskau, eine sehr mäßige Opernaufführung in Bologna zu hören. Ein andermal machte er sich heimlich davon, um den Dom von Pisa zu besichtigen, doch da wurde er von den Amerikanern aufgegriffen und zwei Tage lang bei Wasser und Brot eingesperrt.

Wenn Fischer-Dieskau sich heute an diese entbehrungsreiche Zeit erinnert, so ist ihm, als habe er damals seinen Beruf und die Menschen mit all ihren Schwächen und Eigenheiten von Grund

1948

auf kennengelernt – und das braucht man als guter Bühnendar-
steller. Auch konnte er die Zeit nutzen, um in relativer Ruhe
einen großen Teil seines zukünftigen Repertoires zu studieren,
er lernte, wie man sich auf einer Bühne bewegt, wie man seinem
Publikum entgegentritt, wie man ein Programm sinnvoll zu-
sammenstellt. All diese Erfahrungen macht ein Sänger im allgemeinen an Theatern in der Provinz. Fischer-Dieskau machte sie
in der Kriegsgefangenschaft und war so bestens vorbereitet, als
im Jahr 1948 die große Chance für ihn kam.

Zunächst aber mußte Dietrich Fischer-Dieskau aus der Gefangenschaft entlassen werden. Mit einem Lazarett-Zug kam er
1947 im Frühjahr aus Italien nach Göppingen. Erwartet wurde
er von Irmgard Poppen, der jungen Cellistin, mit der Fischer-
Dieskau sich inzwischen verlobt hatte. Sie studierte in Freiburg,
und dorthin wollte der junge Sänger auch.

In dem damals viergeteilten Deutschland war es nicht ein-

29

fach, von einer Besatzungszone in die andere zu gelangen. Fischer-Dieskau amüsiert sich noch heute, wenn er daran denkt, wie er sich am Zug entlang schlich, um der Paßkontrolle zwischen der amerikanischen und der französischen Zone zu entgehen.

In Freiburg nahm er seine Gesangsstudien wieder auf. Die erste solistische Aufgabe bot sich ihm, als er für einen erkrankten Sänger in Johannes Brahms' *Deutschem Requiem* einspringen konnte. Seine Partnerin war die erfahrene Sopranistin Tilla Briem; Theodor Egel leitete den Freiburger Bach-Chor. Das Konzert fand in Badenweiler statt. Ohne Probe war der junge Sänger eingesprungen – es wurde eine hervorragende Aufführung. Seine Stimme ließ aufhorchen.

Unter den Zuhörern war die damalige Leiterin der Musikabteilung beim RIAS (*R*adio *i*m *a*merikanischen *S*ektor) Berlin, Elsa Schiller, die später bei der Deutschen Grammophon Gesellschaft die Abteilung für klassische Musik leiten sollte. Sie, eine katholische Jüdin, die die Schrecken des KZ Theresienstadt überlebt hatte, erkannte beim ersten Hören die Größe und den menschlich anrührenden Ton in der Stimme des jungen Sängers. Sie engagierte ihn für eine Aufnahme von Schuberts *Winterreise* beim RIAS.

Doch nach Berlin zu kommen, das war in der Zeit der Besatzungszonen leichter gesagt als getan. Auf eigene Faust hatte Fischer-Dieskau es schon einmal versucht, war aber über Hannover nicht hinaus gekommen. Eine sogenannte »Anforderung« von der Musikhochschule in Berlin und von Hermann Weißenborn machten es ihm möglich, die notwendigen Papiere zu erhalten, um in seine Heimatstadt und zu seiner Mutter zurückkehren zu können.

Ich bat Fischer-Dieskau, mir etwas über seine Gefühle als Deutscher nach dem Zweiten Weltkrieg mitzuteilen. Er schrieb: »(Ich fühlte) in der Hauptsache Scham, noch lange, auch bei den ersten Tourneen, als überall noch Ablehnung gegen die Deutschen zu spüren war, was ich sehr wohl verstand. Den Wunsch nach Änderung alles dessen, was mit Deutschland zu tun hatte, hatte ich schon früh, als ich von Verwandten und meinem Halbbruder (der im Arbeitsministerium tätig war)

Klagen und Vorwürfe und den Wunsch nach Beendigung des Wahnsinns vernahm. Es brauchte also nicht erst der Aufruf an die Deutschen von Thomas Mann im Gefangenenlager verlesen zu werden, um mir die Augen zu öffnen. Immerhin hatten die Nazis meinen kranken Bruder nach Zwangseinweisung in ein »Sanatorium« verhungern lassen. Von der Kristallnacht bis zu den im Olympia-Stadion vernommenen Goebbels-Reden gab es kaum etwas, was nicht instinktive und später bewußte Ablehnung eingegeben hätte.«

In Berlin fand Fischer-Dieskau für weitere Studien nur noch wenig Zeit, so daß er sich heute vorwiegend als Autodidakt betrachtet. Hermann Weißenborn war aber dem jungen Sänger weiterhin ein einfühlsamer Führer und Ratgeber. Er erweiterte mit ihm das Repertoire und half ihm, seinen »beruflichen Standort« zu finden.

Im Dezember 1947 wurde die *Winterreise* beim RIAS aufgenommen. Der geschlossene Zyklus oder einzelne Lieder daraus wurden immer wieder im Rundfunk gesendet. So wurde der Name des Sängers in der Öffentlichkeit bekannt. In Südwestdeutschland war er bereits ein Begriff geworden. Nach dem Erfolg mit dem Brahms-*Requiem* in Badenweiler hatte er in Konstanz die Christus-Worte in Bachs *Matthäus-Passion* gesungen und hatte die Partie des Arien-Baß, der erkrankt war, gleich mit übernommen. Auch sang er an der Freiburger Musikhochschule die *Vier ernsten Gesänge* von Johannes Brahms. Der damalige Direktor dieser Musikhochschule, Gustav Scheck, bot dem jungen Sänger eine Professur an, aber Fischer-Dieskau wollte nicht unterrichten, er wollte singen. So blieb er in Berlin.

Im Januar 1948 wirkte er in einem Konzert der Reihe »Künstler stellen vor« in der Aula der Gertraudenschule in Berlin-Dahlem mit; der lange, schlaksige Zweiundzwanzigjährige sang Schumann und Hugo Wolf. In der »Neuen Zeitung« schrieb der spätere Musikkritiker der »Frankfurter Allgemeinen Zeitung« H. H. Stuckenschmidt am nächsten Tag von dem »Gold seines ungewöhnlich klangschönen Baritons«.

Im April 1948 begann Fischer-Dieskau sein musikalisches Tagebuch zu führen, einen Rechenschaftsbericht über jedes Konzert, das er gegeben, über jede Aufnahme, die er gemacht hat. Die ersten Eintragungen vom 18. und 25. April sowie vom 2. Mai behandeln Rundfunkaufnahmen für den RIAS. Mit der Sopranistin Marie-Louise Mansfeld und Walter Welsch am Klavier sang Fischer-Dieskau das *Italienische Liederbuch* von Hugo Wolf. Es folgte eine Aufnahme der Kantate 82 *Ich habe genug* von Johann Sebastian Bach mit dem Kammerorchester Karl Ristenpart, ferner die *Vier ernsten Gesänge* von Johannes Brahms, die Ludwig Hoffmann am Flügel begleitete. Am 6./7. Mai ist seine erste Opernrolle im Tagebuch eingetragen: Die Partie des Colas aus Mozarts Oper *Bastien und Bastienne* (KV 50). Zwar nennt Charles Osborne in seinem Buch über Mozarts Opern dieses Singspiel ein »belangloses kleines Werk, dessen eingestreute Gesänge kaum die Bezeichnung ›Arie‹ verdienen«. Und sie sind ja wirklich nicht übermäßig anspruchsvoll, man denke nur an »Befraget mich, ein zartes Kind, um sein zukünftges Glück«; aber wie dem auch sei: die erste Opernrolle von Dietrich Fischer-Dieskau war von Wolfgang Amadeus Mozart!

Erster Auftritt als Don Giovanni: Berlin 1952. Mit Elisabeth Grümmer und dem Regisseur Heinz Tietjen

Ein Angebot von Ernst Legal, dem damaligen Intendanten der Ost-Berliner Staatsoper, hat Fischer-Dieskau damals ausgeschlagen. Er wollte sich auf Oratorien konzentrieren, denn nach der *Winterreise* wollte der RIAS mit dem aufsehenerregenden neuen Sänger 40 Bach-Kantaten aufnehmen; einer der zuverlässigsten Bach-Tenöre, Helmut Krebs, war sein Partner. Die Aufnahmen dieser Kantaten wurden – wie auch die *Winterreise* – in ganz Deutschland und in Europa gesendet. So wurde der Name des Dreiundzwanzigjährigen überall bekannt. Auch ich habe seine Stimme damals zum ersten Mal gehört und wartete mit Ungeduld auf das Erscheinen seiner ersten Schallplatte.

Jeder große Künstler wird im Rückblick auf sein Leben ein Ereignis nennen können, das für ihn richtungweisend und wegbestimmend wurde. Von einer menschlichen Begegnung, aus der man das Vertrauen auf die eigene Fähigkeit spürt, geht oft Entscheidendes für die weitere Entwicklung aus. Diese »Sternstunde« schlug für Fischer-Dieskau im Herbst 1948, als er Heinz Tietjen traf. Der damals Siebenundsechzigjährige war bis 1945 Generalintendant der Preußischen Staatstheater gewesen und galt als »belastet«; seine Entnazifizierung hatte deshalb verhältnismäßig lange gedauert. Endlich, im Sommer 1948, war er zum Intendanten der Städtischen Oper Berlin ernannt worden. Überall fehlte es nach den Verlusten des Krieges an Sängern, und Tietjen war auf der Suche nach einem lyrischen Bariton; auch Fischer-Dieskau wurde zum Vorsingen eingeladen. Zuerst mußte er auf der Bühne die Arie des Renato aus Verdis *Maskenball* auf deutsch singen, dann zog sich Tietjen mit ihm in einen kleineren Raum zurück, wo er einige Lieder sang, darunter den *Doppelgänger* und *Am Meer* aus Schuberts *Schwanengesang*. Nie wird Fischer-Dieskau vergessen, wie Tietjen danach zu ihm sagte: »In vier Wochen werden Sie den Posa in meiner ersten Premiere der Neuinszenierung des *Don Carlos* von Verdi singen.« Die Knie wurden ihm bei diesen Worten weich und der Mund trocken. Er hatte doch nicht die geringste Bühnenerfahrung! Der *Vetter aus Dingsda* im Gefangenenlager und der Colas am Radio – das war alles!

Heute weiß man, daß es nicht ausreicht, eine schöne Stimme zu haben, wenn man Opernsänger werden möchte. Es ist fraglich, ob das Unbeweglich-Hölzerne berühmter Opernsänger der Vergangenheit heute noch auf der Bühne möglich wäre. Große Gefühle müssen in der Oper dargestellt, nicht nur gesungen werden: Liebe, Lachen, Sterben. Ein Sänger muß sich bühnenwirksam hinsetzen und wieder aufstehen können. Er muß wissen, wie man auf der Bühne trinkt, ißt, raucht und wie gefochten wird. Und für Fischer-Dieskau kam als besonderes Problem hinzu, daß er mit seiner Körpergröße fertig werden mußte. Zwar ist er heute nicht mehr so mager wie damals, aber größer als 190 Zentimeter war er damals schon, und diese Länge machte es ihm doppelt schwer, sich auf der Bühne zu bewegen.

Viele haben ihm damals geholfen, und er war dankbar für manchen freundschaftlichen Rat, den er beispielsweise von dem Pianisten Erich Riebensahm bekam oder von dem Dirigenten Leo Blech, mit dem er lange Gespräche über Gesang führte. Auch die konstruktiven Zeitungskritiken dieser Zeit von Stuckenschmidt oder Werner Oehlmann beispielsweise haben ihm in seiner Entwicklung sehr geholfen.

Als es nun um die Erarbeitung der Rolle des Marquis Posa ging, hatte Tietjen ihm Hilfe versprochen, aber Fischer-Dieskau merkte bald, daß er sich das meiste doch selbst beibringen mußte. Josef Greindl, der die Rolle des Philipp sang, gab ihm wertvolle Tips, ja sogar richtigen Nachhilfeunterricht. Er spöttelte: »Ich kann dich doch nicht an die Wand spielen, Junge!« Mit größter Dankbarkeit denkt Fischer-Dieskau auch an die Geduld, die der Dirigent Ferenc Fricsay mit ihm hatte.

Die Thematik der Oper *Don Carlos* mußte die nach Wahrheit und Freiheit dürstenden Deutschen damals ganz besonders mitreißen. Wie in Schillers Drama, das Verdis Oper zugrunde liegt, geht es um den Konflikt zwischen Don Carlos und seinem Vater, König Philipp II. einerseits und andererseits um das Verhältnis des Prinzen zu dem älteren Malteserritter Posa, der die politische Freiheit gegen den monarchischen Diktator aufrechterhalten will. Über dem Ganzen könnte auch in der Oper der berühmte Satz aus dem dritten Akt des Dramas stehen: »Sire, geben Sie Gedankenfreiheit!« Der jugendliche Sänger, der ganz von seiner Rolle erfüllt war und mit einer so schönen lyrischen Stimme sang, wurde nach der Premiere am 18. November 1948 stürmisch gefeiert. In der Todesszene hatte Fischer-Dieskau die Worte »Ich sterbe!« mit brechender Stimme vorgetragen. Wolf-Eberhard von Lewinsky schrieb darüber: »Das war kein roher Naturalismus, sondern künstlerische Abrundung einer Gestalt, für die der Tod Krönung des Lebens bedeutet . . .« Übrigens – Fischer-Dieskau hat seine erste Opernrolle auf der gleichen Bühne gesungen, auf der zu Anfang der zwanziger Jahre das Singspiel seines Vaters aufgeführt worden war; die Städtische Oper spielte damals im früheren Theater des Westens.

Genau zwanzig Jahre nach der Don-Carlos-Premiere schrieb ihm Elsa Schiller einen Brief, den Fischer-Dieskau als etwas Kostbares hütet. Darin heißt es: »Heute möchte ich Ihnen von ganzem Herzen dafür danken, daß Sie alles – und sogar noch mehr – gehalten haben, was Sie damals versprachen. Wie viele unvergeßliche Abende haben Sie uns allen seither geschenkt!«

Von besonderer Bedeutung für Fischer-Dieskaus Zukunft war das Zusammentreffen mit Ferenc Fricsay. Er erinnert sich noch

Als Don Giovanni 1961. Mit Ferenc Fricsay

deutlich daran, wie er ihm vorgesungen hat. Es war bitter kalt in jenem Winter, in dem es keine Kohlen zum Heizen gab, und der 33jährige Dirigent suchte sich in einem dicken Ledermantel vor der Kälte zu schützen. Mit seiner hohen tenoralen Stimme unterbrach Fricsay Fischer-Dieskaus Gesang hier und da und korrigierte ihn in seiner knappen Art. Zum Schluß sagte er: »Ich hatte nicht erwartet, in Berlin einen italienischen Bariton zu finden!«

Fricsay war eben nicht nur Dirigent, er hatte stets auch großes Interesse am inneren Aufbau einer Oper und bemühte sich, seine eigenen, aus der Musik geschöpften Auffassungen mit dem dramatischen Konzept des Regisseurs in Übereinstimmung zu bringen. Er zeigte Fischer-Dieskau auch die kleinen Dinge, die für den Erfolg einer Aufführung ungeheuer wichtig sind: Wie man einen Dolch faßt oder wie man dem Mantel wirkungsvollen Schwung gibt, alles, was zur Charakterisierung einer Person auf der Bühne so notwendig ist, was aus einer Rolle erst eine lebendige Gestalt macht. Immer wieder hatte Fischer-Dieskau Grund, diesem Mann dankbar zu sein, und er hat einmal gesagt: »Es fragt sich, ob mein Operndebut ohne seine behutsame Leitung eine ebenso rasche, konsequente Laufbahn auf der Bühne zur Folge gehabt hätte.« – Fricsays »eiserne Ausdauer« mit einem Orchester hat Fischer-Dieskau mit der Toscaninis verglichen. Nach seinem tragisch-frühen Tod im Jahr 1963 schrieb der Sänger einen Nachruf in den »Salzburger Nachrichten«, in dem es hieß: »Er wußte auf begeisternde Weise seine Freude am Entdecken auf seine Künstler zu übertragen. Ihm wiederum entging kein Hauch davon, wenn man ihn verstand. Ich habe keinen Operndirigenten erlebt, der lebendiger, mitatmender, einfühlsamer vom Pult her mit seinen Sängern korrespondierte.«

Das Geheimnis von Fricsays Kunst lag wohl in dem, was er am 6. Juli 1959 in einem Brief an Fischer-Dieskau schrieb: »Wir werden ja in unserem Metier nie auslernen können, und was das Schöne daran ist, wir werden bis zum letzten Tag immer mit Verwunderung bemerken, an was wir bis jetzt vorbeigegangen sind, ... denn wenn man das Gefühl hat, man könne an der Musik nichts Neues mehr entdecken, ist man schon am toten Punkt angelangt.«

So kann das Jahr 1948 also als Beginn der Karriere Fischer-Dieskaus gelten. Er gab in jenem Jahr 39 Konzerte, zumeist in Norddeutschland, dazu hatte er zahlreiche Rundfunkaufnahmen beim RIAS. Viele Musiker waren seine Begleiter, so Walter Welsch, Ludwig Hoffmann, Joachim Seyer-Stephan, sein erster Klavierlehrer, und Rudolf Wille; auch sang er unter den Dirigenten Karl Ristenpart und Karl Forster, und eine erste Schallplatte, damals noch eine 78er, erschien auf dem Markt: Mit Leo Stein am Flügel sang Dietrich Fischer-Dieskau Carl Loewes Balladen *Tom der Reimer* und *Die Uhr*.

Die Nachkriegsjahre mit ihrer Kälte, Kohlennot und Düsternis, mit der Unsicherheit in Politik und Wirtschaft, mit der Teilung Deutschlands und dem Kalten Krieg zwischen den Großmächten bis hin zur Währungsreform, »Eisernem Vorhang«, Berlin-Blockade und Luftbrücke, diese immer wieder von Unsicherheit und Angst geprägten Tage – all das wird im Gespräch mit Fischer-Dieskau wieder lebendig. Nur wer diese schlimmen Zeiten miterlebt hat, kann sich ein Bild davon machen, was es damals bedeutete, als Deutscher die Laufbahn eines Künstlers einzuschlagen. Im Dritten Reich waren die jungen Menschen von allem abgeschnitten gewesen, was sich in der Welt tat. Von der zeitgenössischen Kunst, die von den Nationalsozialisten als entartet bezeichnet und deshalb verboten war, wußten sie nichts. Es galt, jetzt auf Entdeckung zu gehen, nachzuholen. Man las Kafka, James Joyce, T. S. Eliot und die Bücher der deutschen Emigranten. Man beschäftigte sich mit Picasso, Paul Klee und dem Surrealismus; Musik von Hindemith und Mahler, von Strawinsky und Schostakowitsch war kennenzulernen. Fischer-Dieskau empfand diese Zeit als Herausforderung, erregend und künstlerisch lebendig.

Schon in den Jahren vor dem Krieg hatte Fischer-Dieskau mit Leidenschaft Schallplatten gehört. Er war daher mit Technik und Art anderer, auch älterer Sänger, einigermaßen vertraut; zu seinen Lieblingssängern zählten Emmi Leisner, Elisabeth Schumann, Erna Berger, Elisabeth Schwarzkopf, Maria Ivogün, Gerhard Hüsch, Walther Ludwig, Hans Hotter, Heinrich Schlusnus und Karl Erb. Aber er sammelte Schallplatten

nicht nur, um Sänger zu studieren. Er hatte auch ausgesproche-
ne Lieblingsstücke, die er auf Schallplatte immer wieder hörte.
Ganz besonders viel bedeutet ihm eine Aufnahme aus dem Jahr
1927: Benjamino Gigli und Giuseppe de Luca singen das Duett
»Solenne in quest'ora« aus Verdis *La forza del destino* (von Giuseppe de Luca besitzt Fischer-Dieskau wohl alle Schallplatten).
Ferner liebt er besonders eine Aufnahme von Elisabeth Reth-
berg, Benjamino Gigli und Ezio Pinza mit dem Terzett aus
Attila von Verdi und Lauritz Melchiors Interpretation von *Siegfrieds Tod* aus Wagners *Walküre*. Weitere von ihm besonders ge-
schätzte Aufnahmen sind Hotters Brahms-Lieder, Giglis »Im-
provviso« aus *André Chenier* und die herrliche Karfreitagsszene
aus Wagners *Parsifal* mit Alexander Kipnis aus dem Jahr 1927.
Bezeichnenderweise läßt Fischer-Dieskau sich bei der Auswahl
seiner Lieblingskünstler und seiner Lieblingsstücke nicht immer
von den gleichen Ansprüchen leiten, die er an sich selbst stellt.
Giglis Schluchzen und seine gefühlsseligen portamenti können
eben auch einen Fischer-Dieskau hinreißen!

Dietrich Fischer-Dieskau – das war wirklich der Sänger, auf
den die musikalische Welt gewartet hatte. Die meisten Musikkritiker sahen in ihm einen vielversprechenden großen, zutiefst
ernsten, aber natürlich einen typisch deutschen Sänger – was
auch immer sie unter dieser Bezeichnung verstehen wollten.
Das Wort »ernst« aber will der Sänger nur auf die Musik bezogen wissen, die er damals vor allem sang. Er ist nämlich davon
überzeugt, daß er immer nur das gesungen hat, wozu er aufgefordert wurde, und das Bedürfnis nach ernster Musik, namentlich nach Musik von Johannes Brahms, war in der damaligen
trostlosen Nachkriegszeit besonders groß.

Die Menschen, die nach 1947 in die Konzerte Dietrich Fischer-Dieskaus strömten, hatten einerseits den Wunsch, die
Musik kennenzulernen, die ihnen während des Dritten Reiches
vorenthalten worden war; andererseits suchten sie aber nach
der Kunst, die sie über den täglichen grauen Alltag hinwegzu-
tragen vermochte. »Kunst ist notwendig, gerade jetzt in der
Not«, so formulierte es der Berliner Kritiker Friedrich Luft.
Und Fischer-Dieskau glaubt, daß nicht nur seine Stimme oder
seine Virtuosität, nicht seine Musikalität und auch nicht etwa

seine wirkungsvolle Erscheinung der Hauptgrund für seinen Erfolg gewesen sei, sondern vor allem in seiner Fähigkeit gelegen habe, sich einfühlsam in seinen Vortrag, in seine Rolle hineinzuleben und damit sein Publikum zu fesseln und zu begeistern. Trotz Frack und tadelloser Haltung wird er immer wieder der in seine Liebe verstrickte Müllerbursch, wenn er Schuberts *Schöne Müllerin* singt. Und das ist bis heute so geblieben: Wie stark wirken und erschüttern Kummer und Verzweiflung des *Lear*, wenn Fischer-Dieskau in Aribert Reimanns gleichnamiger Oper dieser Rolle gestaltet!

Die Lebensbedingungen in Berlin in diesen ersten Nachkriegsjahren, der Hunger, die Trümmer und über allem der Hauch des Todes haben natürlich die Karriere des Sängers auch gefördert. Denn die Menschen klammerten sich an jeden Hoffnungsstrahl, suchten jede Chance zu ergreifen, die Besserung der Verhältnisse versprach. Und war nicht große Kunst, in glücklicheren vergangenen Zeiten entstanden, eine Hoffnung?

Im Februar 1949 heirateten Dietrich Fischer-Dieskau und Irmgard Poppen in Freiburg. Im Sommer besuchte Irmgard Fischer-Dieskau einen Meisterkurs ihres Cellolehrers Enrico Mai-

Mit Wilhelm Furtwängler 1953

39

nardi in Salzburg. Bei dieser Gelegenheit lernte Fischer-Dieskau im Hause des damaligen Direktors der Sommerakademie, Eberhard Preußner, Wilhelm Furtwängler kennen. Als er dem Dirigenten vorgestellt wurde, murmelte dieser nur seinen Namen, drehte sich zum Flügel und schlug die ersten Töne von Brahms *Vier ernste Gesänge* an. Fischer-Dieskau sang, und am Ende sagte Furtwängler bewegt:»Ich danke Ihnen.« Aus dieser Begegnung entstand eine Freundschaft, die auf seiten des Jüngeren Verehrung zu nennen ist. Das erste Mal unter Furtwänglers Leitung gesungen hat Fischer-Dieskau in Salzburg. Es war das fast legendäre Konzert mit dem Wiener Philharmonischen Orchester im August 1951, in dem Fischer-Dieskau Mahlers *Lieder eines fahrenden Gesellen* sang. Nach diesem Konzert gestand der damals 65jährige Furtwängler dem Sänger, daß seine Gestaltung dieser Lieder ihn zu Mahlers Musik bekehrt habe.

Fischer-Dieskau war damals nicht der einzige Sänger deutscher Zunge, der im In- und Ausland von sich reden machte. Elisabeth Schumann und Richard Tauber sangen noch, Karl Erb, Heinrich Schlusnus und der Bassist Paul Bender standen noch auf der Bühne, und unter den jüngeren sei an Hans Hotter, Elisabeth Schwarzkopf oder Irmgard Seefried erinnert. Je mehr aber der Ruhm Fischer-Dieskaus wuchs, desto deutlicher wurde, daß er dem Publikum etwas anderes, Neues zu bieten hatte. Doch was? War es seine überragende Technik, die fast unglaubliche Atemführung, der Ernst seiner Interpretation, die ihn so über alles hinaushob? Der Sänger sagte einmal:»Ich wollte keine Feld-, Wald- und Wiesenprogramme mehr singen. Ich hatte dafür zu kämpfen. Ich wollte *genaue* Werktreue und gleichzeitig den Einsatz des ganzen Menschen. Ich wollte die Stimme allen Färbungen und Gemütsregungen gewachsen machen. . . . Ich habe die Bedeutung zyklischer Zusammenstellungen in Symphonie-Konzerten entdeckt. Eine Symphonie mit ihren verschiedenen Sätzen und Ausdrucksbereichen fesselt den Hörer mehr als eine Reihe kleiner Kompositionen. So wie auch bei Chopin-Abenden zusammengehörende Stücke zu Blöcken zusammengefaßt werden, sollten die Lieder zu Gruppen gekoppelt sein, damit der Hörer länger bei einem Komponisten oder einem Thema verweilen kann. Er wird dann stets besser zuhören. Auch lernen wir die Vielseitigkeit eines Komponisten besser kennen, wenn wir verschiedene Lieder eines Musikers zu einem Programm fügen. Auch von daher glaube ich an die Zukunft des Liederabends.«

Er wollte seine Programme entweder einem einzigen Komponisten widmen oder einem Dichter oder einer bestimmten Zeit. Auf keinen Fall aber wollte er ein Konzert geben, in dem – wie so üblich – zuerst eine Händel-Arie gesungen wurde, danach ein paar Schubert- oder Schumann-Lieder, denen einige Verdi- oder Puccini-Arien folgten, um am Schluß mit etwas Modernem, etwas Französischem, Englischem oder Amerikanischem den Abend abzurunden. Vor mir liegt das Programm eines Konzertes vom 11. März 1950, das ich damals in Bonn hörte. Fischer-Dieskau hatte nur Heine-Vertonungen von Schubert und Schumann dafür ausgewählt. Kaum ein Sänger ist seinem Vorbild gefolgt. Die meisten Konzertprogramme, namentlich in England, sind immer noch »bunt gemischt«.

Nach dem eben erwähnten Konzert vom 11. März 1950 in Bonn schrieb ein Freund an Hermann Meinhard Poppen, den Dirigenten und Onkel von Irmgard Fischer-Dieskau: »Dieser Sänger ist wirklich ein Phänomen. Im Publikum hörte ich Äußerungen wie ›So etwas hört man in hundert Jahren nur einmal‹ und ›Ich könnte die ganze Nacht weiter zuhören!‹«

Den Sänger erreichten immer mehr Angebote für Konzerte, Opernrollen und für Schallplatten. Im Jahr 1950 stand Fischer-Dieskau 33mal auf der Bühne, machte 15 Schallplatten und erhielt den Berliner Kunstpreis für Musik als »bester Sänger des Jahres«.

Am 7. Juni 1951 sang Fischer-Dieskau das erste Mal in England. Sir Thomas Beecham hatte ihn eingeladen, die Bariton-Partie in *A Mass of Life* von Frederick Delius zu singen, einer Komposition auf Worte von Friedrich Nietzsche aus dem Jahr 1905. Unter Beechams Leitung spielte das Royal Philharmonic Orchestra, mit ihm sangen Monica Sinclair, Sylvia Fisher und David Lloyd. Als ich in späteren Jahren einmal mit Fischer-Dieskau über Frederick Delius sprach, zeigte er sich von seinem Werk nicht übermäßig beeindruckt. Er meinte: »Zu viel Musik für den Text und nicht mehr ganz unser Geschmack!«

41

In der »Times« war nach diesem Konzert zu lesen: »Der hohe Bariton von Dietrich Fischer-Dieskau hat edlen Klang und bemerkenswerte Farbschattierungen in allen Lagen. Wie die besten deutschen Sänger singt auch er auf den Konsonanten. Darüber hinaus aber legte er eine ungeheure Überzeugungskraft in die Aussprache des deutschen Textes, um so die Dichtung in Zarathustras nächtlichen Monologen sprechen zu lassen.« (8. Juni 1951)

Ein paar Tage später lud Sir Thomas Beecham Fischer-Dieskau zum Tee ins Ritz ein. Er stellte den jungen Sänger seiner Frau vor und sagte: »Er spricht das beste Englisch, das ich je von einem Ausländer hörte. Bitte, Herr Fischer-Dieskau, würden Sie meinen Namen noch einmal auf Englisch sagen?« Als der Sänger dann aber »Thomas« mit einem langen deutschen o sagte, war man in der Runde höflich konsterniert...

Im Oktober 1951 lernten sich Gerald Moore und Fischer-Dieskau kennen – ein Zusammentreffen, das für beide Künstler weitreichende Folgen hatte. Nennt doch Fischer-Dieskau in seinem Schubert-Buch Moore den »König der Begleiter«, und Moore schreibt in seinen Lebenserinnerungen »Bin ich zu laut?«: »Dieser Mann, Fischer-Dieskau, hat mich tiefer in das Wesen von Schubert, Schumann, Wolf, Brahms eingeführt, als ich selbst je eindringen konnte.«

Als ich Gerald Moore und seine Frau einmal besuchte, erzählte er mir, daß er Fischer-Dieskau zuerst nach einem Konzert von Irmgard Seefried oder Elisabeth Schwarzkopf im Künstlerzimmer gesehen habe und daß er dann erst wieder mit ihm zusammengetroffen sei, als beide zu ihrer ersten gemeinsamen Schallplattenaufnahme im Oktober 1951 ins Studio der Firma EMI kamen. »Ich glaube, wir haben vorher nicht einmal zusammen geübt, außer natürlich direkt vor der Aufnahme.« Damals wurden aufgenommen: Schuberts *Schöne Müllerin, Du bist die Ruh, Erlkönig, Nacht und Träume, Ständchen* und die sechs Heine-Lieder aus dem *Schwanengesang*; ferner von Schumann: *Mondnacht, Die Lotosblume, Du bist wie eine Blume* und *Die beiden Grenadiere* und am Schluß *An die ferne Geliebte* von Ludwig van Beethoven. Diese Schallplatten wurden ein riesiger Erfolg. In England ganz besonders, nachdem der Sänger beim Edinburgh-

Mit Gerald Moore 1969

Festival 1952 aufgetreten war. Dort hatte er, begleitet von Gerald Moore, die _Winterreise_ und mit dem Hallé-Orchester unter
Sir John Barbirolli die _Vier ernsten Gesänge_ von Johannes Brahms
gesungen. Vor diesem Konzert hatte Fischer-Dieskau ganz besonderen Respekt, weil er unter den Zuhörern Kathleen Ferrier
wußte, die berühmte Sängerin, die so früh sterben mußte. Ihre
spontanen Glückwünsche nach dem Konzert waren ihm eine
ganz besondere, noch heute unvergessene Freude.

Zwei Kritiken aus der »Times« möchte ich an dieser Stelle
zitieren. Sie machen deutlich, wie die Öffentlichkeit damals Fischer-Dieskaus Gesang beurteilte. Nach einem Konzert Anfang
Februar 1952 mit der _Schönen Müllerin_: »Fischer-Dieskaus Interpretation ist mehr vom Intellekt als vom Gefühl gezeichnet. Er
läßt Schubert durch äußerste Genauigkeit aus sich sprechen,
was eine Freude für das Ohr ist. Töne und Intervalle werden

43

präzis getroffen, der Gesangsfluß wird nie unterbrochen, die Artikulation ist immer sorgfältig, und die schöne Stimme sitzt vortrefflich.«

Und nach einem Konzert der *Winterreise* im Oktober desselben Jahres: »Selbst in einer mittelmäßigen Interpretation schlägt einen dieser Zyklus in seinen Bann. Wenn aber, wie bei Dieskau (sic) Gesang, Stimme und musikalische Vorstellungskraft derart übereinstimmen, trifft es den Hörer ins innerste Herz.«

Im Jahr 1952 gab Fischer-Dieskau 33 Konzerte und machte 15 Plattenaufnahmen. Im Jahr darauf stand er an 58 Abenden auf der Bühne, und 16 Schallplattenaufnahmen wurden hergestellt. Die internationale Anerkennung wuchs. Er selbst ist der Ansicht, daß ihm mit der Aufnahme der *Schönen Müllerin*, begleitet von Gerald Moore, die im Januar 1952 herauskam, der internationale Durchbruch gelungen sei.

In dieser Zeit begann auch sein Reiseleben, das ihm heute zur selbstverständlichen Gewohnheit geworden ist. Wie vielfältig er in seiner Kunst ist und wie verschieden die Orte seines Wirkens, zeigt ein Blick in sein Tagebuch. Da findet man im Jahr 1952 folgende Eintragungen: 25. Februar, *Schöne Müllerin* in Wien, es begleitet Jörg Demus, der über diesen Abend sagte: »Er war der Kapitän, ich der Steuermann.« 1. April, mit Günther Weißenborn im Zeughaus in Neuß – Schubert und Schumann stehen auf dem Programm. Juni, Kurwenal in einer Aufnahme von *Tristan und Isolde* unter Leitung von Wilhelm Furtwängler. Die Aufnahme wurde in London gemacht, wo auch wenig später die erste – und von vielen als beste bezeichnete – Aufnahme der *Lieder eines fahrenden Gesellen* von Gustav Mahler mit dem Philharmonia Orchestra unter Leitung von Furtwängler entstand. Als nächstes finden wir im Tagebuch: Die Rolle des Jochanaan in Richard Strauss' Oper *Salome*. Regie führte Heinz Tietjen, es dirigierte Artur Rother. Gleich danach sang er diese Rolle ebenfalls in München; hier dirigierte Joseph Keilberth. Im Oktober sang Fischer-Dieskau zum erstenmal in einer Aufnahme von Hans Pfitzners Oper *Palestrina*; damals gestaltete er die Charakter-Bariton-Rolle des Morone, Hans Hotter war Borromeo, Julius Patzak der Palestrina.

Die Lehrjahre des Sängers waren, wie ich meine, mit diesem Jahr 1952 abgeschlossen. Er machte sich auf zu seinen »Wanderjahren«, um das Bild der früher üblichen Wanderzeit eines Handwerksburschen zu benützen, die ihn von Land zu Land, von Stadt zu Stadt führen sollte, um seine Meisterschaft zu vervollständigen.

Die Gründung der Bundesrepublik Deutschland war das äußere Zeichen dafür, daß die Deutschen von den Alliierten wieder in die Lage versetzt wurden, ihre eigenen Angelegenheiten selbst in die Hand zu nehmen. Ich studierte damals deutsche Literatur in Bonn und konnte aus erster Hand beobachten, wie Politik, soziale Probleme, Wirtschaft und Kultur von der jungen deutschen Regierung angepackt und entwickelt wurden. Kultur war in den damaligen Jahren nicht gerade jedermanns Sache; andere, vor allem wirtschaftliche Probleme standen nach dem Krieg für die meisten im Vordergrund. Gerade deshalb ist es imponierend, wie die Deutschen neben dem Wiederaufbau auch die Kultur zu neuem Aufblühen brachten. Bezeichnend dafür war, daß schon zehn Tage nach dem Waffenstillstand im Mai 1945 das Orchester der Staatsoper Berlin zusammentrat und unter der Leitung von Leopold Ludwig ihr erstes Nachkriegskonzert gab: Mozarts Ouvertüre zu *Die Hochzeit des Figaro* und die 5. Symphonie von Tschaikowsky standen auf dem Programm.

Die Bemühungen auf kulturellem Gebiet waren weiter gegangen, trotz Kälte und Entbehrungen. Max Reinhardts Deutsches Theater, das nun wieder diesen Namen tragen durfte, eröffnete im September 1945 mit Lessings *Nathan der Weise*, und in Wien hatte schon im Mai die Volksoper mit einer Inszenierung Oscar Fritz Schuhs von Mozarts *Hochzeit des Figaro* ihre Vorstellungen wieder aufgenommen. Ich selbst hatte das Glück, bei vielen Veranstaltungen, die aus Anlaß von Johann Sebastian Bachs 200. Todestag im Juni 1950 in Deutschland stattfanden, dabei sein zu können. Damals hörte ich in Heidelberg die *Johannes-Passion* unter der Leitung von Hermann Meinhard Poppen. Dietrich Fischer-Dieskau sang die Baß-Arien. Das war für mich ein unvergeßliches Erlebnis.

Obgleich die Menschen damals bittere Entbehrungen ertragen mußten, ist es doch bewundernswert, wieviel Künstlerisches in dieser Zeit wiedererstand und wie diese Entwicklung sich auch in wirtschaftlich besseren Zeiten fortsetzte. In diesem Zusammenhang ist es interessant, daß die Bundesrepublik Deutschland im Jahr 1963 vierzigmal so viel Geld zur Subventionierung von Theatern ausgab wie Großbritannien.

Auf literarischem Gebiet spiegelte sich in den Werken der Schriftsteller aus der ersten Nachkriegsgeneration das Bemühen, alle Spuren des Faschismus zu tilgen. Romane und Theaterstücke – wir denken an Wolfgang Borchert, Heinrich Böll (der später den Nobel-Preis für Literatur erhielt) und Alfred Andersch – kreisten um Themen, die sich mit der Bewältigung der Vergangenheit auseinandersetzten. Bezeichnenderweise waren es zwei Schweizer, Max Frisch und Friedrich Dürrenmatt, die sich sehr bald als deutschsprachige Schriftsteller durchsetzten; ihnen glaubte man, daß sie kein »verseuchtes« Deutsch schrieben.

In der Musik – so schien es mir – bemühte man sich, die Vergangenheit wieder lebendig werden zu lassen: Bach, Haydn, Mozart, Beethoven, Schubert, Schumann und Brahms. Ihre unsterblichen Werke bewiesen, daß Deutschland als kulturelle Kraft weiterhin bestehen konnte.

Auch als sich die Verhältnisse nach 1949 in Deutschland immer mehr normalisierten, hat Fischer-Dieskau, unbeirrt vom Tagesgeschehen, weiter gearbeitet. Er schrieb mir: »Als es stabil wurde, sah meine Laufbahn genau gleich aus, da sich das nachschöpferische Talent wohl selten um die Politik oder die Lebensbedingungen kümmern kann. Es hat ausschließlich mit sich selbst und der Fülle des Arbeitsstoffs zu tun.«

Mag dieser Satz dem einen oder anderen vielleicht selbstsüchtig vorkommen, meiner Meinung nach ist dieser Ausspruch das künstlerische Credo des Sängers. Er fühlt sich nicht als Weltverbesserer oder Missionar; er sieht seine Aufgabe darin, in seiner Zeit große Werke großer Komponisten zu singen und zu interpretieren.

In den ersten Jahren seiner Karriere hat Fischer-Dieskau in Großbritannien nur in London und Edinburgh gesungen. Seit dem Jahr 1953 trat er auch in anderen Städten auf. In Oxford und Belfast sang er, begleitet von Hermann Reutter, Goethe-Lieder von Beethoven, Schubert und Hugo Wolf und in der Dartington Hall in Totnes, wo er, begleitet von William Glock, mit Beethoven-Liedern und der *Winterreise* auftrat. Außer der fast schon obligatorischen Deutschland-Tournee im Mai gab Fischer-Dieskau im Jahr 1953 achtundfünfzig Konzerte, die ihn nach Österreich, England, Holland, Island und Dänemark führten. Auf seinem Programm standen Wolfs *Italienisches* und *Spanisches Liederbuch* sowie Beethovenlieder – ihn begleiteten Günther Weißenborn und Hertha Klust.

Neues lockte ihn! In Italien trat er im Jahr darauf zum ersten Mal seit der Kriegsgefangenschaft auf; in Florenz und Rom sang er die *Winterreise* und setzte die Tournee mit Konzerten in Perugia und Mailand fort mit Mahler, Wolf und Schumann.

Seit 1955 gilt Dietrich Fischer-Dieskau als der führende deutsche Bariton. Natürlich gab es auch andere ausgezeichnete Baritonisten, in Deutschland Hermann Prey und Eberhard Wächter oder in Frankreich Gérard Souzay. Als dann im November 1955 Fischer-Dieskaus erste *Winterreisen*-Schallplatte auf den Markt kam, wurde seine Interpretation natürlich auch mit der Hans Hotters verglichen, der bis dahin als unübertroffener Interpret dieses Werkes gegolten hatte. Alec Robertson, der Altmeister unter den Kritikern der Zeitschrift »Gramophone«, meinte in seiner Besprechung, daß es vielleicht an seinem eigenen Lebensalter läge, daß er die Aufnahme des älteren Sängers bevorzuge. Er schreibt: »Hans Hotter zeichnet das Bild eines müden, enttäuschten Menschen, Fischer-Dieskau dagegen das eines Mannes, der noch genug Kraft in sich spürt, das Schicksal in die eigenen Hände zu nehmen.« Dazu meinte der Sänger, daß er in seiner Interpretation aber auch berücksichtige, wie alt die beiden Autoren gewesen seien, als dieses Meisterwerk entstand: Wilhelm Müller 29, Schubert 30 Jahre alt.

Diese erste Schallplatte mit der *Winterreise*, zugleich mit Loewes *Erlkönig* und drei Mörike-Liedern von Hugo Wolf aufgenommen, werden wir im Kapitel über das Lied noch ausführlicher besprechen. Hier mag interessant sein, was Hans Hotter über den jüngeren Sänger zu sagen hat. Er schrieb mir 1979:

»Der künstlerischen Wirksamkeit Dietrich Fischer-Dieskaus ist es hauptsächlich zu verdanken, daß das klassische deutsche Lied seit den fünfziger Jahren eine weitgreifende Wiederbelebung und Erneuerung erfahren hat. Das Ausmaß dieser Wiedergeburt ist erheblich, wenn man allein an die Erweiterung des üblichen Repertoires denkt. Ich glaube, es hat nie einen Sänger gegeben, der sich allein vom Material her mit so vielen Liedern beschäftigt hat wie er. Daß das Ergebnis dieser umfangreichen Arbeit der Allgemeinheit auch bekannt wurde, verdanken wir dem glücklichen Zusammentreffen von einer Reihe von Umständen, Veranlagungen in der Persönlichkeit des großen Liedinterpreten. Denn hier erlebten wir in einer seltenen Symbiose eine hohe Musikalität, ein feinnerviges künstlerisches Empfinden und eine bildungsfundierte Intelligenz, die bei außerordentlichen, technisch wohl beherrschten Stimm-Mitteln die Voraussetzungen für eine Liedinterpretations-Karriere des bekannten, weltweiten Ranges schufen. Seine höchst persönliche, ihm eigene Art, Lieder zu singen, wird richtungweisend für eine lange Zeit die Entwicklung kommender Liedinterpreten beeinflussen.«

Im Februar 1955 sang Fischer-Dieskau zum ersten Mal unter Georg Soltis Leitung die *Lieder eines fahrenden Gesellen* in Frankfurt am Main. Es folgte sein erstes Konzert in Paris, wo er, begleitet von Jörg Demus, Heine-Lieder von Schubert und Schumanns *Dichterliebe* aufführte, und im April des Jahres die erste Reise nach Amerika. In Cincinnati sang er unter Thomas Johnsons Leitung mit dem Cincinnati Symphony Orchestra die *Kreuzstabkantate* von Johann Sebastian Bach und das Brahms-*Requiem*. Die Tournee führte ihn weiter nach St. Paul, Toronto, Montreal, Ottawa, Washington und New York. In all diesen Städten sang er, begleitet von Gerald Moore, Lieder. Überall wurden die Künstler mit riesigem Beifall gefeiert und erhielten ausgezeichnete Kritiken.

Gerald Moore erzählt, daß Fischer-Dieskau auf dieser Konzertreise der einzige Fehler in der langen Zeit ihres gemeinsamen Musizierens unterlaufen sei. Er habe nämlich einen Einsatz verpaßt, weil ihm etwas in den Hals geraten sei. Und Moore – in seiner Erzählfreude – setzte hinzu: »In Covent Garden hat einmal ein Tenor seinen falschen Schnurrbart in den Hals bekommen. Das war schlimmer!« Gern spricht der »König der Begleiter« von der gemeinsamen Arbeit mit Dietrich Fischer-Dieskau. Mit ihm Musik zu machen sei immer Freude gewesen. Und diese Freude spricht ja auch aus dem, was Moore über den Sänger in seinen amüsanten Lebenserinnerungen »Bin ich zu laut?« geschrieben hat.

Aus einem Interview mit Michael Marcus von der Zeitschrift »Record and Recording« erfahren wir, daß Fischer-Dieskau sich 1959 darüber wunderte, daß er aus England bis dahin nur ein einziges Angebot bekommen habe, in einer Oper aufzutreten, und zwar im *Don Giovanni* – auf englisch! Mich wundert das weniger, denn die Öffentlichkeit in Großbritannien hatte überhaupt noch nicht realisiert, daß dieser hervorragende Liedsänger auch in Opern auftrat. Noch 1966 konnte man in dem Buch »Great Singers of Today« von Harold Rosenthal lesen: »Es mag für englische und amerikanische Leser eine Überraschung sein, daß Fischer-Dieskau in Deutschland und Österreich als Opernsänger einen ebenso großen Namen hat wie als Liedsänger.« Als solchen hat man ihn in England zum ersten Mal 1965 erlebt, als er unter Georg Soltis Leitung Triumphe als Mandryka in Richard Strauss' Oper *Arabella* feierte.

Und in welchen Rollen hat Fischer-Dieskau in Deutschland weitere Schritte als Opernsänger getan? Nach jenem ersten Marquis Posa bei Heinz Tietjen im Jahr 1949 sang er den Marcel in Puccinis *La Bohème* (Regie Hans Stüwe/Dirigent Hans Lenzer), den Landgrafen in Liszts *Die heilige Elisabeth* (Julius Kapp/Leo Blech) und den Wolfram in Wagners *Tannhäuser* (Heinz Tietjen/Leopold Ludwig). 1950 konnte man ihn als Don Fernando in Beethovens *Fidelio* (Heinz Tietjen/Ferenc Fricsay) erleben, als Valentin in Gounods *Faust* (Georg Reinhardt/Artur Rother) und als Ottokar in Webers *Freischütz* (Heinz Tietjen/ Artur Rother). 1951 sang er zusammen mit Elisabeth Grümmer die Uraufführung von Winfried Zilligs *Troilus und Cressida* (Werner Kelch/Leopold Ludwig) in Berlin und im Jahr darauf seinen ersten Jochanaan in *Salome* von Richard Strauss (Heinz Tietjen/ Artur Rother). Besonderes Aufsehen erregte Fischer-Dieskaus erster *Don Giovanni*, den er in deutscher Sprache 1953 an der Städtischen Oper Berlin sang (Werner Kelch/Karl Böhm); es wurde ein riesiger Erfolg für den Sänger. Niemand hatte vermutet, daß der ernste, strenge, unnahbar-aristokratische Liedinterpret sich in einen so dämonischen, erotisch-leutseligen Don Giovanni verwandeln könne. Lord Harewood, der damalige Leiter von Covent Garden, war nach Berlin gekommen, um Fischer-Dieskau für die Rolle des Billy Budd in der gleichnamigen Oper Brittens zu gewinnen (was nicht gelang) und hatte bei dieser Gelegenheit den *Don Giovanni* gesehen. Er erzählte mit Begeisterung von dem »wohl brillantesten Don, den er je erlebt habe«; sein Spiel, seine Artikulation – von seiner Musikalität ganz zu schweigen – alles sei fabelhaft gewesen!

In Bayreuth ist Fischer-Dieskau 1955 zum ersten Mal aufgetreten, und zwar als Wolfram im *Tannhäuser*, als Heerrufer im *Lohengrin* und als Amfortas im *Parsifal*, den er vorher bereits in Berlin gesungen hatte.

Immer wieder bemühte sich der Sänger – und das ist heute noch ebenso –, unbekannte oder vergessene Werke der Musikgeschichte zu neuem Leben zu erwecken. Die erste dieser »Pioniertaten« galt Ferruccio Busonis Oper *Doktor Faust*, die 1955 mit Fischer-Dieskau in der Titelrolle in Berlin aufgeführt und 1969 auch für die Schallplatte von ihm gesungen wurde – eine Rolle, die ihm wie auf den Leib geschneidert ist!

Irmgard Poppen hatte ihre Ausbildung als Cellistin auch nach der Eheschließung fortgesetzt. Ihre berufliche Karriere wurde durch die Geburt der Söhne Mathias (1951) und Martin (1954) unterbrochen. Wo immer möglich, hat sie aber an den Erfolgen ihres Mannes teilgenommen, bei Schallplattenaufnahmen auch selbst mehrfach mitgewirkt. So spielt sie auf einer meiner Lieblingsplatten mit Duetten aus verschiedenen Sprachen den Cellopart. Mit ihr musizieren Eduard Drolc (Geige) und Gerald Moore (Klavier); es singen Victoria de los Angeles und Dietrich Fischer-Dieskau. Immer wieder betont der Sänger, daß er nur wirklich glücklich sein kann, wenn Menschliches und Künstle-

Mit Irmgard Poppen und Edith Picht-Axenfeld

risches in seinem Leben übereinstimmen. Diese Harmonie hat
in den Jahren seines Werdens Irmgard Poppen um ihn verbreitet und ihm so geholfen, sich seinen Ruf und seinen Namen zu
schaffen.

Nationale und internationale Auszeichnungen und Preise fie-
len dem Sänger in reichem Maße zu. Unter anderem erhielt er
1950 den Kunstpreis der Stadt Berlin, 1955 den ersten »Goldenen Orpheus« von Mantua, der alljährlich den fünf besten Sängern des Jahres verliehen wird; 1956 wurde er zum Mitglied der
»Akademie der Künste« in Berlin und in die »Deutsche Sektion
des Internationalen Musikrats« gewählt. 1959 wurde er zum
Bayerischen Kammersänger, 1963 zum Berliner Kammersänger ernannt. Das Große Bundesverdienstkreuz des Bundesverdienstordens erhielt er 1974, von den Universitäten Oxford,
Paris-Sorbonne und der Yale-University in USA wurden ihm
Ehrendoktorwürden verliehen. Darüber hinaus ist er in vielen
musikalisch-künstlerischen Gesellschaften Ehrenmitglied und
erhielt unzählige Schallplattenpreise.

Verleihung der Ehrendoktorwürde in der Sorbonne, Paris.
—————————— *Mit Giulio Andreotti, Dolf Sternberger u. a.* ——————————

So war Dietrich Fischer-Dieskau zu Anfang der sechziger Jahre in aller Welt als führender Bariton anerkannt. Auf dem Konzertpodium, auf der Opernbühne und in Aufnahmen leistete er Hervorragendes, Bewundernswertes. Aber mit dem Erfolg wächst auch die Kritik und der Neid. Gerüchte entstehen, Histörchen werden verbreitet. Das war zu Zeiten Carusos und Benjamino Giglis nicht anders als im Pro und Contra zwischen Renata Tebaldi und Maria Callas. An Fischer-Dieskau kritisierte man am meisten seine vermeintliche Humorlosigkeit und den »teutonischen« Ernst. Diese Meinung war stark gefärbt von der Anti-Deutschland-Einstellung, die zwischen den Weltkriegen in Großbritannien geherrscht hatte, die aber seit 1945 immer mehr verschwindet. Als Beispiel lese man Richard Capells 1928 erschienenes Schubert-Buch, das für Briten noch heute die »Bibel« über Schubert-Lieder ist. Bei allen Verdiensten Capells kann seine Meinung über die deutsche Sprache (»die deutsche Sprache erschreckt den Ausländer, weil sie grob und abstoßend ist«) und über deutsche Literatur (»in der Zeit zwischen dem düsteren Mittelalter und der Generation von Schubert gab es praktisch keine Dichter in Deutschland«) heute nicht mehr aufrechterhalten werden, es spricht daraus eine ungenügende Kenntnis der deutschen Sprache und der deutschen Literatur. Übrigens kritisiert auch Fischer-Dieskau Capell in seinem eigenen Schubert-Buch.

Welche Schönheiten der deutschen Sprache innewohnen, wird deutlich, wenn Fischer-Dieskau Worte wie »kühl«, »Wonne«, »sanft«, »Liebe« beim Singen formt. Mit seiner Sprachkultur hat er dem Deutschen neue Freunde gewonnen und viel für die Verbreitung der deutschen Sprache getan. Nicht nur ich, viele haben seine Schallplatten wieder und wieder gehört, um zu lernen, wie deutsche Wörter richtig ausgesprochen werden müssen – und wir waren keine Gesangsstudenten. So kenne ich einen Lehrer, der seine Deutschkurse für Erwachsene damit beginnt, daß er eine Schallplatte mit Goethe-Liedern, gesungen von Fischer-Dieskau, abspielt: *Erlkönig, Meeresstille* und *Über allen Gipfeln ist Ruh*. So in Großbritannien. Aber auch Deutsche haben durch die Art, wie Fischer-Dieskau eine Phrase, ein Wort betont, den Sinn eines Gedichtes erst richtig kennengelernt. Durch die Deutlichkeit seiner Diktion und selbstverständlich durch die Intensität seiner Interpretation gelingt es ihm, den tieferen Sinn eines Liedes zu verdeutlichen. Verglichen mit anderen großen deutschen Sängern – Janssen, Rehkemper oder Schlusnus – gebührt ihm auf diesem Gebiet die Krone. Und sicher ist es auch ihm zu danken, daß Sänger, deren Muttersprache nicht deutsch ist, sich beim Singen deutscher Musik um eine so ausgezeichnete Aussprache bemühen, denken wir nur an Elly Ameling, Janet Baker, Frederica von Stade, an Peter Pears, Gérard Souzay oder Benjamin Luxon.

In den Jahren 1955 bis 1963 wurde Dietrich Fischer-Dieskau in Deutschland und Österreich in wachsendem Maße als Opernsänger bekannt. Während der Feierlichkeiten zum 200. Geburtstag Wolfgang Amadeus Mozarts sang er zum ersten Mal in Salzburg den Grafen Almaviva in *Le nozze di Figaro* im Festspielhaus. In der Inszenierung von Oskar Fritz Schuh sangen mit ihm Elisabeth Schwarzkopf, Irmgard Seefried, Christa Ludwig, Erich Kunz, Murray Dickie und Oskar Czerwenka, die musikalische Leitung hatte Karl Böhm. Der Sänger wurde gelobt für seinen mitreißenden, wenn auch bitteren Humor, mit dem er den schwierigen ironischen Charakter dieser Rolle nachzeichnet. – 1958 stand Fischer-Dieskau zum ersten Mal als Mandryka in Richard Strauss' Oper *Arabella* auf der Bühne. Es war eine Aufführung mit Lisa della Casa, Anneliese Rothenberger und Otto Edelmann im großen Festspielhaus in Salzburg (Inszenierung Rudolf Hartmann/Musikalische Leitung Joseph Keilberth). Unzählige Male hat der Sänger seither diese Rolle verkörpert, ja man hat in ihm fast den Prototyp des burschikosmelancholischen Mandryka gesehen. – Den ersten *Falstaff* sang Fischer-Dieskau – in deutscher Sprache – 1957 in Berlin (Carl Ebert/Alberto Erede). In dieser Rolle konnte er seine humoristische Begabung unter Beweis stellen. Ähnliches gelang ihm mit dem Papageno aus Mozarts *Zauberflöte*, den er aber nur für die Schallplatte, nicht auf der Bühne gesungen hat. Ich halte ihn in dieser Studio-Produktion unter Ferenc Fricsay für den besten Papageno seit Gerhard Hüsch.

Mit Joseph Keilberth 1956

54

In dieser glanzvollen Zeit, da Fischer-Dieskau von Erfolg zu Erfolg reiste, hat er auch mehrfach beim Edinburgh-Festival mitgewirkt und Konzertreisen in die Vereinigten Staaten unternommen. 1963 folgte seine erste Japan-Tournee mit der deutschen Oper Berlin. Unter Leitung von Karl Böhm wurde *Fidelio* und *Le nozze di Figaro* aufgeführt. In dieses Jahr fiel auch die Uraufführung von Benjamin Brittens *War-Requiem*, das der Komponist für Galina Wischnewskaja, Peter Pears und Dietrich Fischer-Dieskau zur Einweihung der von deutschen Bomben zerstörten und wiedererrichteten Kathedrale von Coventry geschrieben hat. Mit dieser Aufführung sollte ein Zeichen gesetzt werden für die Aussöhnung zwischen den Völkern. Und niemand konnte ein besserer Botschafter der deutschen Sache sein als eben Fischer-Dieskau.

Diese glücklichen, von Erfolg getragenen Jahre wurden durch den Tod von Irmgard Poppen jäh beendet. Sie starb nach der Geburt des Sohnes Manuel am 15. Dezember 1963.

Dietrich Fischer-Dieskau ist ein großer Künstler, der in seiner Arbeit ganz aus seiner Persönlichkeit schöpft. Ich muß immer wieder daran denken, wie er vom Tod seines behinderten Bruders, den schweren Erlebnissen im Kriege und vor allem vom Tod seiner so jungen Frau geprägt wurde.

Sein Amfortas, sein Wozzeck und sein Lear, sie alle sind Menschen in innerem Aufruhr, von Kummer und Leid geschüttelt. Wer Fischer-Dieskau in diesen Rollen erlebt hat, muß von der Lebensechtheit bis ins tiefste getroffen werden, und das zeichnet auch seine Liedinterpretation aus, wenn er Schuberts *Winterreise*, den *Abschied* aus Mahlers *Lied von der Erde* oder die *Vier ernsten Gesänge* von Johannes Brahms singt.

In Großbritannien würde man es kaum zur Kenntnis nehmen, wenn ein Sänger eine neue Ehe eingeht. In Deutschland, wo jede größere Stadt nicht nur ein eigenes Opernhaus, sondern auch einen Konzertsaal hat, wo die Kunst mit großen Summen vom Staat subventioniert wird, ist das Leben eines Opernsängers, eines Regisseurs oder Dirigenten von ähnlich allgemeinem Interesse wie bei uns das eines Fußballspielers oder Cricket-

Stars. Als Fischer-Dieskau 1965 die Filmschauspielerin Ruth Leuwerik heiratete, konnte man in einer Illustrierten lesen: »Millionen kennen ihre Namen . . .« Die Ehe wurde 1967 wieder geschieden, auch eine Verbindung mit Christina Pugell war nicht von langer Dauer. Heute ist Dietrich Fischer-Dieskau mit der ungarisch-rumänischen Sopranistin Julia Varady verheiratet, die als Opernsängerin weltbekannt ist.

Fischer-Dieskau sagte mir einmal: »Ich bewundere Wagner und singe ihn gelegentlich, aber ich liebe Verdi und singe ihn oft!« Gerade Verdi und dem italienischen Fach hat sich der Sänger in den sechziger Jahren immer mehr zugewendet.

Ferenc Fricsay sprach ja von dem »italienischen Bariton in Berlin«, als der junge Sänger ihm vorgesungen hatte. Wie weit das zutrifft, darüber haben sich die Gemüter in den Jahren seither gelegentlich erhitzt. Festzuhalten bleibt, daß sogar Italiener der Ansicht sind, daß Dietrich Fischer-Dieskau zwar immer einen leichten Akzent habe, dafür aber italienischen »gusto«, italienischen Stil, Italianità. Und wenn man ihm vorwirft, er mache keinen Unterschied zwischen einer Verdi-Arie und einem Schubert-Lied, dann dreht er gern den Spieß um und zeigt, wieviel Gemeinsames diese beiden großen »Komponisten der Melodie« haben. In seiner gründlichen Untersuchung über Dietrich Fischer-Dieskau und seine Kunst schreibt John Steane viel Positives über die Einstellung des Sängers zur italienischen Musik und schließt mit der rhetorischen Frage, ob denn Fischer-Dieskau nicht immer in neues Licht rücke, was er singt. Ich persönlich bin immer der Ansicht gewesen, daß es Fischer-Dieskaus großartiger Interpretationsgabe zu danken ist, wenn er auch aus italienischen Opern mit weniger attraktiven Libretti noch Funken zu schlagen wußte.

Aber auch in Werken Richard Wagners war der Sänger nach 1960 häufiger zu hören. Über Wagner, den Wagner-Kult und über seine Opern hat Fischer-Dieskau mehrfach geschrieben und Vorträge gehalten. Weil er im Grunde kein ausgesprochener Heldenbariton ist, liegen ihm eigentlich nur wenige Wagner-Partien. Und doch . . . Wer möchte seinen Kurwenal aus der Schallplattenaufnahme von *Tristan und Isolde*, seinen Telramund aus *Lohengrin*, den Holländer und nicht zuletzt den Wotan aus Herbert von Karajans *Rheingold*-Einspielung missen? Und wurde er nicht auch in Rollen berühmt, die eigentlich für einen Heldenbariton komponiert wurden: Dr. Schön in Alban Bergs *Lulu*, Doktor Faust in Busonis gleichnamiger Oper, Borromeo in Pfitzners *Palestrina*, und auch Aribert Reimanns *Lear*, für Fischer-Dieskau komponiert, darf hier nicht vergessen werden.

Schon in den sechziger Jahren war das Repertoire Dietrich Fischer-Dieskaus überaus groß. Er schien über unerschöpfliche Energien zu verfügen: In jedem Jahr waren es fünfzig bis siebzig Engagements in aller Welt – das sind bei Opernaufführungen jeweils mindestens drei Vorstellungen – dazu alljährlich bis zu zehn Schallplattenaufnahmen, die für Vorbereitung, Probe und Aufnahme auch jedesmal drei Tage beanspruchen.

Und immer wieder reizte ihn Neues, sowohl Klassisches als auch die musikalisch oft schwierige Moderne. Überall bewunderte man seine Vielseitigkeit und seine Interpretationen. Fischer-Dieskau sang damals wie heute das, was man von ihm hören will, und dort, wo man ihn zu hören wünscht.

Schallplattensammler erwarteten seine Aufnahmen mit Ungeduld. Häufig erschienen drei oder vier neue »Fischer-Dieskaus« gleichzeitig auf dem Markt, was junge Sammler mit schmalem Geldbeutel in Nöte bringen konnte.

Seit seiner ersten Amerika-Tournee im Jahr 1955 hat Fischer-Dieskau fünfzehnmal die Vereinigten Staaten besucht. Die vielen Amerikaner deutscher Abstammung waren von seiner Erscheinung, seiner Sprache und den altvertrauten deutschen Liedern begeistert. Sie wollten ihn damals hören, und heute strömen ihre Kinder in die ausverkauften Konzerte. Es ist aber kaum zu verstehen, daß der Sänger – von konzertanten Aufführungen abgesehen – in Amerika nie in einer Oper gesungen hat. Kein Wunder, daß man in der Presse die Frage stellte, ob man ihn nicht wenigstens einmal zwischen zwei Flugzeugen für die Met erwischen könne. Dazu meint Fischer-Dieskau, daß es sich eben einfach nicht ergeben habe; wenn er Zeit gehabt habe, sei er nicht gefragt worden, und er habe keinen Termin frei gehabt, wenn man ihn habe engagieren wollen.

Im Jahr 1963 gastierte die Deutsche Oper Berlin im neu erbauten Nissei-Theater in Tokio. Unter Leitung von Karl Böhm wurden Beethovens *Fidelio* und Mozarts *Le nozze di Figaro* aufgeführt. Seit diesem glanzvollen Ereignis hat Fischer-Dieskau sieben erfolgreiche Konzertreisen durch Japan gemacht; die Japaner gehören heute zu seinen enthusiastischsten Bewunderern.

Auch den Edinburgh-Festivals hat Fischer-Dieskau durch all die Jahre die Treue gehalten. Seit 1952 ist er dreizehn Male in Oratorien, Opern oder mit Liedern bei diesen Festspielen aufgetreten, und es erfüllt mich mit heimlichem Stolz, daß er Edinburgh – meine Heimat! – eine ideale Festspielstadt nennt. Bewundernd spricht er von der Lage dieser »kleinen Großstadt«, die ihn auch zu Zeichnungen und Gemälden animierte.

Dietrich Fischer-Dieskau war der erste deutsche Sänger, der nach dem letzten Krieg in Israel auftrat. Schon seit 1967 hatte sich Wolfgang Lewy, Hornist beim Israel Philharmonic Orchestra, darum bemüht, ihn für Konzerte nach Israel zu bekommen. Die Zeit war aber wohl erst nach 1971 reif dafür. In Tel Aviv sang Fischer-Dieskau Mahlers *Lieder eines fahrenden Gesellen* mit dem Israel Philharmonic Orchestra unter Leitung von Daniel Barenboim und – begleitet von Barenboim am Klavier – Schuberts *Winterreise* sowie Lieder von Ludwig van Beethoven. Mit seinen Konzerten in aller Welt leistet Fischer-Dieskau einen wichtigen Beitrag zur Völkerverständigung; sein Auftreten in Israel aber war ein Brückenschlag über einen Abgrund, und diese Brücke festigte er mit Konzerten in den Jahren 1973, 1974 und 1976.

Wenn man bedenkt, daß bis heute keine Musik von Richard Wagner oder Richard Strauss öffentlich in Israel gespielt werden darf und daß erst 1970 der Chor aus Beethovens Neunter Symphonie in deutscher Sprache in diesem Land gesungen werden konnte, dann wird deutlich, wie wichtig ein solcher künstlerischer Brückenschlag war. Schuberts *Winterreise*, wie man von Konzertbesuchern hörte, »ohne Sentimentalität gesungen«, war für die Israeli eine Offenbarung, und auch ein anderes Urteil über Fischer-Dieskaus Konzerte spricht für sich: »Ich wußte nicht, daß ein Mensch mit einer derartigen Konzentration sin-

gen kann, mit einer solchen Musikalität und solchem Ernst; und
bis heute kannte ich nicht einmal seinen Namen!«

Fischer-Dieskau selbst empfand diese Reise als eine ungeheure Belastung. Zu Klaus Geitel, dem Musikkritiker der »Welt«,
sagte er damals:

»Ich kam heraus auf das Podium und sah – wie es so geht –
vor einer verschwimmenden Menge im Hintergrund die Gesichter in den ersten sechs Reihen – sie alle mir zugewandt, erwar-
tungsvoll, aber vielleicht auch beklommen; diese Gesichter, die,
obwohl schweigend, sprachen. Und ich verstand diese Sprache
sofort. Es waren diese Gesichter, die ich unter meinem Publikum in Deutschland immer vermisse – und natürlich weiß ich,
weiß mein ganzer Jahrgang den Grund und wird ihn nie vergessen. Es waren, Fremden gehörend, bekannte Gesichter, leicht
zu lokalisieren: Frankfurt, Berlin, Baden-Baden. Aber andere
Namen drängten für mich diese Ortsnamen beiseite. Grauen-
volle Namen. Auch ohne sie zu wissen, ist es nicht ganz einfach,
Schubert zu singen. In diesem Fall aber . . .«

Mit Leonard Bernstein

Gegen seine sonstige Gewohnheit nahm der Sänger an dem Empfang teil, den der deutsche Gesandte, Jesco von Puttkamer, nach dem Konzert für mehr als zweihundert Gäste gab. Hier gewann Dietrich Fischer-Dieskau in seiner zurückhaltenden, unaufdringlichen Art neue Freunde und Bewunderer.

Seine einzige Reise in die Sowjetunion, wo er 1977, begleitet von Swjatoslaw Richter, Lieder von Franz Schubert und Hugo Wolf sang, ist ihm auch deshalb so lebhaft in Erinnerung geblieben, weil man es ihm ermöglichte, die Leningrader Eremitage mit ihren Bilderschätzen zu besuchen.

Auch in anderen Ländern des Ostblocks hat Fischer-Dieskau Konzerte gegeben. So sang er in Polen, der Tschechoslowakei und in Ungarn. Den größten Erfolg aber hatte er – ein Westberliner! – im April 1978 in der Komischen Oper in Ostberlin. Jeder, der die Verhältnisse in sozialistischen Ländern kennt, weiß, daß es nirgends ein konservativeres Publikum gibt. Besteht doch die musikalische Nahrung dort eher aus konventionellen Kompositionen des 18. und 19. Jahrhunderts. Und Fischer-Dieskau kam und sang, begleitet von Aribert Reimann, Lieder von Arnold Schönberg, Alban Berg und Anton Webern! Zur Eröffnung des neuen Gewandhaus-Saales in Leipzig sang er die Uraufführung von *Holofernes*, einem Porträt für Bariton und Orchester des ostdeutschen Komponisten Siegfried Matthus.

Für seine Leistungen als Sänger und damit als Botschafter deutscher Musik in aller Welt, hat die Bundesrepublik Deutschland ihm 1974 das Große Verdienstkreuz des Bundesverdienstordens verliehen. In seiner Würdigung sagte der damalige Regierende Bürgermeister von Berlin, Klaus Schütz, der Sänger sei das größte Ausdruckstalent, das die deutsche Musikszene seit dem Krieg hervorgebracht habe. »Dem möchte ich hinzufügen: Sie haben dem Kunstlied eine neue Epoche gegeben. Sie haben auch der zeitgenössischen Musik zum Durchbruch verholfen. Sie haben Opernpartien großartig verwirklicht. Mit allem haben Sie vielen Menschen Freude vermittelt.«

1978 wurde ihm die Ehrenmitgliedschaft der Deutschen Oper Berlin »für dreißig Jahre hervorragender Leistung an diesem Haus« verliehen. Die Wanderjahre sind bei Fischer-Dieskau längst zu Meisterjahren geworden.

Mit den drei Söhnen

Nun noch ein Wort zu dem Menschen Dietrich Fischer-Dieskau, den ich seit mehr als dreißig Jahren kenne. Er lebt, abgeschirmt von der Öffentlichkeit durch seinen Privatsekretär Diether Warneck, abwechselnd in einem seiner Häuser in Berlin und in Berg bei München. Sowohl die alte Villa nahe dem lebhaften Theodor-Heuss-Platz in Charlottenburg wie das weiträumige Landhaus – nach eigenen Plänen gebaut – in der schönen bayerischen Seenlandschaft geben ihm den passenden Rahmen. Wie man weiß, ist er sehr groß. Seine Haare sind in den letzten Jahren grau geworden, er hat braune Augen, manchmal trägt er eine goldgerändert Brille. Sein jungenhaftes Lachen wirkt heute so ansteckend wie ehedem. Überall in seinen Häusern finden sich Regale mit Büchern und viele seiner eigenen Bilder. Er hat eine umfangreiche Photo-Sammlung über Musiker und Komponisten zusammengetragen. Gern versammelt er Freunde um sich, hört Schallplatten mit ihnen und zeigt dazu Dias oder Bilder aus dem Umkreis der jeweiligen Musik. Er ist der Ansicht, daß jeder Musiker alles Erreichbare über ein Werk, das er gerade studiert, lesen sollte, um so das Werk noch besser verstehen und interpretieren zu können.

Erstaunlicherweise hat Fischer-Dieskau eine fast tenorale Sprechstimme. Er spricht leicht, schnell, entschieden – ganz so, wie er sich auf der Bühne bewegt. Englisch beherrscht er fließend, wenn auch mit kleinen Fehlern. Wir unterhalten uns deutsch, wobei es dem Sänger Spaß macht, hier und da typisch englische Redewendungen einfließen zu lassen; man spürt, daß er die englische Sprache liebt.

Man sagt von Dietrich Fischer-Dieskau, er sei scheu und nach Konzerten kaum aufzufinden. Es haben aber unzählige Menschen, auch nach anstrengenden Konzerten, von ihm noch ein Autogramm im Künstlerzimmer bekommen.

Vieles im heutigen Leben und in der heutigen Kunst bedrückt den Sänger. Aber im Zusammenleben mit Julia Varady ist in ihm ein neues Interesse auch an jungen Sängern und Musikern entstanden. Sie erwarten heute Rat und Ermutigung von ihm. Obgleich er nun über dreißig Jahre in seinem anstrengenden Beruf tätig ist – und wie tätig! –, ist seine Stimme so schön wie eh und je. Kein Musiker vor ihm hat auf so vielen Gebieten so viel erreicht wie er. Von keinem Sänger gibt es so viele Schallplatten – seine stimmlichen Möglichkeiten sind für immer dokumentiert.

Die Laufbahn seiner Söhne hat dem Sänger viel Freude gemacht. Der älteste, Mathias, ist heute Bühnenbildner, Martin wurde Dirigent. Die Brüder hatten Gelegenheit, in dem reizenden Rokokotheater in Drottningholm bei Stockholm gemeinsam die Oper von Antonio Salieri »Prima la musica, poi le parole« herauszubringen. Auch den dritten Sohn konnte die künstlerische Laufbahn des Vaters nicht von einem musikalischen Beruf abbringen. Er wählte das Instrument seiner verstorbenen Mutter und verspricht, ein fähiger Cellist zu werden.

Die künstlerisch nimmersatte Neugier Dietrich Fischer-Dieskaus, sein ständiger Wunsch, Neues kennenzulernen, eine beständige Gesundheit und strenge Zeiteinteilung machen es dem Sänger möglich, seinen vielseitigen Verpflichtungen und Neigungen nachzugehen.

Albert Schweitzer wurde einmal in seinem Urwaldhospital von einem aufdringlichen Journalisten mit Fragen überschüttet. Als es ihm zuviel wurde, nahm er seinen Hut und ging. Man fand ihn später in seiner Hütte, wo er zur Entspannung eine Schallplatte hörte: Bach, gesungen von Dietrich Fischer-Dieskau. Der Urwalddoktor meinte, er spüre in diesem Gesang die gleiche Hingabe und Zuneigung zu Bach, eine leuchtende Feierlichkeit, die auch ihn erfülle, wenn er die Musik des Thomaskantors spiele.

Daß Fischer-Dieskau ein so besonderes Verhältnis zu Johann Sebastian Bach und zu seiner Musik hat, liegt natürlich nicht an den Beziehungen zwischen dem Namen »Dieskau« und Bach – so etwas wird nur im Scherz gesagt. Es liegt an dem Ernst, an der Neigung zum Meditativen, an der immer neuen Herausforderung, die Bachs Musik, auch in technischer Hinsicht, an einen Sänger stellt. Er singt Bach aber auch, weil man Bach von ihm hören möchte. Namentlich in den ersten Jahren nach dem Zweiten Weltkrieg, also zu Beginn seiner sängerischen Laufbahn, hatten die Menschen im leidgeprüften Deutschland ein Bedürfnis, geistliche Musik zu hören und sich an ihr aufzurichten.

So waren auch Kantaten von Bach unter den ersten Werken, die Fischer-Dieskau für die Schallplatte sang, aufgenommen mit dem Kammerorchester Karl Ristenpart in Berlin. Der Sänger hat immer wieder mit verschiedenen Ensembles Bach-Kantaten musiziert und für die Schallplatte gesungen. Erst vor wenigen Jahren kamen Kassetten mit dem Münchener Bach-Chor und dem Münchener Bach-Orchester unter Leitung von Karl Richter auf den Markt.

Mit Karl Richter

Was macht Dietrich Fischer-Dieskau zu einem so hervorragenden Bach-Sänger? Es ist nicht tiefe Religiosität, wie man vermuten könnte; ein übertrieben religiöser Mensch ist er nicht. »Es gibt viele Wege zur Seligkeit«, meint er lächelnd. Religion ist für ihn eine Seite des Lebens, zu der jeder Mensch seine eigene persönliche Einstellung finden muß. Und wenn er sich auch gern ernst und philosophisch ausdrückt, so benützt er doch nie sentimental-religiös gefärbte Redewendungen nach Art mancher Musikjournalisten: »Wenn Bach spricht, vernimmt man die Engel; wenn Mozart redet, lauscht Gott!«

Fischer-Dieskau ist ein Künstler, der mit beiden Beinen auf der Erde steht. Er will sich mit ernsthaften Werken auseinandersetzen, die in Wort und Musik das Wesen des Menschen zum Thema haben.

Im Vokalwerk Johann Sebastian Bachs findet sich da ein weites Betätigungsfeld. Technische Schwierigkeiten, die es in reichem Maße gibt, müssen bewältigt werden, die Stimme muß Dramatisches gestalten, verschiedene Instrumente gesellen sich zu der Singstimme, und mit Chor und Orchester wird ähnlich gemeinsam musiziert wie auf der Opernbühne.

Weich fließendes legato, subtiles mezza-voce und dramatische Behandlung zeichnen den Bach-Gesang Fischer-Dieskaus aus. Sicher ist er nicht der erste, der als Sänger Inspiration aus biblischen Texten empfängt, und es ist kein Wunder, daß Hörer seine Interpretation für tief religiös halten. Ich muß gestehen, daß ich mich, wenn Fischer-Dieskau Bach singt, dem Evangelium näher fühle als in manchem modernen Gottesdienste. Ein Gefühl der Frömmigkeit überkommt mich aber ganz besonders beim Hören einer Schallplatte, die ich – und in diesem Punkt stimmt sogar Fischer-Dieskau mir zu – für die allerschönste seiner vielen Aufnahmen halte. »Arien aus Kantaten«, begleitet von den Berliner Philharmonikern unter der Leitung von Karl Forster (1958). Die hier vereinigten Rezitative und Arien stammen aus den Kantaten 8, 13, 73, 157, 158 und 159. Für mich ist nun schon seit mehr als zwanzig Jahren diese Platte der Maßstab, an dem ich andere Bach-Sänger messe. Und ich stehe mit dieser Meinung nicht allein. In einer Schallplattenrezension hieß es: »Bachs Musik, Fischer-Dieskaus Gesang, das Spiel der Soloinstrumente und das Orchester, der Chor und die Aufnahme – das zusammen ergibt eine der schönsten Schallplatten, die ich je besprechen durfte.« Alles ist schön auf dieser Platte, die Krone aber gebührt meiner Meinung nach der Arie »Es ist vollbracht« aus der Kantate 159 *Sehet, wir gehn hinauf gen Jerusalem* für den Sonntag Estomihi. Diese Kantate kann man als Parallele zur *Matthäus-Passion* sehen. Die Baß-Arie zu den letzten Worten Christi atmet den gleichen Geist tiefer Ruhe und Ergebung. Sie beginnt mit einer klagenden Oboenmelodie – auf dieser Platte ganz herrlich von Lothar Koch geblasen. Acht Takte später setzt die Stimme ein – über schwebendem Streicherklang, ständig von der Oboe begleitet. Der sterbende Christus entsagt der Welt: »Welt, gute Nacht.« Bei der Wiederholung wird der Ton auf »Nacht« lang ausgehalten; dann singt die Stimme noch zweimal leise »Es ist vollbracht«. Oboe und Streicher beschließen die Arie, indem sie die Einleitungstakte wiederholen – ein genialer Einfall des Komponisten.

Um eine solche Musik so gestalten zu können, dürfen technische Schwierigkeiten nicht zu spüren sein; in der absoluten Beherrschung seiner technischen Mittel liegt die überwältigende Wirkung von Fischer-Dieskaus Gesang. Dazu kommt, daß er ausgeprägten Sinn für lange Phrasen hat, ja gerade der macht einen weiteren wesentlichen Teil seiner Kunst aus, und zwar nicht nur bei Musik Johann Sebastian Bachs, sondern auch bei geistlicher Musik anderer Komponisten sowie im Lied oder in der Oper.

»Höchste Musikalität«, »gefühlvoll«, »legato« – das sind Worte, die Fischer-Dieskaus Kunst, Bach zu singen, charakterisieren. Hinzu kommt die unerhörte Beweglichkeit seiner Stimme. Ein eindrucksvolles Beispiel dafür ist der Ausschnitt aus der Kantate 8 *Liebster Gott, wenn werd ich sterben* für den 16. Sonntag nach Trinitatis, die den Evangelienbericht von der Auferweckung des Jünglings zu Nain zum Thema hat. In der deutschen Literatur hat der Tod immer eine große Rolle gespielt. Hier sieht der Lutheraner Bach den Tod als Erlöser. Mit heiterem 12/8 Takt ist in der Baß-Arie »Doch weichet ihr tollen, vergeblichen Sorgen« die Todesangst überwunden. Auf die Worte »weichet«, »tollen« und »Sorgen« müssen Läufe von außerordentlicher Länge gesungen, an anderer Stelle Töne sehr lang ausgehalten werden, während die Flöte sie umspielt. Der Flötist Aurèle Nicolet und Dietrich Fischer-Dieskau bieten auf dieser Schallplatte eine hinreißende Interpretation.

Die beiden Solo-Kantaten Bachs für Baß *Ich will den Kreuzstab gerne tragen* (BWV 56) und *Ich habe genug* (BWV 82) hat Fischer-Dieskau unzählige Male gesungen. Von den vielen Schallplattenaufnahmen dieser Kantaten ist mir seine erste bis heute die liebste geblieben. Sie wurde 1951 in der Jesus-Christus-Kirche in Berlin-Dahlem mit dem Kammerorchester Karl Ristenpart aufgenommen. Im wiegenden Rhythmus des Rezitativs »Mein Wandel auf der Welt ist einer Schiffahrt gleich« und der darauf folgenden Arie »Endlich, endlich wird mein Joch wieder von mir weichen müssen« mit dem gefürchteten Lauf auf dem Wort »weichen« in der Kantate 56 entfaltet sich die Stimme des Sängers in ihrer ganzen Größe und Schönheit. Die überirdisch süße Melodie der Arie »Schlummert ein, ihr matten Augen« aus der Kantate 82 mündet in den herrlichen Schluß auf »Süßen Frieden, stille Ruh«, wobei der Sänger den Triller auf »stille« ganz besonders auszukosten scheint. Das erinnert an Albert Schweitzers Mahnung: »Je besser ein Musiker ist, desto langsamer kann er Bach spielen.« Mich persönlich fasziniert es, wie Fischer-Dieskau es versteht, mit dem herrlich geformten Umlaut in »süßen« und den beiden sanft fließend ausgesprochenen »l« in »stille« den Frieden, den die Musik zum Ausdruck bringt, zu unterstreichen. Den Abschluß in Kantate 82 bildet die Arie »Ich freue mich auf meinen Tod«, in der Fischer-Dieskau ein Beispiel für eine fast verlorene Kunst unter Sängern der tiefen Stimme gibt, wenn er auf »eingefunden« einen Triller im Tempo aussingt.

Beide Kantaten sind für Baß geschrieben. Ich empfinde aber eine tiefe Baß-Stimme als zu schwer und glaube nicht, daß sie den Arien voll gerecht werden kann. (Die Alt-Fassung, die Janet Baker 1967 für die Schallplatte sang, hat mir etwas zu wenig Substanz, zu wenig »Körper«.) Wenn die Läufe ohne die Freiheit des leichteren, baritonalen Klangs gesungen werden, können sie schwer und fast gewalttätig klingen.

Bis in die siebziger Jahre hinein gab es in Deutschland häufig Gelegenheit, Fischer-Dieskau als Bach-Sänger in den großen Passionen zu hören und zu bewundern. Seitdem er 1948 in Freiburg und Konstanz zum ersten Mal die Christus-Worte in der *Matthäus-Passion* sang, ist er ein immer ernsterer Interpret dieser Partie, aber auch des Arien-Basses geworden. Man muß sich nicht unbedingt Albert Schweitzers symbolträchtigen Interpretationen der Bach-Passionen anschließen, um zu spüren, daß Fischer-Dieskau den Evangelientext mit tieferer Einsicht gestaltet als mancher andere Sänger. Man tut auch niemandem Unrecht, wenn man sagt, daß nur ein wirklich großer Sänger so viel Leben in eine Arie bringen kann, wie es ihm auf der Schallplatten-Aufnahme der *Matthäus-Passion* von 1958 gelingt, wenn er »Mache dich, mein Herze, rein« singt. Wie er seine Stimme zu dem Ton Es′ bei »dich« führt, da schwingt sich auch eine zutiefst traurige Seele wieder auf und faßt neuen Mut.

Bei fünf größeren Aufnahmen der *Matthäus-Passion* war Fischer-Dieskau beteiligt. Im April 1949 sang er unter Fritz Lehmann die Christus-Worte. Auf der bereits erwähnten Schallplatte von 1958 gestaltete er unter Karl Richter den Arien-Baß. Ferner sang er die Christus-Partie in den Aufnahmen unter Otto Klemperer (1961), Herbert von Karajan (1972) und noch einmal unter Karl Richter (1979). Auch bei vielen Radio- und Fernsehaufnahmen dieses Werkes hat der Sänger mitgewirkt. Als er das erste Mal im Jahr 1972 bei den Osterfestspielen Herbert von Karajans in Salzburg auftrat, hat er ebenfalls die Christus-Worte in der *Matthäus-Passion* gesungen.

Fischer-Dieskau ist aber der Ansicht, daß es ihm nie vergönnt war, an einer perfekten Aufführung der *Matthäus-Passion* mitzuwirken; auch 1954 zunächst unter Eduard van Beinum in Amsterdam und wenige Tage später in Wien unter Wilhelm Furtwängler seien Wünsche offen geblieben. So hatte beispielsweise die Münchener Aufführung von 1979 Zauber und Glanz der Stimmen, aber auch für mich fehlte die Atmosphäre, die ein Kirchenraum ausgestrahlt hätte. Das Werk ist in seiner ganzen Anlage ein wirklich geistliches Werk und gehört in die ihm gemäße Umgebung, in eine Kirche. Die Gefahr, daß das Werk zu »opernhafftig« herauskomme, sah man schon zu Bachs Zeit. Charles Sanford Terry zitiert in seinem Buch über Johann Sebastian Bach den Bericht von einer spontanen Äußerung nach der Uraufführung: »Eine alte Adeliche Wittwe sagte: ›Behüte Gott, ihr Kinder! Ist es doch als ob man in einer Opera-Comödie wäre.‹«

Ich bin sicher, daß auch Fischer-Dieskau, der sich so eng mit einer Rolle identifiziert, die kirchliche Atmosphäre vermißt. Eigenartigerweise spüre ich davon etwas, wenn ich die Schallplattenaufnahme von 1972 unter Herbert von Karajan höre. Zwar sagt man ihr nach, sie habe zu viel von der pompösen Bachauffassung des 19. Jahrhunderts; Fischer-Dieskaus Christus-Gestaltung ist aber unvergleichlich und kann kaum übertroffen werden. Tief erschüttert den Hörer die Abendmahlsszene, und von den letzten Worten Christi »Eli, Eli, lama asabthani« wird man im Innersten ergriffen (man achte auf die winzige Verzögerung, die der Sänger zwischen »asab« und »thani« macht!).

Ein heiteres Stück haben wir in der *Bauernkantate* (BWV 212) »Mer hahn en neue Oberkeet« vor uns. Fischer-Dieskau hat die Kantate unter anderem 1960 mit den Berliner Philharmonikern

Mit Herbert von Karajan

unter Karl Forster aufgenommen. Sie enthält die schon erwähnte Huldigung für einen Ahnen des Sängers: »Es lebe Dieskau und sein Haus.« Immer wieder spürt man, mit welcher Freude der Sänger seinen Namen in Bachs Musik singt.

Die Deutsche Grammophon-Gesellschaft hat in ihrer Archiv-Reihe 64 Kantaten Johann Sebastian Bachs unter der Leitung von Karl Richter herausgebracht. Die erste Kassette »Advents- und Weihnachtskantaten« erschien 1972. Edith Mathis, Peter Schreier und Dietrich Fischer-Dieskau sind die Solisten. Zu ihnen treten, je nach Besetzung der Kantate, andere hervorragende Sänger. Besonders die erste dieser auf fünf Kassetten angelegten Plattensammlung ist voller Schönheiten. Die Werke zeigen die reiche und vielfältige musikalische Inspiration des Komponisten. Und die Kunst Fischer-Dieskaus, Bach zu singen, kann nach meiner Meinung nicht übertroffen werden.

Ein Blick auf die Diskographie zeigt, daß Fischer-Dieskau in den vielen Jahren, die er als Sänger tätig ist, immer wieder und mit großer Hingabe Bach gesungen hat. Dabei liegen nicht alle Partien für seine Stimme günstig. Ich habe wirkliches Mitgefühl mit dem Baß, der die Arie »Wo Gott, der Herr, nicht bei uns hält« (aus der Kantate 178) zu singen hat. Auch ein Fischer-Dieskau muß die Passage »Gleich wie die wilden Meereswellen mit Ungestüm ein Schiff zerschellen« mit Bedacht angehen. Wie herrlich liegt dagegen seiner Stimme die Kantate 70 *Wachet! betet! betet! wachet!*, die in derselben Schallplattenkassette enthalten ist. Ferner findet sich in diesem Band der Richterschen Aufnahmen die Kantate 13 *Meine Seufzer, meine Tränen* mit der wundervollen Baß-Arie »Ächzend und erbärmlich Weinen« sowie eine weitere Aufnahme der Baß-Solokantate 82 *Ich habe genug*. Die Arie aus Kantate 13 erfordert eine große, umfangreiche Stimme, wenn sie wirklich überzeugen soll, wie die Fischer-Dieskaus, und die Solokantate ist auch hier wieder ein Wunder an melodiöser Inspiration. Nicht alle Leser werden die Möglichkeit haben, die – wie ich finde, immer noch beste – Aufnahme aus dem Jahr 1951 zu hören. Aber ich bin der Ansicht, daß niemand von der Richter-Aufnahme des Werkes enttäuscht sein kann. In dem langsamen »Schlummert ein, ihr matten Augen« liegt all die Erfahrung, die der Liedsänger für Worte und Klänge gesammelt hat, und das zuversichtliche »Ich freue mich auf meinen Tod« bringt in seiner Leichtigkeit und dem Fluß der Läufe keinen Unterschied zu früheren Aufnahmen. Seine Stimme ist allerdings etwas dunkler geworden, und so ist es überzeugend, wenn er in dieser Aufnahme das G auf »ich habe« singt.

Seltener hat Dietrich Fischer-Dieskau die anderen großen geistlichen Werke Johann Sebastian Bachs gesungen. Erwähnt werden soll aber noch die 1961 aufgenommene *h-moll-Messe* unter Karl Richter, in der der Sänger den Baß übernommen hat.

Georg Friedrich Händels geistliche Werke sind im Repertoire des Sängers nicht so stark vertreten. Das hängt vielleicht damit zusammen, daß sein Oratorium *Messias* in Deutschland bei weitem nicht die gleiche gewichtige Rolle spielt wie bei uns in Großbritannien oder in Amerika. Doch hat Fischer-Dieskau 1959 unter Ferenc Fricsay im *Judas Maccabäus* gesungen – und zwar Baß- und Alt-Arien. Er hat beim Göttinger Händelfest 1970 im »Salomo« und 1975 – zusammen mit Julia Varady – im *Saul* mitgewirkt. Auf einer 1960 entstandenen Schallplatte musiziert er mit Edith Picht-Axenfeld (Cembalo), seiner ersten Frau

Irmgard Poppen (Cello), Aurèle Nicolet (Flöte) und Lothar Koch (Oboe) zwei Kantaten Händels, und zwar *Cuopre tal volta il cielo* und *Dalla guerra amorosa*. Im Kapitel über die Oper wird Fischer-Dieskaus Gestaltung von Händelschen Werken noch einmal behandelt.

Im ersten Kapitel dieses Buches sprachen wir davon, wie Fischer-Dieskau in der Kriegsgefangenschaft das *Weihnachtsoratorium* von Heinrich Schütz aufgeführt hat. Auch später hat er die Werke dieses Komponisten immer wieder gern gesungen, so in den fünfziger Jahren unter August Langenbeck. Aufnahmen davon gibt es im Fischer-Dieskau-Archiv in München. Bei einer Art Familienaufführung zusammen mit seinem Bruder Klaus und dessen Hugo-Distler-Chor wurde 1961 die *Matthäus-Passion* von Schütz gegeben.

Es gab eine Zeit, in der sich der Sänger sehr um das vokale Werk Georg Philipp Telemanns annahm. Die dramatische Epiphanias-Kantate *Ihr Völker, hört*, die 1971 in London aufgeführt und wenig später für die Schallplatte mit Jean-Pierre Rampal (Flöte) und Robert Veyron-Lacroix (Cembalo) musiziert wurde, fordert den Sänger ähnlich wie die Musik Bachs. Die beiden Arien und das lange Rezitativ »Die Finsternis entweichet« benötigen souveräne Atemtechnik (man denke nur an »die Herrlichkeit Gottes erscheinet der Welt«) sowie Beherrschung aller nur denkbarer Barock-Verzierungen und Triller.

Auch die tragikomische *Kanarienvogel-Kantate* Telemanns hat Fischer-Dieskau oft und gern gesungen. Es gibt davon eine Schallplatte, bei der wiederum Fischer-Dieskaus verstorbene Frau, Irmgard Poppen, mitwirkte. All seine Begabung für Dramatik und für Komik kann der Sänger hier zeigen. Die eingängige Melodie der Arie »Mein Canarine, gute Nacht!« geht dem Hörer, wenn er sie in der schmelzenden mezza-voce-Interpretation des Sängers gehört hat, nicht so schnell wieder aus dem Sinn. Das Werk steht und fällt jedenfalls mit der Art, wie es gesungen wird. Mit so viel Geschmack und Engagement, wie Dietrich Fischer-Dieskau diese Kantate 1972 beim Edinburgh-Festival darbot, wird sie zur Krönung eines Konzertes.

Die geistliche Musik des Barock, dieses »polyphonen« Zeitalters mit seinen reichen Verzierungen und lutherischer Deklamation, wurde hauptsächlich durch die Kompositionen von Johann Sebastian Bach geprägt. Es gibt die Ansicht, daß Bach auch bei seinen Vokalkompositionen instrumental gedacht habe und daß deshalb seine Verzierungen für einen Sänger so gut wie nicht auszuführen seien. Wie aber hätte dann ein Mann wie Benjamin Britten sagen können, daß es für ihn zwei Gipfel in der europäischen Musik gäbe: Bachs *h-moll-Messe* und die *Winterreise* von Franz Schubert?

Nun zur Musik der Klassik – wie singt und interpretiert Dietrich Fischer-Dieskau die geistliche Vokalmusik Haydns, Mozarts und Beethovens?

Die geistliche Musik Joseph Haydns unterscheidet sich stark von dem ernsten Protestantismus norddeutscher Meister. Sein österreichischer Katholizismus drückt sich in einfacher, naiver Weise aus. Die Spontaneität, mit der die drei Wiener Meister das Wort behandeln, kennzeichnet nach Fischer-Dieskaus Meinung die Geburtsstunde des Kunstliedes.

Mit der Musik Haydns hat der Sänger sich erst nach 1959

Mit Wolfgang Fortner

intensiver beschäftigt, als seine erste Haydn-Schallplatte aufgenommen wurde: Gerald Moore begleitete ihn bei 18 Liedern des Komponisten. Sprach man damals von einer *Schöpfung* in Verbindung mit dem Namen des Sängers, so dachte man an das Werk eines modernen Komponisten, das den gleichen Titel trägt: Wolfgang Fortners *Schöpfung*, das Fischer-Dieskau 1955 uraufführte. Haydns *Schöpfung* hat der Sänger erst später mit den Berliner Philharmonikern unter Herbert von Karajan für die Schallplatte gesungen. Mit der Aufnahme dieses Oratoriums verbindet sich für ihn die Erinnerung an den so tragisch früh verstorbenen Tenor Fritz Wunderlich, dessen herrlich frei schwingende Stimme sich wohltuend von manchem anderen Tenor unterschied.

Als ein Zeugnis für Sympathie und Bewunderung, die ein Sänger einem anderen entgegenbringen kann, zitiere ich aus einem Brief Fischer-Dieskaus, den er 1966, kurz nach dem Tod des Sänger-Kollegen, geschrieben hat:

»Eine Stimme hat aufgehört zu klingen. Ein frühvollendeter Meister war ihr Mittler, eben erst auf dem Weg zu höchstem Ruhm. Die Nachricht kam wie ein Schlag, man vernahm sie, ohne doch ihre Bedeutung ganz fassen zu können. Der Sänger Fritz Wunderlich stand für sich, in einer besonderen Klasse. Vor wenigen Wochen erst, als wir zu Aufnahmen von Szenen aus *La Traviata* und *Zar und Zimmermann* zusammentrafen, war zu hören, wie unvergleichbar sein Tenor, wie bei allem Schmelz kraftvoll schön seine Stimme aufblühte. Er war die einzige Hoffnung und Erfüllung in einer Stimmgattung, die schon seit geraumer Zeit seines Kommens bedurft hatte. Um so fühlbarer, schmerzlicher nun sein Schweigen. Die Flammen seiner Lebenslust, seines Übermuts schlugen hoch. Es gab kaum Schwierigkeiten für ihn, sein Talent hatte sich Zeit zum Wachsen gelassen, konnte sich auf breiter musikalischer Basis entfalten. So gab es hier nicht nur eine begnadete Stimme, sondern immer eine vom Stoff durchdrungene Gewalt des Singens. Nicht nur seine Kunst wird uns fehlen, – seine lachende Natürlichkeit, intelligente Pathosferne und hilfsbereite Freundschaft müssen wir vermissen. Die Schallplatte wird einen Abglanz seiner Persönlichkeit weitergeben.«

Für die Aufnahme von Haydns *Schöpfung*, die erst 1969 auf dem Markt erschien, hatte Wunderlich die drei Arien des Uriel in Teil I und II gesungen. Die Rezitative übernahm nach dem plötzlichen Tod des Sängers der Tenor Werner Krenn. Seine Stimme hat manche Ähnlichkeit im Timbre mit der Wunderlichs, doch fehlt ihm die künstlerische Gewandtheit, mit der der Verstorbene beispielsweise die Arie »Mit Würd' und Hoheit angetan« gestaltete – diesem grandiosen Dankgesang des dem 18. Jahrhundert angehörenden Menschen an den »Herrn und König der Natur«. In dieser »Schöpfung« gestaltete Fischer-Dieskau die Partie des Adam. Zwar hat Joseph Haydn viele zu Herzen gehende Melodien geschrieben, aber ich kann mir keine rührendere denken als die sanft-elegische Hymne auf Gottes Güte, die Adam und Eva gemeinsam anstimmen: »Von deiner Güt', o Herr, ist Erd und Himmel voll.« Fischer-Dieskaus Stimme zeigt sich im zartesten pianissimo, wenn er mit Gundula Janowitz dieses Duett singt. Bei einer so überirdisch schönen Musik habe ich manchen gesehen, dem die Tränen kamen, und man glaubt dem Bericht des Zeitgenossen gern, daß Haydn zum Himmel gezeigt und bescheiden gesagt habe: »Diese Musik kommt von dort.« Zu diesem Duett bilden die folgenden Passagen für mich immer einen eigenartigen Gegensatz. Der Textdichter, Baron Gottfried van Swieten, der übrigens auch den Text zu Haydns *Jahreszeiten* verfaßt hat, macht aus den göttlichen Liebenden ein reichlich bürgerlich-biedermeierliches Paar. Er gebietet ihnen, sich nicht dem falschen Wahn hinzugeben, und läßt Adam als pater familias erscheinen; von Gleichberechtigung sprach man damals noch nicht!

Im Februar 1967 nahm Gerald Moore in einem Konzert mit Victoria de los Angeles, Elisabeth Schwarzkopf und Dietrich Fischer-Dieskau (seinen drei Lieblingen, wie er sagte) Abschied von der Bühne. Zwar nahm der Pianist den nun anbrechenden Ruhestand nicht so wörtlich; er stürzte sich in die große Arbeit, Fischer-Dieskau bei der Plattenaufnahme »Alle Schubert-Lieder für Männerstimme« zu begleiten, und unternahm danach noch eine Abschiedstournee durch Amerika mit dem Sänger. Aber Fischer-Dieskau mußte nun doch daran denken, einen neuen Begleiter zu finden. Die Briten sind zumeist der Ansicht, er habe nie einen anderen als Gerald Moore gehabt, das aber stimmt nicht.

Im August 1969 sang Fischer-Dieskau Schuberts *Winterreise* in London zum ersten Mal mit Daniel Barenboim am Flügel. Der Name des 1942 in Argentinien geborenen, in England lebenden Israeli erscheint sowohl als Pianist wie als Dirigent von da an häufiger in Verbindung mit Fischer-Dieskau. Die beiden vielseitigen Musiker passen ausgezeichnet zusammen. Als Frucht ihrer gemeinsamen Arbeit erregte als erstes das *Requiem* von Wolfgang Amadeus Mozart Aufsehen. Die Aufnahme entstand in der Zeit, da sich herausstellte, daß Barenboims Frau, die begabte junge Cellistin Jaqueline du Pré, unheilbar krank war. Voller Hochachtung spricht Fischer-Dieskau über Barenboims Haltung.

Es ist immer problematisch, wenn ein Bariton in der Musik des 18. Jahrhunderts Baß-Partien singt. Erst vor kurzer Zeit schrieb mir Fischer-Dieskau, daß seine Stimme heute wie ehedem den gleichen Umfang habe, nämlich je nach dem Zusammenhang der Musik vom tiefen E bis zum hohen A. Wer mit den Schallplattenaufnahmen des Sängers vertraut ist, weiß, daß er in all den Jahren innerhalb dieser drei Oktaven hat singen können, wobei er Baß- und Tenor-Bereiche tangierte. Im Mozart-*Requiem* beginnt der Baß den dritten Teil des Werkes, nach dem ernsten zweitaktigen Posaunensolo, mit der Arie »Tuba mirum spargens sonum«. Ein tiefes G auf »sepulchra« muß »genommen« werden, und die Passage »Coget omnes ante thronum« bringt wiederum Töne, die nur einem tiefen Baß bequem liegen. Bei der Aufnahme bewältigte der Sänger diese Arie ausgezeichnet. Unter Kennern war man sich einig, daß Fischer-Dieskau, auch wenn für sein Stimmfach nur wenig im *Requiem* zu tun ist, Herausragendes geleistet hat; besonders schön singt er das überirdische »Benedictus« mit dem wunderschönen Triller auf dem Wort »domine«. (Dieser Teil des *Requiems* stammt allerdings wohl hauptsächlich von Mozarts Schüler Franz Xaver Süßmayr, der das Werk nach Mozarts frühem Tod vollendet hat.) Fast gleichzeitig mit der hier besprochenen Aufnahme des *Requiem* unter Leitung von Daniel Barenboim erschien im Verlag Eulenburg eine von Franz Beyer korrigierte Ausgabe der Süßmayrschen Fassung. Namentlich wird hier die Orchestrierung durchsichtiger gemacht, und in dieser Form hat Neville Marriner mit der »Academy of St. Martin in the Fields« das Werk für eine Schallplatte eingespielt. Ich persönlich höre aber die Barenboim-Aufnahme sehr viel lieber. In der Öffentlichkeit hat Fischer-Dieskau das Mozart-*Requiem* selten gesungen. Öfter hat er die kleinere Baß-Partie in der *c-moll-Messe* KV 427 übernommen, kürzlich erst unter Gary Bertinis Leitung in München. Auch in der *Krönungsmesse* KV 317 hat er häufig mitgewirkt; es gibt davon eine sehr schöne Schallplattenaufnahme mit dem Sinfonie-Orchester des Bayerischen Rundfunks unter Eugen Jochum.

Wenden wir uns der geistlichen Musik von Ludwig van Beethoven, dem dritten der drei großen Meister der Wiener Klassik, zu.

Beethovens Ausspruch »Ich schreibe ungern Lieder« hat man dahingehend zu deuten versucht, daß Beethoven überhaupt eine Abneigung gehabt habe, für die menschliche Stimme zu komponieren. Als Kind seiner Zeit hätte er sicherlich dem Titel einer Oper von Mozarts Widersacher Antonio Salieri zugestimmt: »Prima la musica, poi le parole« – erst die Musik, dann das Wort. Und wie weit sich Mozarts Ausspruch, der Text habe die gehorsame Tochter der Musik zu sein, auf dessen eigenes Werk immer anwenden läßt, ist auch die Frage. In jedem Fall hat sich aber die Musik nach Beethoven anders mit der menschlichen Stimme auseinandergesetzt als vorher. Schon ein oberflächlicher Blick auf Beethovens Werke zeigt, daß er sehr wohl Gesangswerke komponiert hat, ob er es nun besonders gut oder gern getan hat, soll hier nicht entschieden werden.

Schillers im vierten Satz der *Neunten Symphonie* vertontes Gedicht »An die Freude« hatte als ursprünglichen Titel »An die Freiheit«, und aus Briefen Beethovens geht hervor, daß Freude für ihn ein Synonym für Freiheit war. Dieser Satz enthält Beethovens Credo, seinen Glauben an Ideale wie Brüderlichkeit, Toleranz und Menschlichkeit.

Viele Kritiker vom Fach sind der Meinung, daß der vierte Satz dieser Symphonie ein »unangemessener Höhepunkt« für die drei vorangegangenen sei. Das mag zutreffen, aber nur, wenn man eine nicht so gute Aufführung des Werkes hört.

Auf das Orchestervorspiel, das Themen aus den vorangegangenen Sätzen anklingen läßt, folgt ein disharmonischer Akkord; danach erhebt der Sänger seine Stimme und singt die Worte, die von Ludwig van Beethoven selbst stammen: »Freunde, nicht diese Töne.« Wie Fischer-Dieskau dieses »Freunde« mit Geist erfüllt und seine Stimme dann breit in die berühmte Melodie strömen läßt, wie er aber auch für den »festen Unterbau« im Solistenquartett sorgt, trug ihm bei allen, die die Aufnahme mit den Berliner Philharmonikern unter Ferenc Fricsay besprachen, höchste Anerkennung ein.

Fischer-Dieskaus besondere Begabung liegt darin, daß er Texte lebendig werden lassen kann. Diese Gabe hat er des öfteren auch an unpoetische, hölzerne Libretti des 18. Jahrhunderts verschwendet; wo dem Text, wie beispielsweise in den Bach-Kantaten, eine wirkliche Aussage zukommt, hat er Beispielhaftes geleistet. Doch – hölzern oder nicht – bei allen Libretti stoßen wir auf das »Wort-Ton-Verhältnis«, ein zentrales Thema in der Kunst Fischer-Dieskaus. Es handelt sich dabei um die Beziehung der Worte zur Musik. Darüber hat er selbst sich einmal folgendermaßen geäußert:

»Eine unbegleitete, ganz auf das Wort gestellte und der Litanei lateinischer Gottesdienstsprache abholde Evangelistenpartie bei Schütz muß sprachbetonter interpretiert werden als eine Bach-Arie etwa, in der das Textgewicht häufig bei wenigen Schlüsselworten liegt und durch ausdrucksgemäße Formen von Melos, Verzierung oder Koloratur ersetzt ist. Aber auch innerhalb der Werkgebiete eines Komponisten ergeben sich deutliche Abgrenzungen solcher Art.«

Für deutschsprachige Länder und für Großbritannien ist das 19. Jahrhundert eine gefühlsbetonte Zeit. Dies wirkte sich auch auf Oratorium und geistliche Musik aus. Die Universalität und das Streben nach Brüderlichkeit im Zeitalter der Aufklärung des 18. Jahrhunderts geht im 19. Jahrhundert über in ein Suchen nach sich selbst, nach der individuellen Persönlichkeit der Romantik, wie Novalis sagt: »Nach innen geht der geheimnisvolle Weg.« Ähnliches läßt sich auch in der Musik beobachten;

die gemeinsam gespielte Instrumentalmusik wird immer mehr vom solistischen Musizieren abgelöst.

Am Anfang seines Buches über Wagner und Nietzsche berührt Fischer-Dieskau auch dieses Problem. Er weist nach, daß mit dem Aufkommen der Romantik Dichtung der dominierende Faktor in der Musik wurde. Er schreibt: »Die Liebe zum Geheimnisvollen ihrerseits schlug in christlichen Mystizismus um, die Musik verherrlichte den Katholizismus der Gefühle. Sie konnte Geister beschwören, und indem sie sich gegen die Herrschaft der reinen Vernunft auflehnte, wurde das Schaffen der Romantiker zum Protest.«

Der christliche Mystizismus, von dem Fischer-Dieskau schreibt, zeigt sich meiner Meinung nach am meisten in der geistlichen Musik Felix Mendelssohn-Bartholdys. Sie war bei Königin Victoria und ihrem deutschen Gemahl Prinz Albert sehr beliebt. Sein Oratorium *Elias,* das mit englischem Text uraufgeführt wurde, halten manche meiner Landsleute sogar für ein heimisches Musikwerk, das, ähnlich wie Händels *Messias,* zur englischen Tradition gehört.

Im *Elias* ist Fischer-Dieskau das erste Mal 1968 in London aufgetreten. In der Aufführung, die später auch als Schallplatte herauskam, musizierte er mit Gwyneth Jones, Janet Baker und Nicolai Gedda; es spielte das New Philharmonia Orchestra unter Rafael Frühbeck de Burgos. Unter demselben Dirigenten, dieses Mal allerdings mit dem ausgezeichneten Düsseldorfer Symphonie-Orchester, hat der Sänger auch das Oratorium *Paulus* von Mendelssohn 1971 in Düsseldorf (dem Ort der Uraufführung) gesungen und für die Schallplatte aufgenommen. Auch wenn man gegen Mendelssohns Musik Vorbehalte haben kann, so muß man doch einige Arien aus dem *Elias* wirklich bewundern. Fischer-Dieskau ist es auch zu danken, daß viele der schönen, fast vergessenen Lieder Felix Mendelssohn-Bartholdys zu neuem Leben erwacht sind.

Als Fischer-Dieskau seine Aufnahmen der Mendelssohn-Oratorien machte, hatte er, wie ich es nenne, seine »Meistersinger-Periode« erreicht. Er hatte italienische Opern gesungen, war in Wagner-Opern aufgetreten; beides hatte ihm neue Möglichkeiten eröffnet, und so konnte er sein ganzes dramatisches

Können in diese Musik legen. Er stellte den Propheten aus dem Alten Testament mit überzeugender Würde und gebieterischem Ernst dar. Frühbeck de Burgos sagte damals: »Dietrich Fischer-Dieskau macht den Elias zu einem wirklich glaubwürdigen Wesen, ganz so wie Mendelssohn ihn dargestellt haben wollte.« Er schrieb darüber an seinen Librettisten Julius Schubring: »... bei einem solchen Gegenstand wie *Elias*, eigentlich wie jedem aus dem Alten Testamente, außer etwa dem Moses, muß das Dramatische vorwalten, wie mir scheint – die Leute lebendig redend und handelnd eingeführt werden, nicht aber, um Gotteswillen, ein Tongemälde daraus entstehen, sondern eine recht anschauliche Welt ...«

Kein Prophet des Alten Testaments kann düsterer und gebieterischer gedacht werden als Fischer-Dieskaus Elias. Er lodert förmlich, wenn er singt: »Is not his word like a fire?« und lieblich und zart klingt seine Stimme im Rezitativ »I journey hence to the wilderness« und in der anschließenden Arie (mit obligatem Cello) »It is enough, o Lord, now take my life.« Das leichte crescendo auf »better« in der Passage »I am not better than my fathers«, das Fischer-Dieskau souverän gestaltet, ist Ausdruck der Demut des Elias. Hier wird deutlich, wie ausgezeichnet der Sänger das Englische beherrscht. Er und Nicolai Gedda, der die Tenorpartie in dieser Schallplattenaufnahme singt, sind mit jeder Nuance der fremden Sprache vertraut.

Fischer-Dieskau und seiner Gesangskunst ist es zu danken, wenn der *Elias* in mir einen neuen begeisterten Hörer gewinnen konnte. Aber auch er vermag nicht, mich für das Oratorium *Paulus* zu erwärmen, das er, wie bereits erwähnt, im Jahr 1978 für die Schallplatte gesungen hat. Wie in der *Elias*-Aufnahme versucht Fischer-Dieskau auch hier mit allen ihm zu Gebote stehenden Mitteln, den Paulus, »den zweiten Gründer des Christentums«, zu einer lebendigen glaubwürdigen Figur zu machen. Er versucht, dem Libretto Schubrings in verschiedenen Passagen mit Dramatik aufzuhelfen. Die Wendung, die in den Rezensionen dieser Aufnahme am häufigsten gebraucht wurde, war: »Es lohnte sich, das Werk zu neuem Leben zu erwecken, aber ...« Man war sich darin einig, daß höchstens ein Fischer-Dieskau in der Lage sei, dieses Werk in einem Konzertsaal zu einem Erlebnis werden zu lassen. Die Gelegenheit bot sich ihm, als er das Oratorium bei den Berliner Festwochen mit Gerti Zeumer, Marga Höffgen und Werner Hollweg, dem Chor der Deutschen Oper und dem Berliner Radio Symphonie Orchester unter Lorin Maazel 1972 singen konnte. Vom Publikum wurde es wohlwollend als ein »vergessener Schatz« (Tagesspiegel, Berlin) aufgenommen.

In seinem Buch über Wagner und Nietzsche zitiert Fischer-Dieskau die Äußerung Nietzsches, Johannes Brahms sei der einzige, der auf die Bezeichnung »norddeutscher Musiker« Anspruch habe. Brahms erschien Nietzsche als der Sprecher einer norddeutschen Seele. Schon zu seinen Lebzeiten stand Brahms mit seiner spartanischen Askese und seiner »farblosen« orchestralen Palette im Gegensatz zu den reichen Klängen und Tonfärbungen anderer Komponisten, im besonderen denen seines berühmten Zeitgenossen Richard Wagner. Etwa von 1870 an teilte sich die musikalische Welt in zwei Lager: die einen waren unbedingte Gefolgsleute von Brahms, die anderen standen hinter Richard Wagner. – Wenn Sie mich fragen: »Lieben Sie Brahms?« antworte ich spontan »O ja - und wie!« Damals aber waren die meisten Musiker und Musikliebhaber auf Seiten Wagners, so Hugo Wolf in Österreich, George Bernard Shaw in England und Romain Rolland in Frankreich. Noch 1977 glaubte Bernard Jacobson in seinem Buch über die Musik von Johannes Brahms feststellen zu müssen, daß »Brahms noch nicht ganz gesiegt« habe und daß Brahms selbst bei seinen Anhängern noch nicht genug geschätzt sei. Das scheint auch in Deutschland nicht sehr viel anders zu sein, wie Hans Gál in seiner 1961 erschienenen Brahms-Biographie ausführt.

Ein Werk von Johannes Brahms hat allerdings für viele Deutsche eine ähnliche Bedeutung bekommen wie der Händelsche *Messias* für die Briten. Es ist *Ein deutsches Requiem* op. 45, das man in jedem Jahr um Allerseelen und Allerheiligen in unzähligen Aufführungen hören kann. Im Oktober 1879 schrieb Johannes Brahms an seine Freundin Clara Schumann:

»Ich habe hier Sonntag im Hofopernhaus mein *Requiem* zu dirigieren. Vorher Ouvertüre *Athalia* (Mendelssohn), nachher

Eroica-Symphonie – damit Du in Gedanken etwas zuhören kannst. Eigentlich wollte der Direktor lauter Brahms, aber ich habe dies bessere Programm gemacht. Der 1. und 2. November sind nämlich Aller-Seelen- und Aller-Heiligen-Tage, wo alle Welt die Gräber besucht und abends *Müller und sein Kind* oder ein Requiem hören will.«

Nach all dem Entsetzlichen des Krieges mit den unzähligen Toten suchten und fanden die Menschen Trost in den Bibelworten, die Brahms ausgewählt und zum *Deutschen Requiem* vertont hatte. Brahms Ausspruch, daß an Allerheiligen »jedermann seine Gräber besucht«, gilt noch heute.

Fischer-Dieskau, selbst Kriegsteilnehmer, war vom Ernst dieser Musik erfüllt, als er 1947 in Badenweiler für einen erkrankten Sänger im *Deutschen Requiem* eingesprungen war. Ein anderes Werk von Brahms aber liegt seinem Herzen noch näher, die *Vier ernsten Gesänge.*

Alle Schrecken des Krieges, die Trümmer und der Hauch des Todes waren den Deutschen in ihrer zerbombten Heimat allgegenwärtig. Ein Requiem, das mit den Worten beginnt: »Selig sind, die da Leid tragen, denn sie sollen getröstet werden«, und das sich dann trimphierend auflehnt: »Tod, wo ist dein Stachel? Hölle, wo ist dein Sieg?« konnte zu gleicher Zeit trösten und aufrichten. Das stand auch für Dietrich Fischer-Dieskau hinter dem Werk, als er das *Deutsche Requiem* im November 1948 mit Gerda Lammers in der Marienkirche in Berlin sang. Bei diesem Konzert musizierten außerdem der Chor der St. Hedwigskathedrale und die Staatskapelle Berlin unter der Leitung von Karl Forster. 1951 führten die Wiener Singakademie und die Wiener Symphoniker unter Wilhelm Furtwängler das *Deutsche Requiem* auf. In dieser legendären Aufführung sangen Irmgard Seefried und Dietrich Fischer-Dieskau die Solopartien. Als Rudolf Kempe das Oratorium 1955 für die Schallplatte einspielte – auch hier sang Fischer-Dieskau den Bariton –, hatte er sich die Aufführung von Furtwängler zum Vorbild genommen. »Wenn es mir nur halb so gut gelänge wie Furtwängler in Wien, dann wäre ich glücklich!« so hat Kempe damals gesagt. Lächelnd fügte der Sänger hinzu: »Ein bescheidener Dirigent – das gibt es nicht oft!«

Im Jahr 1961 hat Fischer-Dieskau eine weitere Aufnahme des *Deutschen Requiems* gesungen, dieses Mal mit Elisabeth Schwarzkopf, dem Philharmonia Choir and Orchestra unter Otto Klemperer. Von dieser Aufnahme sagte man, sie sei sensationell. In der gleichen Besetzung wurde das Oratorium wenig später in London aufgeführt; einer meiner Kollegen schwärmt von diesem Ereignis noch heute.

Von den sieben Teilen des *Deutschen Requiems* sind vier für Chor und Orchester allein. Das veranlaßte einen amerikanischen Kritiker nach einer Aufführung in Chicago 1961 zu folgendem amüsanten Kommentar: »Was hatte eigentlich Fischer-Dieskau mit all dem zu tun? Zwar ist in diesem Werk ein Bariton vorgeschrieben, aber was hat man davon, wenn man einen Sänger einen ganzen Abend lang sieht, aber nicht hört? Hätte man ihm da nicht vor dem Requiem Gelegenheit geben können, ein paar Lieder zu singen?«

Es scheint, als habe Brahms »Herr, lehre doch mich, daß ein Ende mit mir haben muß« und die Arie »Denn wir haben hier keine bleibende Statt« gerade für eine Stimme wie die Fischer-Dieskaus geschrieben. Sein Timbre bringt den gewichtigen Ton und die ruhige Festigkeit, mit der Demut und Verzicht gezeichnet werden müssen.

Kein Hauch von Oberflächlichkeit wie gelegentlich bei Mendelssohn schleicht sich hier ein. Der Sänger muß nirgends dramatisieren, er kann die Musik ganz für sich selbst sprechen lassen. Ein solches Werk steht und fällt mit der Wahl des Tempos. Daniel Barenboim wählte für seine Aufführungen im März 1972 in London sowie für die Aufführung bei den Festspielen in Edinburgh, die dann auch für die Schallplatte aufgezeichnet wurde, ein sehr langsames Tempo. Bei allen erwähnten Aufführungen sang Dietrich Fischer-Dieskau die Bariton-Partie. In London war Sheila Armstrong seine Partnerin, während in den beiden anderen Aufführungen Edith Mathis den Sopran gesungen hat.

Das Brahms-*Requiem* ist zu einem typischen Werk für Fischer-Dieskaus Kunst geworden. Er hat es immer wieder unter großen Dirigenten gesungen. Nie werde ich seine Interpretation unter Bruno Walter beim Edinburgh-Festival 1953 vergessen.

Auch wird der Leser sich erinnern, daß er mit diesem Werk und Bachs *Kreuzstabkantate* 1955 in Cincinnati sein amerikanisches Debut gab.

Weitere Aufführungen des *Deutschen Requiems* mit Dietrich Fischer-Dieskau folgten: 1972 unter Herbert von Karajan in Berlin, 1978 wiederum beim Edinburgh-Festival unter Leitung von Carlo Maria Giulini, 1980 auf einer Amerika-Tournee in Detroit, New York und Washington mit Antal Dorati als Dirigent.

Auch in Frankreich genießt der Sänger großes Ansehen. In einer französischen Zeitung war sogar zu lesen, daß seine Stimme die »phonogenste« überhaupt sei. Seit seinem ersten Auftreten im Jahr 1955 in Paris hat er viel zum Verständnis zwischen Frankreich und Deutschland beigetragen.

Ein geistliches Werk der französischen Musik hat Dietrich Fischer-Dieskau häufig und besonders gern gesungen: Gabriel Faurés *Requiem*. Das Werk »petite« und »solennelle« zugleich dauert keine Stunde und folgt dem Wortlaut der lateinischen Messe in sieben Teilen. Wie im *Requiem* von Brahms hat der Sänger auch hier nur zwei Soli – sie sind sogar um einiges kürzer. Im »Offertorium« singt er das »Hostias et preces tibi, Domine, laudis offerimus« und im »Libera me« den ersten Teil bis zu den Worten »dum veneris judicare saeculum per ignum«. Faurés *Requiem* ist ein stilles Werk, ganz anders als die dramatischen Passionen Johann Sebastian Bachs oder das aufwühlende *Requiem* von Giuseppe Verdi. Es gibt dem Sänger die Möglichkeit, mezza voce zu singen, und auch über mezzoforte hinaus erhebt sich die Musik fast nicht. Fischer-Dieskau hat das Werk zweimal für die Schallplatte gesungen. 1962 wurden die Aufnahmen in der Kirche St. Roch in Paris gemacht. Seine Partner waren Victoria de los Angeles, die chœurs Elisabeth Brasseur und das Conservatoire Orchestre Paris unter dem belgischen Dirigenten André Cluytens. Fischer-Dieskaus durchgeistigte Darstellung und die Zartheit, mit der er den lateinischen Text behandelt, verdienen große Bewunderung – ich denke besonders an das lang ausgehaltene »memoriam facimus« aus dem »Offertorium«. 1974 wurde die zweite Schallplatte des Fauré-*Requiems* hergestellt. Sheila Armstrong sang dieses Mal den Sopran, Daniel Barenboim leitete den Edinburgh Festival Chorus und das Orchestre de Paris. Diese Aufnahme hat für mich nicht die Ausstrahlung wie die unter Cluytens. In Frankreich hat man natürlich sogleich Vergleiche zu der Schallplattenversion aus dem Jahr 1960 von Gérard Souzay gezogen. Doch man konnte dem deutschen Sänger die Anerkennung nicht versagen. Ein französischer Kritiker schwärmte: »Fischer-Dieskau ist ein Star mit einer nie versagenden Begabung. Ich kenne keinen anderen Sänger, der in so regelmäßiger Selbstverständlichkeit Perfektes leistet.« (France-Soir, 1974).

Daß ich weiter oben die beiden Worte »petite« und »solennelle« für das Fauré-*Requiem* benutzte, hat vielleicht bei manchem Leser die Erinnerung an ein anderes Werk anklingen lassen, das diese Worte in seinem Titel trägt: *Petite messe solennelle* von Gioacchino Rossini. Der Komponist selbst nannte dieses Werk »die letzte Sünde eines alten Mannes«; es ist eine eigenartig opernhafte Vertonung der lateinischen Messe in acht Teilen für vier Solisten, ein Doppelquartett als Chor, Harmonium und zwei Klaviere. Der langjährige Freund Fischer-Dieskaus, Wolfgang Sawallisch, Leiter der Münchener Staatsoper, Dirigent und Pianist, hat das Werk anläßlich der Münchener Festwochen 1972 aufgeführt. In der schönen Klosterkirche Baumburg im Chiemgau sang ein exzellentes Solistenquartett: Kari Lövaas, Brigitte Fassbaender, Peter Schreier und Dietrich Fischer-Dieskau; das Werk wurde für die Schallplatte mitgeschnitten und kam 1973 heraus. Zwar hat Fischer-Dieskau nur ein Solo, das »Quoniam tu solus sanctus« zu singen, ganz deutlich ist aber die Freude, mit der er dem Opernhaften des Werkes nachsingt. Die Arie, begleitet von Wolfgang Sawallisch am Klavier, führt den Sänger hinunter bis zum tiefen A (mit Triller!); in der Wiederholung des Anfangs kann man Fischer-Dieskaus legato in seinem ganzen Zauber bewundern. Das hohe E am Schluß nimmt er mit begeistertem Schwung. Die Aufführung wurde zu einem großen Erfolg und mußte wenig später wiederholt werden. Johannes Justus schrieb im »Münchner Merkur«, er habe den Eindruck gehabt, dem Publikum öffne sich ein Blick ins Paradies. Das nämlich war die Bitte Rossinis an Gott gewesen, wie man aus einem Brief entnehmen kann, der der Partitur beigegeben war. Bei den Luzerner Festspielen 1973 und den Münchener Festwochen 1974 wurde die *Petite messe solennelle* von Rossini in der gleichen Besetzung aufgeführt. Fast könnte man von einem »klassischen hit« sprechen!

Liszts unendlich langes Oratorium *Christus* aus dem Jahr 1866 wird verhältnismäßig selten aufgeführt. Die treffendste Charakteristik der geistlichen Musik Franz Liszts habe ich im Penguin Dictionary of Music gelesen; dort heißt es »Widerspruchsvoll bis zum äußersten«. Die Orchesterbehandlung aber in diesem Oratorium ist ein Gipfel der Orchestrierungstechnik Liszts.

1961 hat Fischer-Dieskau Lieder von Franz Liszt studiert und mit Jörg Demus am Klavier für die Schallplatte gesungen. Im gleichen Jahr hat er auch das Oratorium *Christus* – er sang dabei sowohl Bariton- wie Baß-Partie – unter Leitung von Antal Dorati in Berlin aufgeführt. Erst zwölf Jahre später wirkte er wieder bei einer Aufführung des Oratoriums, und zwar unter Ljubomir Romansky in Nürnberg, mit. In Frankreich sang er es 1977 unter Rafael Kubelik. Sein Engagement für Liszt beweist, daß der Sänger sich in all den Jahren für Musik aller Stilrichtungen und aller Zeiten eingesetzt hat.

Zu geistlicher Musik gehören aber nicht nur Kantaten und Oratorien. Richard Wagners Religiosität beispielsweise drückt sich in seinem *Parsifal* oder dem *Tannhäuser* aus; Schubert hat manches Religiöse in seinen Liedern angesprochen, was uns in dem Kapitel über das Lied noch beschäftigen wird. Alle diese Werke finden in Dietrich Fischer-Dieskau einen idealen Interpreten. Wenn er singt, ist es, als ob viktorianischer Firnis von einem Gemälde gewischt oder falsche Farben von einem mittelalterlichen Schnitzwerk gewaschen werden. Die Aufrichtigkeit seiner künstlerischen Begabung läßt uns ein Werk und die Intentionen des Komponisten deutlich erkennen und beurteilen, ganz ungeschönt und ohne Zutat.

Als Viscount Grey of Fallodon beim Ausbruch des Ersten Weltkrieges 1914 sagte, daß nun in Europa die Lichter ausgingen, hat er damit auch das Ende des viktorianischen Zeitalters für England angezeigt. Für Deutschland bedeutete der verlorene Krieg den Untergang einer autoritären, monarchistischen Regierung und die Chance, eine demokratisch-republikanische Regierungsform zu finden. Daß die Weimarer Republik nicht das wurde, was man von ihr erhoffte, daß Hitler und seine Partei an die Macht kommen konnten, hat die Geschichte Deutschlands für den weiteren Verlauf im 20. Jahrhundert entscheidend geprägt. Keinem Deutschen wird es möglich sein, die Greuel der Naziherrschaft zu vergessen. Wie Heinrich Böll, der 1972 den Nobelpreis für Literatur erhielt, in seiner Kurzgeschichte »Die Botschaft« schreibt: »Da wußte ich, daß der Krieg niemals zu Ende sein würde, niemals, solange noch irgendwo eine Wunde blutete, die er geschlagen hat.«

Wenn die Wunden, die Deutsche schlugen und die Deutschen geschlagen wurden, auch immer noch bluten, und ich fürchte, daß sie so lange nicht heilen werden, wie Menschen, die der verantwortlichen Generation angehören, leben, so sind doch große Anstrengungen zur »Bewältigung der Vergangenheit« gemacht worden – auf kulturellem, politischem und wirtschaftlichem Gebiet; es wurden neue Freundschaftsbande zwischen ehemaligen Feinden geknüpft.

Friedrich Nietzsches Zarathustra sagt: »Gott ist tot«, und nur wenige können abstreiten, daß der Halt in der institutionalisierten Religion im 20. Jahrhundert weithin verloren gegangen ist. Komponisten mit ihrer universalen Sprache haben ihre eigenen Vorstellungen von Versöhnung in ihren Kompositionen zu verwirklichen gesucht – innerhalb und außerhalb der christlichen Tradition.

Mit Benjamin Britten und Peter Pears war Dietrich Fischer-Dieskau schon befreundet, bevor er 1965 das erste Mal beim Aldeburgh Festival auftrat. Benjamin Britten hat sein *War Requiem* 1962 geschrieben; er nimmt in diesem Werk ein Thema auf, das ihn Zeit seines Lebens beschäftigt hat, den Irrsinn und die Dummheit des Krieges. Mit Gedichten von Wilfred Owen in Verbindung mit dem Text der lateinischen Totenmesse will er in seinem Werk den Krieg verdammen und Trost und Mitleid wachrufen. In einem Brief vom Februar 1961 bittet er den Sänger eindringlich, die Bariton-Partie zu übernehmen: »Die herrlichen Gedichte voller Abscheu vor Zerstörung und Vernichtung sind eine Art Kommentar zum Text der Messe. Sie müssen mit

größter Schönheit, Intensität und tiefem Ernst gesungen werden.« Was er mit diesem Werk beabsichtigt, zeigt sich einerseits in der Wahl der Solisten: die Russin Galina Wischnewskaja, den Deutschen Dietrich Fischer-Dieskau und den Engländer Peter Pears. Und andererseits unterstreicht Anlaß und Ort der Uraufführung die Intentionen des Komponisten: Das Werk ist komponiert zur Einweihung der wiedererbauten, 1940 von deutschen Bomben zerstörten Kathedrale von Coventry, bei deren Aufbau deutsche Gelder und deutsche freiwillige Helfer entscheidend beteiligt waren.

Galina Wischnewskaja durfte zur Uraufführung nicht kommen. Für sie übernahm Heather Harper die Partie. Fischer-Dieskau nannte die Uraufführung, die am 30. Mai 1962 stattfand, »tief erschütternd«. Seine Partie, für ihn komponiert, sitzt seiner Stimme und seinem Wesen wie eine zweite Haut. Sie enthält musikalisch alles, worin seine große Stärke liegt: legato und mezza-voce sowie seine ausgezeichnete Aussprache des Englischen. Dazu bringt er seine Erfahrung von Krieg und Soldatsein in die Interpretation ein, und daß er sich auch mit seiner Kunst, die keine nationalen Grenzen kennt, in aller Welt für Versöhnung und Verständigung eingesetzt hat.

Über das *War-Requiem* ist viel geredet, viel geschrieben worden. Ich schließe mich denen an, die dem Duett zwischen Peter Pears und Fischer-Dieskau »It seemed, that out of a battle I escaped« nur mit Ergriffenheit zuhören können. Kaum zu ertragen ist die Eindringlichkeit, mit der der Bariton »I am the enemy you killed« singt, und ebenso ergreifend ist der Schluß, wenn Tenor und Bariton hinüberleiten zum »Let us sleep now«. Britten hat später an den Sänger geschrieben, daß diese Aufführung in Coventry eines der großen künstlerischen Ereignisse in seinem Leben gewesen sei. Fischer-Dieskaus tiefes Verstehen für das, was er mit dem Werk ausdrücken wollte, habe ihn unendlich gerührt.

Mit dem Tod eines Künstlers ändert sich auch oft die Einstellung der Welt zu seinem Werk. So ergeht es in den letzten Jahren den Kompositionen von Benjamin Britten. Deutsche Musiker haben das *War-Requiem* Brittens vom Musikalischen her nie ganz so akzeptiert wie ihre britischen Kollegen. Nach einer Aufführung des Werkes mit Heather Harper, Robert Tear und Fischer-Dieskau unter Leitung von Wolfgang Sawallisch in München waren sich die Kritiker – typisch für die musikalische Meinung in Deutschland – in ihren Vorbehalten und ihrer nur zögernden Zustimmung einig. Der Text erschien ihnen fast blasphemisch (ins Deutsche von Ludwig Landgraf und Dietrich Fischer-Dieskau übertragen), und die Musik – mit Anklängen an Berlioz und viele andere europäische Komponisten – wie aus zweiter Hand. Manchenorts hörte man auch, das Werk sei reine religiöse »Stimmungsmache«, eine neunzig Minuten währende künstlerische Unaufrichtigkeit. Diese Ansicht kann ich nicht teilen. Und auch Fischer-Dieskau hat eine hohe Meinung von dem Werk Benjamin Brittens. Er hat es noch häufig gesungen, so 1964 mit Wilma Lipp und John van Kesteren unter Leitung von Herbert von Karajan in Berlin, unter Bernard Haitink in Amsterdam, wo die Wischnewskaja und Peter Pears seine Gesangspartner waren und mit Margaret Tynes und Georges Maran unter Istvan Kertesz und Benjamin Britten in Wien als österreichische Erstaufführung. Im Jahr 1966 sang Fischer-Dieskau das *War-Requiem* in London, wiederum mit Heather Harper und Peter Pears unter Leitung von Wilhelm Pitz und 1968 bei den Edinburgh Festspielen mit Galina Wischnewskaja und Peter Pears unter dem Dirigenten Carlo Maria Giulini. Unter Wolfgang Sawallischs Leitung hat er das Werk 1979 in Tokio aufgeführt.

Anläßlich der Feierlichkeiten zum hundertjährigen Bestehen des Internationalen Roten Kreuzes hat Benjamin Britten eine Kantate komponiert. Diese *Cantata Misericordium*, die am 1. September 1963 in Genf uraufgeführt wurde, dauert nur etwa 20 Minuten. Ihr Thema, Mitleid und Toleranz, behandelt die Geschichte vom barmherzigen Samariter. Die Rolle des Samariters gestaltete Peter Pears. Sie ist wesentlich dankbarer – wie ich finde – als die des »Viators«, des Reisenden, die Fischer-Dieskau (unvergeßlich sein Aufschrei »Subveni, ah, subveni; ne patere me mori«) bewunderungswürdig interpretiert. Mir scheint, daß diesem Werk, das an Strawinsky erinnert, die große melodiöse Linie fehlt, die Brittens Kompositionen sonst auszeichnet. Er hat wohl selbst das richtige Gefühl gehabt, wenn er das Werk in einem Brief an Fischer-Dieskau »einfach und direkt« nennt. Diese Kantate wurde in der gleichen Besetzung 1963 für die Schallplatte musiziert und 1964 beim Edinburgh Festival aufgeführt. Außer den Werken Benjamin Brittens hat Fischer-Dieskau aus dem Bereich der britischen Musik des 20. Jahrhunderts zum Beispiel noch Michael Tippetts *The Vision of St. Augustine* aufgeführt. Ich habe ihn in London nicht in dem kurzen, 15 Minuten dauernden Stück hören können. Aber ich kann mir vorstellen, wenn ich die ausgezeichnete Schallplatteninterpretation dieser schwierigen Musik von John Shirley-Quirk höre, daß auch Fischer-Dieskau die allzu menschlichen Visionen des Mystikers hervorragend gestaltet. Tippett bezeichnet dieses Werk als seine Lieblingskomposition und leitete die Uraufführung in London ebenso wie die deutsche Erstaufführung 1966 beide

Male mit Fischer-Dieskau. Der Sänger hält Tippetts Musik für »problematisch, aber ernst zu nehmen«.

Über die Haltung des Sängers zur Musik des 20. Jahrhunderts wird in den folgenden Kapiteln noch manches zu sagen sein. Wir wollen hier aber festhalten, daß er sich immer bemüht hat, Werke junger Komponisten zu unterstützen, wenn ihn auch die gesamte Situation der Musik heute sehr besorgt macht. Zu Wolf-Eberhard von Lewinsky hat er einmal gesagt: »Wenn die Musik ihren Stellenwert im kulturellen Leben behalten will, dann wird sie sich auf Sangbarkeit besinnen müssen – im übertragenen Sinn, nicht so sehr auf den menschlichen Kehlkopf bezogen. Allerdings weiß ich nicht, was für diesen noch wirklich Neues zu erfinden wäre. Das ist ja die Verzweiflung seit Beginn unseres Jahrhunderts, daß die Musikträger, die Instrumente, als erschöpft in ihren Möglichkeiten angesehen werden müssen, so daß nach neuen Tonträgern oder Klangerzeugern gesucht wird. Ich meine, daß einzig entscheidend der Geist ist, der die Sache bestimmt. Und von daher müßte neue Musik gemacht werden, nicht so sehr hinsichtlich der Klangkörper, sondern vom Inhalt herkommend.«

Das ist die eine Seite. Auf der anderen Seite bedauert der Sänger, daß das Publikum immer nur die Meisterwerke, die Schätze aus dem Museum, zu hören wünscht.

Wenn Fischer-Dieskau moderne Musik singt, versucht er eine völlig andere musikalische Persönlichkeit anzunehmen und seine Stimmtechnik zu verändern. Forderte die Musik des 19. Jahrhunderts zumeist den makellosen Fluß eines schönen Tons, so ist gerade dieser in der modernen Musiksprache selten gefragt. Hier liegt das Gewicht mehr auf einzelnen abgetrennten Phrasen.

Es ist wirklich erstaunlich, wieviele Werke des 20. Jahrhunderts, die unter die Rubrik »Geistliche Musik« fallen, der Sänger schon in den allerfrühesten Tagen seiner Karriere gesungen hat. Im Dezember 1948 bereits sang er die *Berliner Weihnachtskantate* von Herbert Trantow, mit dem er in der Kriegsgefangenschaft zusammengetroffen war. 1949 interpretierte er Max Regers *Der Einsiedler* aus den Jahren 1912–1917. Anfang 1950 wirkte er zum ersten Mal bei Carl Orffs *Carmina burana* mit, die übrigens 1967 unter der Leitung von Eugen Jochum, mit Fischer-Dieskau als ausgelassenem Mönch, als Schallplatte herauskamen.

Paul Hindemiths 1946 entstandene Vertonung der »Ode an Lincoln« von Walt Whitman mit dem Titel *Requiem* und das *Apparebit repentina dies* des gleichen Komponisten sang er 1950. Waltons *Belshazzar's Feast* führte er deutsch 1950 unter der Leitung von Karl Rankl auf und 1955 beim Edinburgh-Festival in englischer Sprache unter der Leitung von Malcolm Sargent. Im Jahr 1951 sang er die Kantate seines Bruders Klaus *Komm, Trost der Nacht*, Hindemiths *Das Unaufhörliche* und Bartóks *Cantata profana*, Hermann Reutters *Weihnachtskantilene* folgte 1952. Endlich muß hier noch die bereits erwähnte *Schöpfung*, eine Vertonung von Gedichten des amerikanischen Negers James Weldon Johnson, von Wolfgang Fortner genannt werden, die Fischer-Dieskau 1955 in Basel mit Paul Sacher uraufführte und 1957 unter der Leitung von Hans Schmidt-Isserstedt für die Schallplatte sang.

Es ist schier unmöglich, alle geistlichen Werke der Musikliteratur des 20. Jahrhunderts, die Dietrich Fischer-Dieskau gesungen hat, hier zu nennen. Ich glaube aber, ich sollte Strawinskys *Abraham und Isaac* erwähnen; die deutsche Erstaufführung hat er 1964 unter der Leitung des Strawinsky-Schülers Robert Craft mit dem Berliner Philharmonischen Orchester gesungen. Auch dürfen wir Witold Lutosławski, den großen polnischen Komponisten, in unserer Aufzählung nicht vergessen, dessen Werk *Les espaces du sommeil* – für Fischer-Dieskau geschrieben – der Sänger 1978 unter Leitung des Komponisten uraufführte.

Es mag mühsam sein, so eine Liste von Werken zu lesen. Sie ist aber notwendig, um zu zeigen, wie Fischer-Dieskau sich in all den Jahren seiner sängerischen Laufbahn um moderne Musik bemüht hat, und wie unsinnig es ist, zu behaupten, er sänge Modernes nur, weil er die Werke der Klassik, so Bach, Schubert oder Wagner, bis zum Überdruß gesungen habe. Aus so einer Aufzählung sieht man vielmehr, wie der Sänger – immer von musikalischer Neugier getrieben – auch den Werken seiner eigenen Generation nachspürte. Gerald Moore meinte einmal scherzend, die Luft, die Fischer-Dieskau atme, sei Musik; ohne

Mit Aribert Reimann

Musik würde er ersticken. Eine Übertreibung? Vielleicht! Sie ist aber bezeichnend.

Wenn noch im Herbst 1959 ein englischer Kritiker in »The Gramophone« einen Artikel schreiben konnte, in dem es heißt, daß man in Großbritannien – abgesehen von Richard Strauss' *Capriccio* und einer Schallplatte »Musica nova« – Dietrich Fischer-Dieskau nicht als einen Sänger moderner Musik sähe, so zeigt das nur zu deutlich, wie abgeschieden von moderner Musik man in Großbritannien lebte.

Von vier Komponisten unserer Zeit soll nun noch die Rede sein, die ihre Werke entweder für den Sänger geschrieben haben oder die diese immer wieder von ihm gesungen hören möchten. Es sind dies Karl Amadeus Hartmann (1905–1963), Gottfried von Einem (geb. 1918), Aribert Reimann (geb. 1936) und Hans Werner Henze (geb. 1926).

Karl Amadeus Hartmann hat seine *Gesangsszene* auf den Text »Sodom und Gomorrha« des Franzosen Jean Giraudoux für Dietrich Fischer-Dieskau komponiert. Sie fordert vom Sänger alle ihm zu Gebote stehenden Möglichkeiten; die Stimme muß sich über ein außerordentlich großes Orchester erheben und dabei ruhige und friedvolle Resignation ausdrücken. Der Schlußteil des Werkes, der gesprochen wird, da Hartmanns früher Tod die Komposition unvollendet ließ, machte die Öffentlichkeit auf die ausdrucksvolle Sprechstimme des Sängers aufmerksam. Mit wahrhaft Shakespeareschem Pathos sagt er die Worte: »Es ist ein Ende der Welt, das traurigste von allen!« Fischer-Dieskau sang dieses Werk zum ersten Mal in Frankfurt 1964 unter Dean Dixon, dann 1968 in Edinburgh und München unter Leitung von Rafael Kubelik. Von der Frankfurter Aufführung gibt es einen Mitschnitt, von der Münchner eine Plattenaufnahme.

Das Werk des Komponisten Gottfried von Einem wird in unseren Kapiteln über die Oper und über das Lied ausführlicher zur Sprache kommen. Hier sei an sein Werk *An die Nachgeborenen* erinnert, das Fischer-Dieskau 1975 mit Julia Hamari unter Carlo Maria Giulini in New York zum ersten Mal und in der gleichen Besetzung auch für die Schallplatte gesungen hat. Der Komponist schrieb ihm: »Es herrscht ein anderes Klima wenn Sie singen!«

Aribert Reimann, Schüler von Boris Blacher und wie der Sänger in Berlin geboren, hat in den letzten Jahren sehr viel mit ihm zusammengearbeitet. Er hat nicht nur Gesangs-Zyklen, Oratorien und die große Oper *Lear* für Fischer-Dieskau geschrieben, er war auch häufig als Klavierbegleiter an den Liederabenden des Sängers beteiligt. Hier muß sein *Requiem* erwähnt werden, das Fischer-Dieskau zur 700-Jahrfeier der Stadt Landau uraufführte. Das *Wolkenlose Christfest* ist auf Gedichte des Frankfurters Otfried Büthe geschrieben, und zwar nicht nur für tiefe Stimme, sondern auch für tiefe Instrumente. Die Bariton-Stimme wird von zehn Celli und sechs Kontrabässen sowie einer Reihe von Percussions-Instrumenten begleitet. Das starke Gespür des Komponisten für Dramatik, das ihn dann auch zum *Lear* führte, kommt in dieser fast brutal wirkenden Musik zum

Ausdruck, die die anti-kirchlichen Texte mit zeitgeschichtlichem Hintergrund unterstreichen, wenn es heißt: »Kruzifixus advenit und Napalm – aber wir feiern die Ankunft der Feuerpause zwischen unseren bethlehemitischen Morden«. Fischer-Dieskau sang die Uraufführung unter Hans Zender mit dem Symphonieorchester des Saarländischen Rundfunks und eine weitere Aufführung mit dem New Philharmonia Orchestra unter Leitung desselben Dirigenten – das Solocello spielte jedesmal sehr eindrucksvoll Siegfried Palm.

Zum Schluß dieses Kapitels wenden wir uns Hans Werner Henze, einem Schüler Fortners zu, der wohl der begabteste und bekannteste zeitgenössische deutsche Komponist ist – in jedem Fall ist er der fruchtbarste. Mit Elisabeth Söderström, Kerstin Meyer und Peter Pears sang Fischer-Dieskau Henzes Kantate *Novae de infinito laudes* im Teatro la Fenice in Venedig unter der Leitung des Komponisten. Das sechsteilige Werk auf Worte von Giordano Bruno, der 1600 als Ketzer von der Inquisition verbrannt wurde, hat Passagen von großer tonaler, fast klassischer Schönheit; dazwischen gibt es schwierige Passagen mehr zeitgenössischen Kolorits. Fischer-Dieskau hat das Werk gern gesungen.

In der Konzertversion einer Radio-Kantate nach einer Kurzgeschichte von Kafka *Der Landarzt*, die Henze ebenfalls für Fischer-Dieskau geschrieben hat, wendet er ebenfalls diesen Stil an.

Die Diskussion, die um die Aufführung von *Das Floß der Medusa* entstand, trug die Namen Fischer-Dieskaus und Henzes in die breite Öffentlichkeit. Diese Komposition sollte Ende 1968 – es war die Zeit der europäischen Studentenrevolten – in Hamburg aufgeführt werden. Henze war damals schon als antifaschistischer, pro-linker Sympathisant bekannt (»Ich habe für die unterdrückten Massen komponiert«). Unter den Zuhörern waren viele linke Studenten, die gegen die Vietnam-Politik der USA demonstrieren wollten. Ein Student befestigte am Rednerpult ein Plakat mit dem Porträt Che Guevaras, dem *Das Floß der Medusa* gewidmet ist, eine rote Flagge war plötzlich auf der Bühne, auch die schwarze Fahne Nordvietnams war mit einem Mal zu sehen, dann betrat der RIAS-Chor aus West-Berlin die

Bühne; mit ihm erschienen die Solisten Edda Moser, Fischer-Dieskau und als Sprecher Charles Regnier, ferner die Mitglieder des Norddeutschen Symphonieorchesters und der Komponist und Dirigent Hans Werner Henze. Ein unbeschreiblicher Tumult brach im Saal aus. Der Chor protestierte, er wolle nicht unter der roten Fahne singen, und damit verließen die Chorsänger die Bühne. Es kam zu Schlägereien, die Polizei griff nicht gerade sanft ein, Henze trat wieder auf, erklärte, daß Polizeimaßnahmen diese Aufführung verhindert hätten, und stimmte den damals üblichen Kampfruf der Studenten an: »Ho-Ho-Ho, Ho-Chi-Minh«. Das Publikum verließ den Saal. Einige haben sich das Werk vielleicht am Radio angehört, denn die Generalprobe war bereits aufgenommen und wurde gesendet. Fischer-Dieskau äußerte sich zu dem Debakel folgendermaßen: »Ich kenne nur, was ich erlebte: Die rote Flagge neben dem Dirigentenpult, eine Westberliner Chorschar auf der Bühne, die dabei nicht singen wollte, krakeelende Studenten im Publikum, unge-

In Venedig anläßlich der Uraufführung von Henzes
»Novae de infinito laudes«. Mit (von links) Peter Pears, Kerstin Meyer,
K. O. Koch, Hans Werner Henze, Otto Tomek, Elisabeth Söderström
und Karl Amadeus Hartmann

schickt gewalttätig uniformierte und aufmarschierende Polizei ... Nach einer Viertelstunde tatenlosen Herumstehens und Wartens auf die Anfangsmöglichkeit erhob sich der Chor und ging. Ich als Westberliner fühlte mich solidarisch und ging auch, des Lärms um Nichts müde. Das Stück halte ich nach wie vor für ein gutes, spannungsvolles, und repräsentativ für die mit Recht beunruhigte Haltung der Jugend von 68!«

1970 kam eine Schallplatte mit der damaligen Aufnahme heraus und fand viel Zustimmung. Fischer-Dieskau gestaltete die Rolle des Mulatten Jean-Charles, der mit 149 Soldaten und Besatzungsmitgliedern der untergehenden Fregatte »Medusa« auf einem Floß im Meer treibt. Von den Schiffbrüchigen überlebten nur fünfzehn, die nach zwölf Tagen gerettet wurden. Henzes Komposition wohnt eine ähnliche kraftvolle Aussage inne wie dem berühmten Bild von Théodore Géricault.

Von allen Komponisten, deren Werke Fischer-Dieskau gesungen hat, erfüllt Henze vielleicht Fischer-Dieskaus oben zitierte Forderung nach »Sangbarkeit« am ehesten. Der Sänger meint, daß Henze mit den Jahren wohl konservativer geworden sei, daß er aber wohl auch gemerkt habe, daß die Straße, auf der man geht, einen festen Unterbau haben müsse. Henzes Bemühen um »schöne Töne« spürt man in seiner Vokalmusik überall. Ihm sei es beim Studium italienischer Opern aufgegangen, wieviel stärker das Sinnliche der Musik in einem Sänger schwingt als in einem Instrument. Das mag ein Grund dafür sein, daß er so gern für Dietrich Fischer-Dieskau komponiert hat.

Die »leuchtende Feierlichkeit«, die Albert Schweitzer in Fischer-Dieskaus Gesang spürte, findet sich immer, wenn der Sänger geistliche Werke interpretiert. Wenn Fischer-Dieskau auch nicht mehr den Jugendwunsch in sich verspürt, evangelischer Geistlicher zu werden, und wenn er auch nicht mehr konvertieren will, wie er es in der Kriegsgefangenschaft fast getan hätte, so erfüllt ihn doch auch heute noch geistliche Musik zutiefst. »Der Gedanke, daß sich jemand für einen anderen opfert, hat so ungeheuer viel Rührendes«, sagte er leise zu mir, als wir uns in Berlin über das Singen der großen Passionen von Bach unterhielten.

Als Marquis Posa hatte der Sänger in Verdis *Don Carlos* 1948 an der Städtischen Oper Berlin, dem ehemaligen Theater des Westens, debutiert. Seit dieser Zeit reißen sich Opernhäuser in Deutschland, Österreich und anderswo um seine Mitwirkung.

Auch auf dem Gebiet der Oper hat sich Fischer-Dieskau nicht auf eine bestimmte Zeit festgelegt. Er singt sowohl Barock-Opern wie italienische und deutsche Opern des 19. Jahrhunderts, der Jahrhundertwende und unserer Tage.

Eine der musikgeschichtlich frühesten Opernrollen Fischer-Dieskaus war der Orpheus in Christoph Willibald Glucks *Orpheus und Eurydike*. Hier stellt sich die alte, immer neue Frage: »Darf der Orpheus in dieser Oper von einem Mann gesungen werden?« Für Musikfreunde, nicht nur in Großbritannien, ist die Antwort besonders schwer, wenn sie die überzeugende Darstellung von Kathleen Ferrier erlebt und – auch dank der Schallplatte – ihre Stimme im Ohr haben. Aber die einzigartige Sängerin lebt nicht mehr. Die Frage bleibt.

Gluck hat die Rolle für den Kastraten Gaetano Guadagni komponiert. Zwölf Jahre später hat er die Partie für einen hohen Tenor umgeschrieben. Seitdem sind die einen der Ansicht, daß sie das Heroische des Orpheus nur empfinden können, wenn ein Kastrat oder eine Frau diese Rolle singt, die anderen verlangen entschieden nach einer Männerstimme. So lesen wir in dem Gluck-Buch von Martin Cooper: »Orpheus ist nicht einfach nur ein Mann, der am Grab seiner Frau trauert. Wenn er nur das wäre, wäre es wünschenswert, ihn von einem Contralto zu einem Tenor zu verändern. Er ist aber ein Symbol (so vielschichtig wie alle Symbole) für den Künstler und für die Macht der Musik, die den Tod besiegt, ihrerseits aber durch menschliche

Verdi, »Don Carlos«, 1964.
Als Marquis Posa mit Pilar Lorengar
als Elisabeth

Leidenschaft bezwungen werden kann.« Eine Gegenmeinung findet sich in einem Zitat aus der monatlichen Informationsschrift der Schallplattenfirma EMI, wo es in der Besprechung einer Aufnahme mit einer Sängerin als Orpheus heißt: »Und wenn man uns Philister schilt, wir nehmen doch allen Mut zusammen und erklären, daß die Partie des Orpheus, von Frauenstimme gesungen, etwas Schlimmes ist, ein Greuel, ein Unsinn. . . . Ob man uns nun für ungebildet hält oder nicht, unser primitiver Menschenverstand sagt uns, daß ein hoher Bariton für diese Rolle am besten geeignet ist, und Dietrich Fischer-Dieskau kommt dieser Vorstellung mit seiner Interpretation am nächsten; hier singt jedenfalls ein männlicher Mann!«

Auch Ferenc Fricsay war der Ansicht, daß aus psychologischen Gründen die Rolle des Orpheus eine Männerstimme erfordere. Und wenn Fischer-Dieskaus Orpheus-Bild auch ursprünglich geprägt ist von der bewunderten Emmi Leisner, die einst in dieser Rolle gefeiert wurde, so konnte ihn Fricsays Argumentation doch überzeugen. In der Schallplattenaufnahme von 1956 sang er den Orpheus (in deutscher Sprache) mit Maria Stader, Rita Streich, dem RIAS-Kammerchor, dem Berliner Motettenchor sowie dem RIAS Symphonie-Orchester unter Fricsays Leitung. (Die beiden berühmtesten Arien aus dieser Oper »Ach, ich habe sie verloren« und »Welch reiner Himmel« gab es auch auf einer Extraschallplatte, die zu einem großen Erfolg wurde.)

Unter Leitung von Karl Richter mit dem Münchener Bach-Chor und dem Münchener Bach-Orchester kam 1969 eine Interpretation in italienischer Sprache mit Dietrich Fischer-Dieskau, Gundula Janowitz und Edda Moser heraus, die mir noch besser gefällt als die deutsch gesungene Fassung unter Fricsay. Mühelos erreicht der Sänger auch die tiefsten Töne, singt voller Wärme und männlicher Haltung, so daß die bezaubernde Stelle »Sono il mio solo, il mio diletto Eliso« aus »Che puro ciel« dem Hörer das Herz bewegt.

Fischer-Dieskaus Gestaltung des Orpheus überzeugt mich vollkommen, und ich schließe mich gern denen an, die lieber einen Mann in dieser Partie hören. Allerdings enttäuschte eine Aufnahme mit Nicolai Gedda sehr, und man darf auch die Erfolge einer Janet Baker oder Kathleen Ferrier auf der Bühne nicht vergessen, denn auf einer Opernbühne würde Fischer-Dieskau in dieser Rolle nie auftreten. Mit dem Pro und Contra der Besetzung der Orpheus-Rolle hat er sich übrigens nicht lange aufgehalten; ihm ist es gleich, wer die Rolle singt, die Hauptsache ist, daß der Musik Gerechtigkeit widerfährt.

Eine andere Oper Glucks, *Iphigenie in Aulis*, wurde 1972 mit Fischer-Dieskau aufgenommen. Dabei wählte man eine von Richard Wagner bearbeitete Fassung, die den Fortgang der Handlung klarer herauszuarbeiten sucht und auf »unnötige vokale Verzierungen« verzichtet.

Obgleich der Sänger positive Kritiken erhielt, verschwand die Schallplatte bald wieder vom Markt.

Auch bei anderen Opern, in denen Hauptrollen eigentlich für Kastraten geschrieben wurden, erhebt sich immer wieder die gleiche Diskussion wie im Fall von Glucks *Orpheus und Eurydike*.

So ist bekannt, daß Georg Friedrich Händel die Rolle des Caesar in *Giulio Cesare* für den Kastraten Senesino geschrieben hat. Mit dem Berliner Radio-Symphonie-Orchester unter Leitung von Karl Böhm haben Irmgard Seefried und Dietrich Fischer-Dieskau 1960 Arien aus dieser Oper für die Schallplatte gesungen, die dem Sänger immer ganz besonders gut gefallen hat. Auch hier gab es Kritiker, die behaupteten, daß die Arien mit ihren vielen Verzierungen für einen Bartion nicht geeignet seien. Ich kann dem nicht beipflichten; wenn ich Fischer-Dieskaus »Non è si vago e bello il fior nel prato« zum Lobe von Cleopatras Schönheit so schmelzend gesungen höre, denke ich eher: »Schade, daß er nicht noch mehr Verzierungen zu singen hat.«

Unter Leitung von Karl Richter hat Fischer-Dieskau 1969 auch bei einer Gesamtaufnahme dieser Oper mitgewirkt. Neben Tatjana Troyanos als Cleopatra sang er den Cäsar feurig und kraftvoll, leidenschaftlich und lyrisch, für manchen Geschmack allerdings zu sehr »im Schubert-Stil«. Paßt es aber so nicht genau in das Bild, das Fischer-Dieskau von dem Römer zeichnen will – einem Mann wie jeder andere, der verliebt ist?

Es ist bewundernswert, wie der Sänger die ausgedehnten Händel-Läufe meistert, wie er die letzten Töne einer Phrase durch ein crescendo heraushebt, wo anderen Sängern längst der Atem ausgegangen wäre. Gustav Adolf Trumpff hat in seiner Besprechung in der »Neuen Zeitschrift für Musik« vom Mai 1971 auch Vorbehalte gegen ein Transponieren dieser Rolle, schreibt aber voller Begeisterung von dem »Wunder an Einfühlung«, mit der Fischer-Dieskau Intelligenz, Toleranz und Menschlichkeit des Cäsar herausarbeitet.

Im Jahr 1966 bereits hatte Fischer-Dieskau mit der Sopranistin Agnes Giebel und Mitgliedern der Berliner Philharmoniker unter Leitung von Günther Weißenborn die »dramatische Kantate« *Apollo und Daphne* von Händel aufgenommen. Es handelt sich bei diesem Werk um ein Mittelding zwischen Oper und Kantate. Zwei große Sänger haben sich hier zu einer meisterlichen Interpretation zusammengefunden. Ich möchte in meiner Schallplattensammlung weder die von Agnes Giebel zauberhaft gesungene Arie »Felicissima quest'alma« mit Karl Steins perlender Oboenbegleitung missen noch die wunderschöne Arie »Cara pianta co'miei pianti«, in der Fischer-Dieskau die musikalisch so farbige Passage »Sommi eroi coronerò« in einem Atemzug bewältigt, um dann mit einem grandiosen Triller zu enden.

Eine Aufnahme von zehn Arien aus Händel-Opern, musiziert mit dem Münchener Kammerorchester unter Hans Stadlmair gibt die Möglichkeit, sich den Sänger in anderen Opern dieses Komponisten vorzustellen. Von kraftvollen Arien für tiefe Stimme aus *Samson* und *Saul* abgesehen, wurden fast alle Arien für Kastraten geschrieben. Sie verlieren, eine Oktave hinunter transponiert, vielleicht etwas von ihrem spezifischen Klang; kann man sich jedoch Händels *Largo*, das allzu bekannte »Ombra mi fu« aus *Xerxes*, empfindsamer und kultivierter gesungen denken? Fischer-Dieskau war bei dieser Schallplatte mit der Aufnahmetechnik nicht einverstanden. Vielleicht waren die Mikrophone nicht richtig aufgebaut?

Immer wieder wird – auch von anderen Musikern – betont, wie souverän Fischer-Dieskau alle nur denkbaren musikalischen Stile beherrscht. Das macht sicher auch einen Teil der Faszination für sein Publikum aus, wenn es ihn hört – und sieht. Ich könnte mir denken, daß die Barock-Oper für einen Sänger

mit so weit gespannter Begabung auf die Dauer ein zu einseiti-
ges Betätigungsfeld ist, auch wenn er sie unvergleichlich schön
singt.

»Was den modernen Hörer an Glucks Opern fasziniert, ist
das, was man als klassische Würde empfindet. Sie sind Mu-
seumsstücke, die dem Publikum ein idealisiertes klassisches
Griechenland vor Augen führen, in dem nicht Menschen sondern Marmorstandbilder leben« (E. Dent in »The New Musical
Companion«). Fischer-Dieskaus Kunst beschränkt sich nicht
darauf, solche Marmorstandbilder auf die Bühne zu stellen; er
formt aus jeder Opernrolle einen Menschen aus Fleisch und
Blut, eingesponnen in sein Schicksal, getrieben von menschlichen Leidenschaften. Opern, die eine derartige Darstellungskunst erfordern, wurden aber erst geschrieben, als Wien in den
Mittelpunkt der musikalischen Welt rückte und Mozart dort
seine unsterblichen Werke schuf.

Seinen ersten *Don Giovanni* hat Fischer-Dieskau 1953 in einer
Inszenierung von Werner Kelch unter musikalischer Leitung
von Karl Böhm in Berlin gesungen. Die Begeisterung, mit der
Lord Harewood damals von der deutsch gesungenen Aufführung sprach, läßt sich für uns heute noch nachempfinden, wenn
wir die Schallplatte mit Ausschnitten aus dieser Oper, dirigiert
von Karl Löwlein, hören.

Søren Kierkegaard hat schon früh auf die »unmittelbare Ero-
tik« von Mozarts musikalischem Ausdruck in diesem Werk hingewiesen. Erotisch-sinnliche Ausstrahlung hat vor allem die
Aufnahme, die 1958 unter der Leitung von Ferenc Fricsay entstand. Man hatte nicht gedacht, daß der »ernste Liedersänger
im Frack« diesen Don Giovanni als einen solchen Charmeur
und Herzensbrecher würde darstellen können. Ich bin davon
überzeugt, daß auch standhaftere Frauen als eine Bühnen-Zer-
lina von diesem Don Giovanni und seinem werbenden »Là ci
darem la mano« betört worden wären. Wieviel unwiderstehliche
Zärtlichkeit legt der Sänger in die Worte »E là, gioiello mio, ci
sposeremo«. Hier wird ganz deutlich, was der erfahrene Lied-
Interpret in eine Oper einzubringen vermag. Wieviele Nuancen
gehen in Opern verloren, wenn Sänger nur ihren schönen Ton
im Sinn haben.

*Als Don Giovanni mit Walter Berry
als Leporello 1961*

In seinem Nachruf auf Ferenc Fricsay erinnert sich der Sänger an die Zusammenarbeit mit ihm und wie der Dirigent ihm bei dieser *Don Giovanni*-Aufnahme zur Seite gestanden hat. Als er 1961 zur Wiedereröffnung der Deutschen Oper Berlin die Rolle erneut studierte, sah er sich bei seiner Interpretation weitgehend auf sich allein angewiesen. Er beschreibt seine Auffassung der Rolle damals folgendermaßen:

»Verhaltene Glut, stetige Steigerung bis zur Verzweiflung auf der Flucht vor sich selbst und schließlich Größe im Festhalten an seinem Ich, bevor die Dämonen ihn in die Tiefe reißen, das drückte Mozart mit dieser Gestalt aus, das machte Fricsays Wiedergabe deutlich.«

Wenn Fischer-Dieskau von der Verzweiflung des *Don Giovanni* schreibt, so sollte man sich daraufhin einmal die sogenannte *Champagner-Arie* anhören. Er singt sie mit Verve und aufreizender Männlichkeit, es schwingt aber ein Gefühl der Unsicherheit mit, das sich am Ende in einem fast hysterischen Lachen Luft macht.

Es ist eine hinreißende Aufnahme – erotisch-knisternd, lyrisch, dramatisch. In Rezensionen wurde Fischer-Dieskau mit den großen Darstellern dieser Rolle in der Vergangenheit verglichen. Am überschwenglichsten war eine Kritik in »Records and Recording«; zunächst wurde das »bemerkenswerte psychologische Einfühlungsvermögen« des Sängers hervorgehoben und dann hieß es weiter: »Und wenn man meint, ich schwärme, dann kann ich nur sagen: ›Ja, das will ich auch!‹ Ich finde den Don Giovanni des deutschen Sängers unübertrefflich. In jeder Hinsicht halte ich dies für die großartigste Darstellung einer Opernrolle auf einer Schallplatte.«

Neun Jahre später wurde eine neue Aufnahme des *Don Giovanni* mit Fischer-Dieskau in Prag, der historischen Stätte der Uraufführung dieser Oper, gemacht. Eine vielversprechende Besetzung musizierte unter der Leitung von Karl Böhm. Aber diese Schallplatte – so meine ich – hat nicht den Glanz, die Ausstrahlung, die an der Fricsay-Aufnahme so begeistert. Mir fehlt das schicksalhaft Unausweichliche des »dramma giocoso«, wenn natürlich auch hier unvergleichlich schöne Passagen zu hören sind.

Der Berliner Theaterkritiker Friedrich Luft hat einmal über Fischer-Dieskau geschrieben, es sei, als leuchte ein neues Licht, wenn der Sänger die Bühne betritt. Fast das gleiche empfand ich, als Fischer-Dieskau beim Edinburgh-Festival 1975 in *Le nozze di Figaro* auftrat. Vor Beginn der Vorstellung hatten wir zusammengesessen und über die englische Ausgabe seines Schubert-Buches gesprochen; er hatte das »King's Theatre« in Edinburgh »etwas primitiv« genannt. Als nun bei der Vorstellung Graf Almaviva im Kostüm, mit weißer Perücke, ganz Aristokrat, die Bühne betrat, hatte ich den Eindruck, daß das ganze altmodische Theater in neuem Glanz erstrahlte.

Fischer-Dieskaus Karriere als Graf Almaviva begann 1955 mit der Inszenierung von Oskar Fritz Schuh in Salzburg. Seit dieser Festaufführung zum 200. Geburtstag von Wolfgang Amadeus Mozart hat er viele, viele Male als Graf auf der Bühne gestanden. Es ist eine seiner liebsten Rollen. Er kann hier eine Figur lebendig erstehen lassen, tragikomisch, voller Widersprüche; er ist Aristokrat und Liebhaber, kann flirten, intrigieren, wird hintergangen und steht immer im Mittelpunkt des Geschehens. Mit berühmten Künstlern hat er bei späteren Aufführungen in Salzburg zusammengearbeitet: mit Karl Böhm und Carl Ebert, Günther Rennert und Gustav Rudolf Sellner sowie mit den Bühnenbildnern Caspar Neher, Ita Maximowna und Raffaelli.

Fischer-Dieskau ist der Ansicht, daß er erst durch das Singen großer Opernrollen von Mozart den Mut gefunden habe, auch im Konzertsaal mit voller Stimme zu singen. Ich meine aber auch, die Rollen hätten auf sein Wesen formend gewirkt. Der Elan und die Heiterkeit der Mozart-Opern, die Möglichkeit, in diesen Werken mit anderen Künstlern zusammenzuarbeiten und so viele verschiedene Charaktere zu entwickeln, all das hat seine schon immer vorhandene Einfühlungsgabe in die Stärken und Schwächen von Menschen noch mehr wachsen lassen. Auch ist ein scharfsinniger Humor in ihm erwacht, der sonst selten auf dem Konzertpodium anzutreffen ist.

Fischer-Dieskau hat noch zweimal in Gesamtaufnahmen von *Le nozze di Figaro* mitgewirkt: 1968 unter Karl Böhm und 1976 unter Daniel Barenboim. Auch ein Film über diese Oper wurde

Aus dem Film »Le nozze di Figaro« 1976 als Graf Almaviva
mit Mirella Freni als Susanna

1976 gedreht. In der Inszenierung von Jean-Pierre Ponnelle sangen neben Fischer-Dieskau: Kiri te Kanawa, Mirella Freni, Maria Ewing, John van Kesteren und Hermann Prey unter der musikalischen Leitung von Karl Böhm.

1969 hat Fischer-Dieskau auch eine von Christopher Raeburn in Florenz aufgefundene und vermutlich seit 1789 nicht wieder gesungene Fassung des Rezitativs und der Arie aus dem 3. Akt von *Le nozze di Figaro* für die Schallplatte gesungen. Dieses »Hai già vinta la causa« hat Mozart für seinen zweiten Grafen, der einen hohen Bariton gehabt haben muß, umgeschrieben: Hier wimmelt es von hohen G's. Man sieht, Fischer-Dieskau hat sich wieder einmal für Unbekanntes interessiert und eingesetzt.

Bei den Dreharbeiten für den Figaro-Film.
Mit Kiri te Kanawa als Gräfin

Wie wichtig auch anderen Sänger ein Gedankenaustausch mit Fischer-Dieskau sein kann, berichtet Geraint Evans, der Figaro der Salzburger Inszenierung von Gustav Rudolf Sellner aus dem Jahr 1972. Fischer-Dieskau machte ihn darauf aufmerksam, daß seiner Meinung nach die Klimax des Stückes kurz vor dem Finale des 3. Akts liege, wenn Figaro singt: »Perchè no? Io non impugno maì quel che non so« (»Ich rede nicht über Sachen, die ich nicht genau weiß«). Hier, so Fischer-Dieskau, werde dem Grafen zum ersten Mal von einem Diener widersprochen. Das sei der Anfang einer Auflehnung, einer Revolution, und so müsse es auch gespielt werden. »Das hat meiner Auffassung der Figaro-Rolle neue Konturen gegeben«, sagte Evans.

Sooft Fischer-Dieskau den Grafen Almaviva und den Don Giovanni gesungen hat, in der *Zauberflöte* konnte man ihn nur selten auf der Bühne erleben und nur in der kleinen eindrucksvollen Rolle des »Sprechers«. Zusammen mit anderen vorzüglichen Sängern hat er diese Rolle 1969 für die Schallplatte gesungen (Musikalische Leitung Georg Solti). Sein »Sprecher« erweckt Ehrfurcht und gibt uns Hörern die Möglichkeit, auch diese Figur neu zu sehen. Bei ihm ist alles durchdacht und nicht nur schön gesungen. Man höre nur auf sein eindringliches »Sobald dich führt der Freundschaft Band«, mit dem er Tamino auf die vor ihm liegenden Gefahren aufmerksam macht. Wenn man übrigens den Tenor Stuart Burrows auf dieser Schallplatte hört, meint man, Fritz Wunderlich sei auferstanden.

Als Vogelfänger Papageno war Fischer-Dieskau nie auf der Bühne; seine Körpergröße im Vogelfedergewand hätte er zu lächerlich gefunden. Für die Schallplatte hat er diese Rolle aber zweimal meisterlich interpretiert. Er gibt dem Papageno Züge eines Shakespeare-Narren, der die Balance zwischen Ernst und Komik immer wieder herzustellen versucht, und immer eine »sublime Ausgewogenheit« erreicht. Wenn Mozart in der Schein-Tragödie, in der Papageno sich das Leben nehmen will, nach g-moll (Mozarts tragischer Tonart) überwechselt, rührt der Sänger seine Hörer mit »Nun wohlan, es bleibt dabei... weil mich nichts zurücke hält, gute Nacht, du falsche Welt.« Das berühmte »Pa-pa-pa-«-Duett, sowohl in der Aufnahme unter Fricsay von 1955 als in der aus dem Jahr 1964 unter Karl Böhm mit Lisa Otto gesungen, machte Fischer-Dieskau als Interpreten heiterer Opernrollen bekannt.

Wollte man Fischer-Dieskaus Mozart-Stil auf einen Nenner bringen, so meine ich, dieser hieße »Eleganz«: Eleganz des Auftretens, des Benehmens, der Kleidung und vor allem Eleganz der Stimme und des Gesangs.

Das wird am deutlichsten in der Salzburger *Così fan tutte* von 1972 – für alle Mitwirkenden ein großer Triumph! Hier kam alles für einen großen Erfolg zusammen: Karl Böhms Leitung, Ita Maximownas Bühnenbild, die meisterliche Regie von Günther Rennert und natürlich die ausgezeichnete Besetzung mit Gundula Janowitz, Brigitte Fassbaender, Peter Schreier, Hermann Prey, Reri Grist und Dietrich Fischer-Dieskau. Er singt den Alfonso, den zynischen Drahtzieher dieser Verwechslungskomödie in Liebesdingen, und gibt ihm die Züge eines alternden Skeptikers, der sich über Schwächen und Wankelmut der Menschen keinen Illusionen hingibt.

Man war sich darin einig: Fischer-Dieskau ist der ideale Interpret dieser Rolle. Er überragt das Bühnengeschehen nicht nur durch seine Körpergröße, sondern er gibt mit seiner Musikalität, seiner Stimme und seinem Spiel dem Ganzen den richtigen Rahmen. Nach einer solchen Aufführung gewinnt man eine ganz neue Einstellung zu dieser Oper.

Die sehr schöne Aufnahme von *Così fan tutte* von 1962 unter Eugen Jochum bleibt hinter der Salzburger Inszenierung zurück.

Ein Vergleich mit Cimarosas Oper *Il matrimonio segreto*, die

In Beethovens »Fidelio« als Minister

109

Fischer-Dieskau und Julia Varady 1975/76 aufgenommen haben, mag an dieser Stelle von Interesse sein. Fischer-Dieskau verkörpert hier als Geronimo eine dem Alfonso entgegengesetzte, buffoneske Rolle. Und wenn Cimarosa zu seiner Zeit auch berühmter und beliebter als Mozart war, so fällt ein Vergleich heute doch unbedingt zugunsten von Mozarts Musik – und seines Librettos – aus.

Als Mozart-Sänger steht Dietrich Fischer-Dieskau heute in der vordersten Reihe. Seine Musikalität, die Schönheit seiner Stimme und seine Durchdringung von Musik und Text haben ihn zu einem der besten Interpreten von Mozarts Vokalmusik gemacht.

In der einzigen Oper Ludwig van Beethovens, *Fidelio*, gibt es zwei Rollen, die Fischer-Dieskau des öfteren gesungen hat, den Bösewicht Pizarro und den gütigen Fernando. Erste Erfahrungen mit der Rolle des Don Fernando konnte Fischer-Dieskau bereits in den fünfziger Jahren sammeln, als er mit Heinz Tietjen und Ferenc Fricsay zusammenarbeitete. Die Worte »Es sucht der Bruder seine Brüder, und kann er helfen, hilft er gern« sind von ähnlicher Suche nach Menschheitsverbrüderung geprägt wie der Text des Chores aus Beethovens *Neunter Symphonie*. Für die Schallplatte hat er den Don Fernando erst 1977 unter Leitung von Leonard Bernstein gesungen, der Fischer-Dieskau für einen der wenigen Musiker hält, dessen Töne direkt ins Herz treffen.

Zwanzig Jahre zuvor hat er als Don Pizarro bei einer Gesamtaufnahme dieser Oper mit dem Orchester der Bayerischen Staatsoper unter Leitung von Ferenc Fricsay mitgewirkt. Hier gibt er dem hartherzigen, diktatorischen Gefängnisdirektor grausam-sadistische Züge. Von dieser Aufnahme bin ich begeistert. Mich stört allerdings, daß die Dialoge, von Schauspielern gesprochen, das Ganze uneinheitlich machen.

Hierin ist die Aufnahme unter Leonard Bernstein wesentlich überzeugender.

Wenn ich ein Schallplattenprogramm über das Thema »Fischer-Dieskau als Verdi-Sänger« zusammenstelle, so wähle ich für meine Hörer zunächst ein paar Kostproben aus einer Schallplatte, die 1959 unter Leitung von Alberto Erede mit dem Berliner Philharmonischen Orchester hergestellt wurde: »Fischer-Dieskau singt Verdi-Arien«. Mit Ausschnitten aus den Opern *Il Trovatore, Rigoletto, Les Vêpres siciliennes, Don Carlos, Un ballo in maschera* und *Falstaff* gab Fischer-Dieskau damals schon einen Vorgeschmack auf seine künftigen Leistungen als Verdi-Sänger.

An dieser Stelle sollten wir uns eine kleine Abschweifung erlauben und der Frage nachgehen, ob es heute noch einen Nationalstil gibt, ob es zulässig ist, Opern in Übersetzungen zu singen, oder ob Sänger in Sprachen singen dürfen, die sie überhaupt nicht verstehen.

Ich kann mich noch an Zeiten erinnern, da nur Sir Thomas Beecham dazu prädestiniert war, Werke von Frederick Delius – Sohn deutscher Eltern, in Yorkshire geboren – aufzuführen. Auch war es nur den Wiener Philharmonikern gegeben, Musik von Johann Strauß »richtig« zu spielen. Heute, da es möglich ist, in wenigen Stunden von Kontinent zu Kontinent zu fliegen, da Schallplatten und Kassetten Vergleiche der verschiedensten Musiker zulassen, ist das anders geworden. So sind die Amerikaner stolz, daß viele amerikanische Sänger heute an europäischen Opernhäusern beschäftigt sind, der französische Bariton Gérard Souzay hat sich mit deutschen Liedern einen Namen in aller Welt gemacht, Janet Baker singt in vielen Sprachen, und ich kann mir eigentlich keinen bedeutenden Komponisten denken, der nur in seinem eigenen Land aufgeführt wird (vielleicht mit Ausnahme von Edward Elgar).

Natürlich findet Fischer-Dieskau es unmöglich, wenn Sänger in Sprachen singen, die sie nicht verstehen. Sie können ja gar nicht ausdrücken, was er »Duktus und Gusto« nennt. Von ihm weiß man, daß er nur singt, was er durch und durch verstanden hat, und da muß vor allem seine Aufnahme von Bartóks *Herzog Blaubarts Burg* erwähnt werden. Diese Oper singt er zusammen mit Julia Varady in ungarischer Sprache, und sie als Ungarin wird ihrem Mann das Werk bis ins kleinste übersetzt und deutlich gemacht haben.

Man kann heute in aller Welt Sprachen leicht lernen, und so kann man von Sängern erwarten, daß sie Musik mit den Worten singen, die der Komponist dafür vorgesehen hatte. Ebenso meine ich, kann sich das Publikum darauf einstellen, einem Werk und seiner Handlung in der Originalsprache zu folgen.

Und so werden hoffentlich solche Zeiten bald nur noch Erinnerung sein, da man »Wie eiskalt ist dies Händchen«, »Reich mir die Hand, mein Leben« oder »Holdes Mädchen, sieh mein Leiden« statt der Originalsprache hören mußte. Und ich meine, daß Sänger heute Deutsch, Englisch, Italienisch, Französisch, möglicherweise auch Russisch und Spanisch einigermaßen beherrschen sollten.

Fischer-Dieskaus Verdi-Gesang zeichnet sich durch ausgezeichnetes Italienisch aus. Und wenn Kritiker äußern, er sänge ein Schubert-Lied genauso wie eine Verdi-Arie, so treffen sie genau das, was Fischer-Dieskau immer wieder zeigen will: die große Ähnlichkeit zwischen einem Schubert-Lied, wie beispielsweise *Der Fluß*, und einer Verdi-Kantilene. Sie brauchen beide die gleiche Geschmeidigkeit der Stimme.

Am 18. November 1948 hatte Fischer-Dieskau seine erste Verdi-Rolle gesungen, den Marquis Posa aus *Don Carlos*. Ferenc Fricsay, der damals erstaunt war, ausgerechnet in Berlin einen »italienischen Bariton« zu finden, hatte nie an der Italianità des Sängers gezweifelt. Unter seiner einfühlsamen Leitung hatte Fischer-Dieskau sein Verdi-Repertoire erarbeitet, unter seinem Einfluß entstand die Liebe des Sängers zur Musik Giuseppe Verdis. »Furor und cantabile« sind – wie Fischer-Dieskau immer wieder betont – noch nicht der ganze Verdi. »Die Menschen vergessen, wie exakt und sorgfältig Verdi seine Charaktere plante und zeichnete und welch genaue Anweisungen er den Musikern in seinen Partituren gab.«

Fischer-Dieskaus Ruf als Verdi-Sänger kann mit vier großen Opernrollen des Komponisten belegt werden: Jago, der Bösewicht aus *Otello*, und die Titelfiguren von *Rigoletto*, *Macbeth* und *Falstaff*.

Als Rigoletto werden wir Dietrich Fischer-Dieskau leider nie auf der Bühne sehen; wie kann ein Sänger von seiner Körperlänge je einen buckligen, verwachsenen Narren darstellen? Zwar haben viele Bühnen versucht, ihn trotzdem für diese Rolle zu engagieren, er aber hat sich darauf beschränkt, die Partie für die Schallplatte zu singen. Seine erste Aufnahme mit berühmten

Arien aus dieser Oper (in deutscher Sprache) wurde 1962 unter Leitung von Horst Stein mit den Berliner Philharmonikern gemacht. Eine zweite – vollständige – Einspielung entstand auf Einladung der Mailänder Scala unter Leitung von Rafael Kubelik 1964. Mit ihm sangen – dieses Mal natürlich in italienischer Sprache – Renata Scotto, Carlo Bergonzi, Fiorenza Cossotto und Ivo Vinco. Oft habe ich diese Aufnahme mit einer anderen verglichen, auf der Tito Gobbi, gewiß ein großer Sänger, den Rigoletto singt. Aber Fischer-Dieskau hat doch jedesmal den Sieg davongetragen. Es liegt wohl daran, wie überzeugend er Worte und Phrasen färben kann. (Absichtlich habe ich das Wort »färben« gewählt. Tito Gobbi erwähnt nämlich in einem Interview mit Harold Rosenthal (1979), daß er wie von einer Palette die Farben nähme, um Töne zu färben; für Rigoletto violett, für Figaro orange-gelb.)

Wie sensibel Fischer-Dieskau Töne gestaltet, um damit für den Inhalt Wesentliches auszudrücken, läßt sich aus Beispielen belegen. Im ersten Akt von *Rigoletto* spottet dieser über Monterone, weil er so besorgt um die Ehre seiner Tochter ist. In dieser Phrase sind auf »delirio« und »l'ore« zwei Triller vorgeschrieben, die Fischer-Dieskau ganz betont aussingt. Damit charakterisiert er die Lüsternheit, mit der der Bucklige an den Amouren seines Herrn teilnimmt. Als man sich dann im zweiten Akt über Rigoletto aus dem gleichen Grund lustig macht, gibt er dem Grafen seine Frage »Ch'hai di nuovo, buffon?« zurück, färbt aber das letzte Wort in anzüglicher Weise. Endlich bringt er am Ende des zweiten Akts, als Gilda ihm ihre Schuld gesteht, unbeschreiblich Erschütterndes mit seiner Arie »Ah, piangi, fanciulla!« Das sind drei kleine Passagen aus der Oper, aber solche »Kleinigkeiten« zusammengenommen zeichnen ein überzeugendes Bild des betrogenen Narren.

Den Sänger leitet, wie immer, auch bei der Gestaltung des Rigoletto der Wunsch, sich so eng wie nur irgend möglich an die Absichten des Komponisten zu halten. Läßt man sich mit ihm in eine Diskussion über eine Rolle ein, so holt er sogleich die Partitur und beweist seine Auffassung anhand der Noten. Er ist davon überzeugt, daß auch Verdi am meisten an einer wahrhaftigen Interpretation seiner Rollen gelegen war. »Lesen Sie nach, was Verdi über die Proben zu *Aida* notiert hat!« Und dann zitiert er: »Die Stimme, so schön sie sein mag, genügt nicht. Mir bedeutet die sogenannte Perfektion des Kunstgesangs nur wenig. Ich möchte, daß die Rollen so gesungen werden, wie sie angelegt sind.« Und der Sänger fügt hinzu, daß Verdi immer enttäuscht war, wenn in Aufführungen die Charakterisierung der Rollen fehlte. Wie weit Fischer-Dieskau selbst seine Interpretation, seine Farbgebung und seine Identifikation mit einer Rolle treiben kann, wird nirgends besser dokumentiert als in der Arie »Cortigiani, vil razza dannata« aus *Rigoletto*, wenn er entdeckt, daß die Höflinge ihm seine Tochter entführt haben. Nach explosiven ersten Takten ändert er seine Stimme vollkommen, er fällt auf die Knie und bittet inständig, ihm die Tochter, seinen »unbezahlbaren Schatz«, zurückzugeben. Begleitet vom obligaten Cello bricht Fischer-Dieskau in das herzzerreißende »Ebben piango! Marullo« aus. Ich glaube nicht, daß ein anderer Sänger unserer Tage diese Arie überzeugender gestalten könnte. Und wenn jemand behauptet, daß ein Nicht-Italiener keinen Verdi singen könne, dann spiele ich ihm diese Arie auf der Schallplatte vor. Bis heute konnte ich jeden überzeugen.

Leider war Elena Souliotis dem Sänger keine angemessene Partnerin als Lady Macbeth, als er 1970 eine seiner (und Verdis!) liebsten Opernrollen, den *Macbeth*, für die Schallplatte sang (musikalische Leitung Lamberto Gardelli). So ist auch auf Fischer-Dieskaus Leistung vielleicht ein Schatten gefallen, den seine Interpretation nicht verdient. Er zeichnet den Macbeth so überzeugend, wie man es von ihm erwartet, äußerst eindrucksvoll in den dramatischen Passagen und mit italienischem Belcanto, wenn er singt: »Pietà, rispetto, amore, conforto a'dì cadenti.«

Mit Grace Bumbry in der Rolle der Lady hatte er 1964 und 1965 große Erfolge als Macbeth in Salzburg gefeiert. Wer ihn dort sah, wird nie vergessen, wie er, in blonder Perücke, aus all dem schottischen Bühnennebel auftaucht und wie er nach Duncans Ermordung ohne ein Zeichen von innerer Bewegung singt: »Tutto è finito«.

Fischer-Dieskau bedauert, daß es nicht zu der geplanten Aufnahme mit Maria Callas und ihm gekommen ist; gerade in

Verdi, »Macbeth« Salzburg 1964. Mit Regisseur Oscar Fritz Schuh
und Peter Lagger als Banquo

dieser Oper sei das »ganze Spektrum Verdischer Möglichkeiten« zu finden. Aber die Callas soll eine eigenartige Abneigung
gegen die Rolle gehabt haben.

Immer wieder liest man, wie angenehm es sei, mit Fischer-
Dieskau zusammenzuarbeiten, wie mitreißend sein Musizieren
für Kollegen und welch eine beruhigend sichere Stütze er im
Ensemble-Singen ist. Auch sei er, wie Wolfgang Sawallisch her-
vorhebt, der ihn nicht nur als Dirigent, sondern auch als Pianist
häufig begleitet hat, immer bereit, sich um der Sache willen
unterzuordnen, er wolle immer ganz die darzustellende Person
und nicht der Sänger Fischer-Dieskau sein. Das ist ein Beweis
für seine Größe als Künstler, denn schließlich kommt er ja vom
Sologesang, vom Lied her.

In Großbritannien macht man sich nicht klar, daß Shakespeares Dramen in Deutschland durch die Übersetzung von
Schlegel und Tieck sehr bekannt sind. Seine Theaterstücke wurden immer in Deutschland aufgeführt, auch während des Dritten Reiches, so daß man mit den Figuren seiner Dramen und
Komödien allgemein vertraut ist. Natürlich liebt auch Fischer-

Dieskau diese lebensvollen Charaktere, wie man an den Shake-
speare-Gestalten, die zu Opernfiguren wurden, deutlich spürt.
Eine der kraftvollsten, Sir John Falstaff, ist inzwischen zu einer
seiner Meisterrollen geworden. Schon die »Kostprobe« auf
der frühen Verdi-Arien-Platte ließ aufhorchen, und auch das
Duett Falstaff-Ford – für den RIAS mit Josef Metternich
1951 bereits aufgenommen – macht den Hörer neugierig. Zur
Übernahme der Rolle hat allerdings Carl Ebert den Sänger
1957 förmlich überreden müssen; er selbst war sich nicht im
klaren darüber, ob seine Stimme sich so ganz für diese Rolle
eignete. Das Publikum hatte in diesem Punkt keinen Zweifel,
vielmehr war es gespannt, wie aus dem seriösen Lied-Sänger
der Fettwanst Falstaff würde. Und wirklich – etwas Seriöses,
Aristokratisches bleibt in seinem Falstaff. Er bleibt immer *Sir
John*, und das ist ein Teil des großen Erfolgs Fischer-Dieskaus
in dieser Rolle.

Bei den Proben zu der so überaus erfolgreichen *Falstaff*-Auf-
führung in Wien 1966 sagte Leonard Bernstein: »Ich habe so

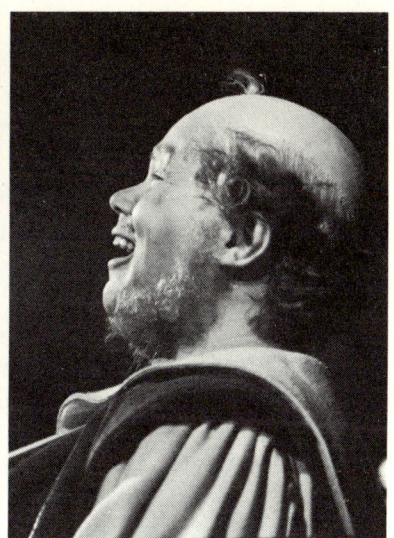

Viermal Falstaff

einen flexiblen Falstaff noch nie gesehen. Er beherrscht die dramatischen Passagen genausogut wie die lyrischen.« Aber Bernstein lobte auch das Orchester der Wiener Staatsoper, das er bei dieser Aufführung bis zum äußersten aufpeitschte. In der Inszenierung von Luchino Visconti sangen mit Fischer-Dieskau: Ilva Ligabue, Hilde Rössl-Majdan, Graziella Sciutti, Regina Resnik, Erich Kunz, Gerhard Stolze, Murray Dickie, Juan Oncina und Rolando Panerai. Die Aufführung hatte Verve und mitreißenden Schwung, den man auch auf der Schallplatte spürt, die aus den sechs Vorstellungen in Wien mitgeschnitten wurde. Die vielen positiven Besprechungen gipfeln in dem, was ein italienischer Kritiker schrieb. Er verglich Fischer-Dieskau mit dem Falstaff des Jahrhunderts – mit Mariano Stabile.

Im Januar 1967 war die Schallplattenaufnahme des _Falstaff_ in London auf dem Markt erschienen. Man hatte gerade fünf triumphale Vorstellungen mit Fischer-Dieskau als Mandryka in _Arabella_ von Richard Strauss gefeiert und war nun gespannt auf seinen Falstaff, den er mit Josephine Veasey, Louise Bosabalian, Elizabeth Robson, John Shaw, John Wakefield unter Leitung von Edward Downes am 10. Februar 1967 in London singen sollte. Nach dieser Aufführung gab es in der Presse eine heftige Diskussion. Manche Kritiker meinten, das britische Publikum sei enttäuscht gewesen, weil eben nicht der Falstaff eines Geraint Evans gespielt wurde, sondern weil Fischer-Dieskau die Rolle so interpretierte, wie er sie mit großem Erfolg in Berlin, München, Salzburg, Wien und Mailand gesungen hat. Die ganze Auseinandersetzung ist jedenfalls unbegreiflich. Im Grunde ging es um die Auffassung von Humor bei Shakespeare, denn sein *Falstaff* bleibt es trotz des Textbuches von Boito. In der Aufführung, die auf eine Inszenierung von Zeffirelli zurückging, wurde allzu dick aufgetragen, zu viel Wert auf Posse, auf Lüsternheit und Vulgäres gelegt. All diese »Fehler«, wenn man sie denn so nennen will, hätten aber vor die Tür des Regisseurs gehört und nicht Fischer-Dieskau in die Schuhe geschoben werden sollen. Ungerechte Kritik trifft einen sensiblen Künstler immer; Fischer-Dieskau ist da keine Ausnahme. Er selbst spricht nur widerstrebend von der Affaire und meint, nur in Großbritannien habe er derartige Kritiken bekommen, und das stimmt.

Nach dem grandiosen Erfolg in dieser Rolle in München 1974 schrieb Karl Heinz Ruppel 1974 in der »Süddeutschen Zeitung«: »Seine Komik ist so füllig wie sein Wanst«, und das erinnert an die Triumphe, die er 1957 in der Inszenierung von Carl Ebert mit dieser Rolle feierte. In jedem Fall gilt, was Fischer-Dieskau sagte: »Man wird es mir nachfühlen können, wenn ich ›Sir John‹, den weisen Bösewicht und gutmütigen Trunkenbold, die Quintessenz und sinnfällige Realisation dessen, was Verdi zeitlebens anstrebte, meine liebste Bühnenfigur nenne.« Er sang den Falstaff in drei verschiedenen Münchner Inszenierungen.

Man war sich sicher, daß Dietrich Fischer-Dieskau nach seinen Erfolgen als Falstaff als nächste Shakespeare-Rolle Verdis den Jago aus *»Otello«* studieren würde. Leider kam es nicht zu seinem Auftritt, weil er sich bei einem Bühnenunfall kurz vor der Premiere ein Bein brach. Damals sprang Giuseppe Taddei in der Inszenierung von Gustav Rudolf Sellner für ihn ein.

Fischer-Dieskau hat die Rolle bis heute nicht auf der Bühne gesungen. Dafür kam es 1968 zu einer Schallplattenaufnahme mit dem New Philharmonia Orchestra unter Sir John Barbirolli. Gwyneth Jones sang die Desdemona, James McCracken den Othello. Der Dirigent äußerte sich begeistert: »Wie herrlich hat Fischer-Dieskau ›Jagos Traum‹ gesungen.« Wie grandios spinnt er mit seinem berühmten mezza voce schmeichlerisch die abscheulichen Intrigen, wenn er singt, Cassio habe im Schlaf seine Liebe zu Desdemona ausgeplaudert: »Éra la notte, Cassio dormia.« Auch er kommt, wie andere große Sänger des Jago (Ruffo, Granforte, Amato) vor ihm, zu einem triumphalen Höhepunkt im Duett mit Othello am Ende des zweiten Aktes, und in der »Apotheose melodramatischer Gemeinheit«, dem *Credo*, malt Fischer-Dieskau vom hohen F in »Dal germe della culla« bis hinunter zu »al verme dell'avel« ein Bild des bösesten Bösen.

Kritiker fanden Fischer-Dieskau im ersten Akt bei der Trinkszene mit Cassio zu grob und zu rauh, aber es wird an Opernaufführungen oder -aufnahmen immer etwas auszusetzen geben. Für mich ist Fischer-Dieskau mit seiner bewundernswerten Intelligenz der Sänger, der sich am engsten an das hält, was der Komponist geschrieben hat; er kann den Vergleich mit jedem aufnehmen.

Es ließe sich noch viel über Fischer-Dieskau und seinen Verdi-Gesang sagen. Man könnte von seiner *Don Carlos*-Aufnahme unter Georg Solti mit dem Covent Garden Orchestra sprechen, in der er mit Renata Tebaldi, Grace Bumbry, Carlo Bergonzi, Nicolai Ghiaurov und Martti Talvela sang und in der er der Rolle des Posa visionäre Züge gibt, die man bei einer Aufnahme mit Sherill Milnes vermißt hatte. In »The Gramophone« war von dem »reinen italienischen Stil« in Posas letzter Arie »Per me giunto è il di supremo« über Fischer-Dieskaus Darstellung zu lesen. Auch sollte man die 1968 entstandene Schallplatte nach einer Inszenierung der Deutschen Oper Berlin unter Lorin Maazel der *La Traviata* nicht vergessen, in der Fischer-Dieskau einen zutiefst anrührenden Vater Germont darstellte; und den Don Carlo di Vargas in *La forza del destino*, den Montfort in *Les Vêpres siciliennes* und den Renato in *Un ballo in maschera*. Seit 1958 hat er außerdem unendlich viele Repertoire-Aufführungen von Verdi-Opern gesungen.

Was ich hier zeigen wollte, ist, welch große Bühnen- und Schallplattenerfahrung Fischer-Dieskau im Lauf der Jahre im Verdi-Gesang gewonnen hat. Das war keine »Nebenbeschäftigung«, die ihn von seinem Liedgesang abhielt, den manche für das wichtigste halten; im Gegenteil: Eines befruchtet das andere.

Im Belcanto-Singen, so erklärte mir Fischer-Dieskau, komme es darauf an, mit dem Ton so wenig Atem wie möglich abzugeben. »Man muß so singen, daß eine brennende Kerze, die man vor sich hält, nicht verlöscht.« Fischer-Dieskaus Belcanto ist unendlich viel mehr als nur »schöner Klang« oder »schöner Gesang«. Es liegt dahinter Sinn und Gefühl für die Schönheit der Musik und für den Gehalt der Worte. Sicher ist es nicht jedermanns Sache, sich auf diese Art der Musik Giuseppe Verdis zu nähern, sie wollen ihren Verdi emotional, blutrünstig, naiv. Aber hätte Fischer-Dieskaus Behandlung der großen Verdi-Libretti den Komponisten nicht befriedigt, der doch darauf bedacht war, Boitos Versen den wahrsten und bedeutungsvollsten Akzent zu geben? Werner Oehlmann schreibt in einer kurzen Monographie über Fischer-Dieskau, er habe die nationalen Grenzen überwunden: »... italienisch im Atem der Kantilenen, in der dramatischen Prägnanz der Rezitative, deutsch in der unheimlichen Verinnerlichung, in der lastenden Schwere der dunklen, mörderischen Affekte – eine Gestalt des musikalischen Welttheaters.« Er zeigt damit, wie der Sänger Verdi-Aufführungen neue Dimensionen hinzugefügt hat.

Wie stellen sich Intellektuelle in Großbritannien zu der Musik Richard Wagners? – eine interessante Frage. Es gibt heute in Großbritannien natürlich »Wagnerianer«, wie einst George Bernard Shaw und Ernest Newman. Neben den vielen aber, die Wagners Musik begeistert, finden sich ebenso viele, die ihn und seine Musik ablehnen. Sie verbinden mit Richard Wagners Werk alles, was ihnen die Deutschen unangenehm macht: ihr übertriebener Nationalstolz, Einbildung und Fanatismus, und dagegen haben die Briten in zwei schrecklichen Kriegen gekämpft. Es scheint, als könnten sie nicht vergessen und nicht verzeihen, daß Adolf Hitler Wagners Musik besonders geliebt und daß er gesagt hat: »Wer das nationalsozialistische Deutschland verstehen will, muß Wagner kennen.« Gegen solchen Ausspruch wendet man sich aber natürlich nicht nur in Großbritannien. Auch in Deutschland kann sich kein Mensch mehr damit identifizieren.

Fischer-Dieskaus Meinung über Wagner ist geteilt. Er fühlt sich abgestoßen von der überzogenen Deutschtümelei, von dem übertriebenen theatralischen Pathos. Er singt aber Wagners Musik gern. Bei einem Interview 1971 in Israel sagte er: »Ich mag Wagner nicht, ich kann diesen unangenehmen Menschen, der er war, nicht leiden . . .« Auch sein Buch über Nietzsche und Wagner macht klar, daß seine Sympathien weniger bei dem Komponisten als bei dem Philosophen liegen. Doch läßt er keinen Zweifel darüber, daß Wagner ein unausweichliches, notwendiges Element für die Entwicklung der Musik bis in unsere Tage ist: »sie läßt sich ohne ihn nicht denken«.

Als Wolfram in Wagners »Tannhäuser«

Es war der *Lohengrin*, der in dem jungen Fischer-Dieskau das Interesse an der Oper weckte, und er hat schon früh viele Wagner-Opern gesehen. Über seine Rollen, die er in Wagner-Opern gesungen hat, spricht er mit unverhohlener Begeisterung, über Wolfram im *Tannhäuser*, Kurwenal in *Tristan und Isolde*, Telramund im *Lohengrin*, Gunther in der *Götterdämmerung*, Wotan im *Rheingold*, Amfortas im *Parsifal*, über den Holländer und natürlich über Hans Sachs in *Die Meistersinger von Nürnberg*. Allerdings liegen nur wenige Rollen »passend« für seine Stimme. So war er auch zunächst davon überzeugt, daß der Wotan im *Rheingold* keine Partie für ihn sei, wie er auch findet, daß der Ochs von Lerchenau aus dem *Rosenkavalier* von Richard Strauss nicht für ihn geeignet sei. Und auch gegen den Sachs hatte er Vorbehalte, wie wir aus einem »Spiegel«-Interview aus dem Jahr 1964 erfahren: »Ich habe die Rolle zwar privat studiert, ich will mich aber mit der gefährlichen Partie nicht ruinieren. Ich bin ja kein Heldenbariton reinster Prägung.« Zu mir sagte er, daß er diese Rolle erst singen würde, wenn er fünfzig sei; und tatsächlich hat er seinen großen Erfolg als Hans Sachs in diesem Alter gefeiert.

Die Musik, die Wagner für den Minnesänger Wolfram schrieb, liegt für einen lyrischen Bariton ideal, und auch die Worte dieser Musik müssen dem lyrisch-meditativen Temperament Fischer-Dieskaus zusagen. Amfortas ist in seiner Rolle mit so viel Emotion ausgestattet, wie der Sänger sie für eine Darstellung liebt. Im *Tannhäuser* sang Fischer-Dieskau zum ersten Mal 1949 in Berlin, dann 1951 in Köln und im gleichen Jahr – zusammen mit dem berühmten Tenor Max Lorenz – in München. Der Komponist Heinz Tiessen schrieb ihm damals: »Früher wurde ich aber nie den Eindruck los, daß Wolfram nicht bewunderte, sondern selbst bewundert werden wollte. Nichts davon bei Ihnen. Und genau diese Eigenschaft ist es, die mir als die tiefere Wurzel Ihrer stärksten und seltensten Worte erscheint.« Und Wolfgang Fortner meinte: »... wäre ich an Elisabeths Stelle nie in Versuchung geraten, den Venusberg suchenden Tannhäuser zu lieben, sondern wäre Wolfram auf dem Pfade der Tugend gefolgt.«

Fischer-Dieskau hat den Wolfram viele, viele Male gesungen und ist in dieser Rolle 1954 auch in Bayreuth das erste Mal aufgetreten. Immer hat er großen Beifall und viel Zustimmung für die Gestaltung des Wolfram erhalten. Seine Bayreuth-Erfolge in dieser Partie konnte er 1955 und 1961 wiederholen.

Bei seiner ersten *Tannhäuser*-Schallplatte (1960) sang er zusammen mit Elisabeth Grümmer, Marianne Schech, dem jungen Fritz Wunderlich und Hans Hopf; es spielte das Orchester der Deutschen Staatsoper unter der Leitung von Franz Konwitschny. Diese Aufnahme wurde in der Musikwelt mit einer 1950 entstandenen Schallplatte verglichen, auf der das Wolfram-Idol der Vorkriegsjahre, Heinrich Schlusnus, den Wolfram sang. Man zog allgemein die Leistung des Jüngeren vor, der Ton des Älteren war zu unruhig, zu ungleichmäßig. Man war besonders angetan davon, daß Fischer-Dieskau das Porträt des zurückhaltenden, fast etwas langweiligen Wolfram ohne jede Sentimentalität zeichnete. Das gelingt ihm fast noch besser auf einer zweiten Schallplattenaufnahme dieser Oper, die 1968 mit Birgit Nilsson, Wolfgang Windgassen und Horst Laubenthal unter Leitung von Otto Gerdes mit dem Orchester der Deutschen Oper Berlin gemacht wurde. Bei dieser Aufnahme soll Fischer-Dieskau gesagt haben, er habe vieles neu entdeckt, was er an dieser Oper bisher noch nicht erkannt habe. Ein typischer Ausspruch von einem Mann, der es gewohnt ist, alle Rollen immer wieder ganz neu anzugehen und bis ins kleinste zu durchleuchten.

Die Todessehnsucht Tannhäusers hat eine gewisse Verwandtschaft nicht nur zum *Holländer* und zu *Tristan*, sondern auch zum Amfortas im *Parsifal*. Den Amfortas sang Fischer-Dieskau zum ersten Mal 1949 in einer konzertanten Aufführung des dritten Akts mit Hans Beirer und Wilhelm Schirp unter Leitung von Leopold Ludwig sowie 1955 und 1956 unter Hans Knappertsbusch in Bayreuth, die spätere Aufführung wurde für die Schallplatte mitgeschnitten.

Fischer-Dieskaus Darstellung des Amfortas auf der Bühne ist erschütternd. Seine große Begabung, leidende Menschen zu verstehen und darzustellen, kommt bei ihm im Porträt dieses »intensivierten Tristan« (wie Wagner ihn nannte) zusammen. Bis zur »Erlösung durch den Erlöser« in der letzten Szene ist der Amfortas in vielen Inszenierungen auf ein Lager gebettet.

Fischer-Dieskau schätzt es nicht, wenn moderne Regisseure den Amfortas ständig auf der Bühne hin und her bewegen. Das mache es ihm fast unmöglich, die »gequälte, leidende« Musik dieser ohnehin sehr schwierigen Rolle angemessen zu singen und zu interpretieren.

Eine Aufnahme des *Parsifal* wurde 1971 gemacht. Georg Solti leitete die Wiener Philharmoniker; mit Fischer-Dieskau sangen Christa Ludwig, René Kollo, Gottlob Frick, Hans Hotter und Robert Tear. Es ist eine meisterliche Aufnahme und Fischer-Dieskaus Amfortas »von außerordentlich bemerkenswerter Intensität«. Kein Wunder, daß ihm dafür der Grand Prix für die beste Gesangsleistung auf Schallplatte vom französischen Kultusminister verliehen wurde.

Zwar gehen wir heute nicht mehr ganz so ehrfurchtsvoll mit dem von Wagner als »Bühnenweihfestspiel« angelegten *Parsifal* um; doch manchenorts wird die Oper auch heute noch – ohne Applaus – in der Osterzeit als religiöses Werk gegeben. Da erregte es großes Aufsehen – positiv und negativ –, als Günther Rennert und Dietrich Haugk allen Konventionen zum Trotz 1973 in München einen »Parsifal im Jugendstil« inszenierten. Doch auch in einer solchen Aufführung verlor Fischer-Dieskaus Amfortas nichts von dem Leid, das Wagner in diese Rolle legte.

Amfortas ist eine anstrengende Partie, sie fordert einen Sänger enorm. Etwas Spott schwingt mit, wenn Fischer-Dieskau von dem ersten Amfortas erzählt, der die Rolle unter Richard Wagner selbst gesungen hat. Er sei nach der letzten Szene erschöpft von der Bühne gewankt: »So etwas hält man nur einmal aus! Zu einem solchen Aufwand an Atem, an Kraftentfaltung der Stimme, vermag einen nur der Meister selbst zu zwingen.« Als ich Fischer-Dieskau einmal am Tag nach einer *Parsifal*-Aufführung traf, war auch ihm die Anstrengung des Abends anzumerken.

Eine innere Verwandtschaft besteht zwischen Amfortas und dem Holländer, einer Rolle, die Fischer-Dieskau nie auf der Bühne, sondern nur für die Schallplatte interpretiert hat. Er hatte 1960 gerade zwei *Tannhäuser*-Aufführungen unter Georg Solti in München gesungen und war bei der Aufnahme ganz offensichtlich in bester Form für Wagner-Musik. Der *Holländer* wurde mit Franz Konwitschny und dem Orchester der Deutschen Staatsoper Berlin aufgenommen. Neben Fischer-Dieskau sang die etwas grelle Marianne Schech die Senta, ferner wirkten Rudolf Schock, Sieglinde Wagner, Fritz Wunderlich (Steuermann) und Gottlob Frick mit. Die Aufnahme strahlt – auch in den Chorszenen – Vitalität aus, und im düster-ernsten »Die Frist ist um« Fischer-Dieskaus schwingt viel von seinem Amfortas mit; wieder spürt man, wieviel von seiner Erfahrung als Liedsänger er ins Spiel bringen konnte. Immer wieder hält man den Atem an, wenn er den vertrauten Text mit ganz neuem Sinn und Leben erfüllt, wenn er die Holländer-Erzählung im ersten Akt singt und später Senta von dem Fluch, der auf ihm, dem Holländer, liegt, erzählt: »Wie aus der Ferne längst vergangener Zeiten« – Fischer-Dieskau singt hier mit fast unwirklicher Stimme. Der Holländer, der ja nur alle sieben Jahre Land betreten darf, muß wohl noch mehrfach erscheinen, bis sich wieder ein Sänger findet, der diese Rolle so eindringlich gestalten kann.

Schon früh hatte man darüber gefachsimpelt, daß Fischer-Dieskau eines Tages ein herrlicher Wagner-Sänger werden könnte. Auch Wilhelm Furtwängler gehörte zu denen, die ahnten, was er hier einmal würde leisten können. Es macht Fischer-Dieskau Spaß zu erzählen, wie der große Dirigent ihn einst zur Rolle des Kurwenal für eine Schallplattenaufnahme überredete (sie wurde 1952 mit Kirsten Flagstad, Blanche Thebom und Ludwig Suthaus mit dem Philharmonia Orchestra und dem Covent Garden Chorus unter Leitung von Wilhelm Furtwängler aufgenommen. Auch heute noch ist der Sänger der Ansicht, daß er damals mit seinen 27 Jahren viel zu jung für den Kurwenal gewesen sei, und so versuchte er bei der Aufnahme, seiner Stimme etwas mehr Alter zu geben, indem er die Vokale abdunkelte. Furtwängler verbot ihm das und sagte, er solle seinen eigenen Klang beibehalten und ganz »natürlich« singen. Etwas von diesem Rat, den Furtwängler dem jungen Sänger gab, trägt er noch heute in sich, und so wird es wohl auch bleiben.

Diese *Tristan*-Aufnahme ist berühmt geworden. Walter Legges Philharmonia Orchestra hat nie besser gespielt, Kirsten Flagstad, damals mit 57 Jahren in voller Stimmreife, hat nie besser gesungen, und Ludwig Suthaus war ein glühender Tristan. Kurwenal, Tristans Begleiter, kommt erst im dritten Akt »richtig in Fahrt«, wenn er den bewußtlosen Tristan unter einer Linde hütet und singt: »Erwachte er, wär's doch nur, um für immer zu verscheiden.« Das ließ damals eine große Wagner-Karriere Fischer-Dieskaus erwarten.

1954 sang Fischer-Dieskau das erste Mal in Bayreuth. Damals trat er als Wolfram und auch in der kleinen Rolle des Heerrufers im *Lohengrin* auf.

Die Rolle des Telramund im *Lohengrin* sang Fischer-Dieskau bei einer Gesamtaufnahme unter Rudolf Kempe mit Elisabeth Grümmer, Christa Ludwig, Jess Thomas, Gottlob Frick und den Wiener Philharmonikern. In dieser wohl romantischsten Wagner-Oper ist, wie Ernest Newman in seinem Buch »Wagner as man and artist« meinte, »die Stimme das Standbild, das Orchester das Piedestal«. Ich kann die steife Figur des Telramund nicht sehr interessant finden, aber Fischer-Dieskau kann auch diese Rolle lebendig und interessant machen, wie er am besten im zweiten Akt beweist, wenn er seiner Frau Vorwürfe macht, weil sie ihn verleitete, Elsa zu beschuldigen. Seine Partnerin Christa Ludwig als Ortrud und er bilden hier ein würdiges Gegenstück zu Macbeth und seiner Lady. Die Musik fordert hohe Töne von Fischer-Dieskau, die er mit Bravour nimmt. Aber Telramund wird bereits am Anfang des dritten Aktes getötet, und aller Glanz bleibt für den Rest der Oper bei Lohengrin, dem Ritter »in lichter Waffen Scheine«!

Die Firma Decca machte sich 1958 an das Mammutunternehmen, den gesamten *Ring des Nibelungen* für die Schallplatte aufzunehmen. Im vierten Teil des großen Zyklus, der *Götterdämmerung*, wirkte auch Fischer-Dieskau mit. Das Tagebuch des Aufnahmeleiters John Culshaw über die Aufnahmen und über die Dreharbeiten für einen Fernsehfilm, der unmittelbar nach den Aufnahmen gedreht wurde, gibt interessante Einblicke in die gemeinsame Arbeit. Seine Aufzeichnungen erschienen zunächst in »The Gramophone« vom Mai 1965 und wurden später in einem Buch mit dem Titel »Ring Resounding« veröffentlicht.

Die Aufnahmen zu den Schallplatten wurden in Wien gemacht. Mit Fischer-Dieskau, der den Gunther sang, waren Wolfgang Windgassen, Claire Watson, Christa Ludwig und

Gottlob Frick die Solisten. Unter Georg Soltis Leitung spielten die Wiener Philharmoniker. – Man weiß, daß Wagner seine Texte zum *Ring* »von hinten« verfaßte; als erstes entstand nämlich der heutige vierte Teil *Siegfrieds Tod* (1848). Vollendet wurde die Tetralogie 1852. Ein Germanist, der den Text dieser Opern als Dichtungen zu bearbeiten hätte, könnte das – meiner Meinung nach – nur mit gemischten Gefühlen tun. Die sich ständig in langen Windungen dahinschlängelnde bombastische Sprache im altertümlichen Gewand, die an den Haaren herbeigezogenen Stabreime (»... nach dem wunsch- und wahnlos heiligsten Wahlland«), seine dichterisch übertriebenen Bilder sind durchsetzt von Passagen reinster Dichtung. Die *Götterdämmerung* dauert mehr als vier Stunden, sie füllt sechs Schallplatten – wahrlich ein Mammutwerk!

Meistens wird Gunther schon zu Beginn als Weichling hingestellt, so daß er gegen Ende des Werks eigentlich nur noch ein Nichts ist. Fischer-Dieskau dagegen singt ihn von Anfang an als König. Und sein allmählicher Untergang wirkt deshalb um so schrecklicher. Die Zuneigung zu seiner Schwester Gutrune wird immer mehr zur fixen Idee. Er wird von Mal zu Mal hilfloser, mutloser, verliert völlig die Kontrolle über sich selbst und wird von Hagen umgebracht.

Eine solche Rolle ist wie maßgeschneidert für Fischer-Dieskau.

Die *Götterdämmerung* wurde eine ausgezeichnete Aufnahme, die allerlei Staub von einem altmodischen Ölgemälde wusch.

Fischer-Dieskau setzte die Zusammenarbeit mit der Decca bei dieser großen *Ring*-Produktion nicht fort, sondern erschien zu aller Überraschung im Jahr 1968 als Wotan in Herbert von Karajans Aufnahme mit den Berliner Philharmonikern von »Rheingold«. Er verleiht der ganzen Figur wirklich etwas Göttliches. Sein Gefühl für Wort und Musik zeichnet diese Aufnahme vor anderen *Rheingold*-Schallplattenaufnahmen aus.

Herbert von Karajan schrieb dem Sänger, nachdem er die erste Probeplatte gehört hatte: »... Prägnanz und Belkanto zugleich und noch eines – die Figur hat noch die Faszination eines späten Renaissancefürsten mitbekommen.«

Auf der Rückfahrt von den Salzburger Osterfestspielen 1968

geriet der Mercedes des Sängers, der wie immer von seinem Sekretär Diether Warneck gefahren wurde, in eine Massenkarambolage auf der Autobahn nach München. Fischer-Dieskau brach sich einen Arm, ein Unfall, der Schlagzeile machte, weil er von April 1968 für ein halbes Jahr alle Opernengagements absagen mußte. Mit dem *Falstaff*, der 1970 in Tokio mit der Deutschen Oper Berlin unter Lorin Maazel gespielt wurde, reüssierte er in Japan. In Deutschland sah man ihn erst wieder im Sommer 1970 als »Sprecher« in Mozarts *Zauberflöte* in München.

Die *Meistersinger von Nürnberg*, die in Berlin zur Feier des 400. Todestages von Hans Sachs inszeniert wurden, standen unter der Regie von Peter Beauvais, das eindrucksvolle Bühnenbild war von Jan Schlubach, der dafür Extra-Applaus erhielt. Die ganze Aufführung wurde zu einem riesigen Erfolg.

Ich habe erst die zweite dieser *Meistersinger*-Aufführungen besuchen können. Es war bewegend, wie das Berliner Publikum seinen Sänger, der ihnen nun schon fast dreißig Jahre die größten musikalischen Freuden bereitet hatte, feierte. Und die Ausländer, die ihn immer nur als Lied-Interpreten gekannt hatten, sahen, welch großen Ruf Fischer-Dieskau als Opern-Sänger genießt. Wenn auch seine Schallplatten herrliche Zeugnisse seiner Gesangskunst und seiner Interpretation sind – man muß ihn doch auf der Bühne gesehen haben, um seine Fähigkeiten ganz beurteilen zu können. Fischer-Dieskau war ein Sachs, wie man ihn sich nicht besser vorstellen kann, ein weiser alter Schuster, der nicht nur Schuhe, sondern auch Reime, Gedichte, verfertigt. Philosophie und Witz des Sachs gaben dem Sänger immer neue Möglichkeiten, seine Rolle zu färben. Eugen Jochum dirigierte das »Haus-Orchester«, und außer Fischer-Dieskau sangen Gerti Zeumer, Gerd Brenneis, Ernst Krukowski, Ruth Hesse und Horst Laubenthal. In einem Interview mit der »Times« äußerte der Sänger, daß Wagner offensichtlich in den Opern nie das Ende habe finden können; die *Meistersinger von Nürnberg* hätten ursprünglich mit der ersten Ansprache des Sachs auf der Festwiese enden sollen.

Viel Freude machte dem Sänger in dieser Oper auch der Wechsel zwischen Lustspiel und Tragödie, denn Heiteres sei

Als Hans Sachs

nur selten in Wagners Werken zu finden. Seinen außerordentlich komischen Kothner, den er 1956 unter Cluytens in Bayreuth gesungen hatte, hatte er wohl vergessen.

Wenn man sich mit Fischer-Dieskau über den Sachs unterhält, unterläßt er es nicht, sich über Wagners Sadismus zu beklagen, mit dem er den Sänger des Sachs sechs ganze Stunden auf der Bühne hält und ihn zwei Stunden und 12 Minuten singen läßt. Diese Rolle aber sei eines der Ziele für jeden lyrischen Bariton. Der Sachs war sicher eine der vielschichtigsten Rollen, die er je studiert hat, wie jedenfalls seine Karriere ohne Wagner »wesentlich weniger aufregend« gewesen wäre.

Fünfmal wurden zunächst *Die Meistersinger von Nürnberg* in Berlin gegeben. Überall wurden sie und die Leistung des Sängers in hohen Tönen gepriesen. Er sang die Rolle wieder im September 1976 und im Herbst 1977 in Berlin, ferner bei den Münchener Festspielen im Juli und September 1979.

Auch eine Schallplattenaufnahme wurde nach der Aufführung hergestellt, nur wurden dafür einige Sänger ausgewechselt. Das Erstaunlichste war wohl, daß der Verdi-Tenor Placido Domingo – gebürtiger Spanier – die Partie des Stolzing übernommen hatte. Als Ergänzung zu dem, was ich über Fischer-Dieskau als Verdi-Sänger geschrieben habe, hat es mich interessiert, wie Fischer-Dieskau einen italienischen Tenor in deutschen Opern beurteilt. Er sagte mir, daß Domingo nicht die Absicht hat, den Stolzing noch einmal zu singen. Im übrigen habe auch Benjamino Gigli, den er sehr bewundert, einmal die Arie »Nun sei bedankt, mein lieber Schwan« aus *Lohengrin* gesungen. Da konnte ich nur ergänzen, daß das sicher kaum schöner gewesen sein könnte, als die fast peinliche Schallplatte aus dem Jahr 1936, auf der Gigli *Il fior di loto, Die Lotosblume* von Robert Schumann singt.

Meiner Meinung nach bleibt die Schallplatte der *Meistersinger* hinter der Aufführung in Berlin zurück. Das liegt an dem spanisch gefärbten Deutsch des Stolzing und auch an Caterina Ligendzas Evchen, die besonders im Quintett des dritten Aktes enttäuscht. Fischer-Dieskaus Leistung ist auch hier meisterhaft. Einige Kritiker fanden, daß er nur wenig von dem »arm einfältigen Mann« an sich hat, wie Sachs selbst sich in der Oper bezeichnet. Schließlich hat der historische Sachs mehr als tausend Meisterlieder und zahlreiche Vers-Dramen gedichtet; er muß ein außerordentlich belesener Mensch gewesen sein, der Latein und Griechisch beherrschte. Und so stellt Fischer-Dieskau seinen Sachs auch dar: gebildet, warmherzig, freundlich, weise, tolerant. Seine Arie »Was duftet doch der Flieder« aus dem zweiten Akt gibt einen ausgezeichneten Eindruck davon, wie Fischer-Dieskau die ganze Partie gestaltet.

Wagner ist aus der Musikgeschichte nicht wegzudenken. Sein Einfluß auf seine Nachfolger ist nicht zu überhören. Er rief: »Kinder, schafft Neues!« und das tat seine Wirkung sowohl bei Richard Strauss als bei Bruckner, Mahler und Claude Debussy. Und auch der europäische Symbolismus ist ohne Wagner kaum vorzustellen. So schrieb Alphonse Daudet: »Wir studierten seine Geschöpfe, als wenn Wotan die Geheimnisse der Welt in Händen hielte und als wenn Sachs der Sprecher einer freien, natürlichen und spontanen Kunst sei!« Politisch hatte Wagner, auch durch die unheilvollen Schriften seines Schwiegersohnes, des Engländers Houston Stewart Chamberlain, auf die antidemokratischen Kräfte um Adolf Hitler verheerenden Einfluß. Ernest Newman hat es wohl richtig gesehen, wenn er über Wagner sagt: »... Er war einer dieser dynamischen Menschen, nach deren Auftreten die Welt nicht mehr so ist, wie sie vorher war.«

Für Fischer-Dieskau ist Richard Wagner ein musikalisches Phänomen, an dem kein Sänger vorbeikommt. Und so muß man Wagner als eine neue Herausforderung sehen, als einen künstlerischen Anreiz.

Wenden wir uns nun anderen Opern des 19. Jahrhunderts zu, die Fischer-Dieskaus Interesse gefunden haben. Wenn nicht gerade ein Mann wie er manche dieser Werke gesungen hätte, wäre man vielleicht achtloser an ihnen vorübergegangen. Aber so, wie er auch Mendelssohns und Liszts Lieder der Vergessenheit entrissen hat, ist durch seine Anregung wohl auch manch anderer Sänger ermuntert worden, diese Opern kennenzulernen und aufzuführen. Ähnlich wie auf der Schallplatte mit Verdi-Arien hat Fischer-Dieskau auch von einigen seiner anderen Opernrollen schon Kostproben auf einer Sammel-Schallplatte gegeben. Aufgenommen 1961 mit dem Berliner Radio-Symphonieorchester unter Leitung von Ferenc Fricsay singt Fischer-Dieskau hier Ausschnitte aus Bizets *Carmen* und *Les Pêcheurs des Perles* und Gounods *Margarete*. Ferner finden wir neben einigen Verdi-Arien auf dieser Schallplatte Passagen aus Rossinis *Wilhelm Tell*, aus *André Chénier* von Giordano und den Prolog aus Leoncavallos *Bajazzo*. Diese Schallplatte gibt ein Bild von den breitgefächerten Möglichkeiten, die der Sänger damals schon hatte. Besonders interessant sind die Beispiele, die er hier aus der Musik Frankreichs bringt.

Aus *Wilhelm Tell* hören wir auf dieser Schallplatte die Arie »Resta immobile«, und dabei fällt mir ein, daß Fischer-Dieskau bereits 1956 die ganze Oper in Mailand für die dortige Rundfunkstation mit Anita Cerquetti gesungen hat. Der Dirigent, Mario Rossi, sagte nach der Aufnahme:»Ich schicke am besten alle meine italienischen Baritonisten nach Berlin, damit sie italienisch singen lernen.«

Daß er sich auch in weniger gewichtigen Opern mit einer Rolle identifiziert, gibt dem Werk selbst manchmal eine ganz neue Bedeutung. Von seiner Schubert-Begeisterung angeregt, wurde das selten aufgeführte Singspiel *Die Zwillingsbrüder* für die Schallplatte aufgenommen; hier singt Fischer-Dieskau eine Doppelrolle, nämlich den guten und den bösen Bruder Friedrich und Franz. Aber auch sein »Liebe teure Muttererde«, liedähnlich geträllert, nach einem schön gesprochenen Rezitativ, kann in mir nicht den Wunsch erwecken, das Werk einmal auf der Bühne zu sehen. Ähnlich geht es mir mit dem 1977 aufgenommenen Schubert-Singspiel *Der vierjährige Posten* und der vielgepriesenen Aufnahme von *Alfonso und Estrella* aus dem Jahr 1979, die Fischer-Dieskau mit Hermann Prey, Edith Mathis, Peter Schreier und Theo Adam gesungen hat.

Auch von Mendelssohn gibt es ein paar kleinere Opern; so das zur silbernen Hochzeit seiner Eltern verfaßte Singspiel *Die Heimkehr aus der Fremde*, in dem Fischer-Dieskau die Rolle des Kauz für eine Schallplatte gesprochen und gesungen hat. Und auch *Die beiden Pädagogen* hat er – mit erstklassigen Kollegen – für die Schallplatte musiziert.

Mit Edda Moser, Peter Schreier und dem Gewandhaus-Orchester Leipzig unter Kurt Masur hat Fischer-Dieskau die Rolle des Siegfried in der einzigen Oper Schumanns *Genoveva* gesungen. Die Musik dieser Oper, nach einem Drama von Hebbel gestaltet, ist heute – mit Ausnahme der Ouverture – aus dem Musikleben verschwunden, und doch nimmt sie schon viel von dem vorweg, was später Richard Wagner zum »Leitmotiv« ausgestaltete.

Anders steht es mit den *Szenen aus Goethes Faust*. Sie sind eigentlich eine Art Oratorium. Die Schönheit dieses Werkes kam vielen erst wieder zu Bewußtsein, nachdem Benjamin Britten es 1972 in Aldeburgh mit Heather Harper, Jennifer Vyvyan, Peter Pears, Michael Rippon und Dietrich Fischer-Dieskau aufgeführt hatte. Schon bei den Vorbereitungen der Aufführung hatte Britten an Fischer-Dieskau geschrieben: »... meine Bewunderung und meine Begeisterung für dieses Werk werden von Mal zu Mal größer«. Schumanns Faust ist der wirkliche deutsche Faust, und wenn wir seine Musik hören, merken wir, wie süßlich Gounod das ganze Faust-Sujet gefärbt hat. Die Kritiker waren nach dieser Aldeburgh-Aufführung und vor allem von Fischer-Dieskau als Faust begeistert. Er singt die Rolle »mit einer Größe und Sicherheit des Ausdrucks, reflektierend, leidenschaftlich, zynisch und visionär, wie es ihm heute keiner gleichtut« (Ronald Crichton in »Musical Times«). Eine Schallplatte – 1972 herausgekommen – ermöglicht es uns, Fischer-Dieskaus Interpretation des Faust jederzeit zu hören. Mit ihm singen Elizabeth Harwood, Peter Pears, John Shirley-Quirk; es spielt das English Chamber Orchestra, und als Chöre wirken mit: der Wandsworth School Choir und die Aldeburgh Festival Singers. Die Leitung hatte auch hier Benjamin Britten. Wenn Fischer-Dieskau seinen Monolog nach der Erblindung des Faust singt, so erinnert uns das an Wagners *Tannhäuser*, den Schumann außerordentlich bewunderte. Und sein »Verweile doch, du bist so schön« hätte – so gesungen – sicher auch Goethe überzeugt. Fischer-Dieskau wünscht sich, dieses Werk auch einmal zu dirigieren, vor allem um es in der Öffentlichkeit bekannter zu machen und zu neuem Leben zu erwecken.

Goethe hat sein ganzes Leben lang immer wieder am Faust gearbeitet. Er beendete den zweiten Teil erst 1832, wenige Wochen vor seinem Tod. Nachdem er die *Zauberflöte* gehört hatte, war er davon überzeugt, daß nur Mozart in der Lage gewesen wäre, seinem Werk eine Musik zu unterlegen. Faust – namentlich der erste Teil – wurde in der zweiten Hälfte des 19. Jahrhunderts neben den Epen Homers und Dantes »Göttlicher Komödie« zum wichtigen Werk der Literaturgeschichte; immer wieder versuchten sich Komponisten daran, es zu vertonen.

Für alle diese Versuche hat sich Fischer-Dieskau immer sehr interessiert. Mit dem Titel *La damnation de Faust* erschien 1846 das Werk von Hector Berlioz, von dem man nicht genau weiß, ob man es mehr der Konzert- oder der Opernbühne zuordnen soll. Meiner Meinung nach hat die Musik Operncharakter, die weit über Gounods Musik zum gleichen Thema steht. Lord Harewood sagte einmal, daß Berlioz' Musik für das Konzertpodium zu dramatisch sei, daß es ihr aber für die Opernbühne an Dramatik fehle. Jedenfalls hat Daniel Barenboim 1978 mit dem Orchestre de Paris eine Aufnahme gemacht, die von Opern-Verve gezeichnet ist (Ungarischer Marsch!). Fischer-Dieskau als Méphistophélès imponiert: Er singt schmeichlerisch, finster und kraftvoll. Seine bewundernswerte Fähigkeit, Art und Stärke des Tons zu wechseln, weckt immer wieder neu das Interesse. Für alle, denen Goethes Faust bekannt ist und die ihn lieben, ist der Berliozsche Text natürlich eine Zumutung. Die Franzosen haben eine eigenartige Begabung, alles »Romantische« ins Sentimentale zu ziehen. So ist Marguérites »D'amour, l'ardente flamme« ein sehr zweitklassiger Aufguß von Schuberts Vertonung des Goethe-Gedichts *Meine Ruh ist hin, mein Herz ist schwer.* Der Ritt von Faust und Mephisto am Schluß des Werkes ist herrlich gestaltet. Er erinnert uns an ein anderes Werk, in dem Goethes Faust im Mittelpunkt steht: Mahlers Riesenwerk der *VIII. Symphonie*, die er seiner Frau Alma gewidmet hat. In einer Aufführung unter Rafael Kubelik mit dem Symphonie-Orchester des Bayerischen Rundfunks sang Fischer-Dieskau 1970 den Pater ecstaticus.

Nicht weniger interessant als die bisher genannten Rollen, die Fischer-Dieskau für die Schallplatte gesungen hat, ist eine Aufnahme von Engelbert Humperdincks *Hänsel und Gretel*, die 1971 aus Anlaß der 50. Wiederkehr des Todestages von Humperdinck mit dem Bayerischen Radio Orchester unter Leitung von Kurt Eichhorn gemacht wurde. Vielleicht ist Fischer-Dieskau ein zu gebildeter »einfacher Bauer«, wenn er in der Rolle des Vaters Peter singt. Aber es gibt ganz herrliche Augenblicke in dieser Aufnahme, wenn beispielsweise die Eltern um ihre Kinder bangen, die sich im Wald verirrt haben. Mit welch schlichtem Ausdruck singt er: »Wenn sie sich verirrten im Walde dort, in der Nacht ohne Stern' und Mond« oder das Gebet am Ende des 3. Akts »Ja, wenn die Not am höchsten steigt«. Die Schallplatte mit der hervorragenden Besetzung: Charlotte Berthold, Christa Ludwig, Anna Moffo, Helen Donath, Arleen Auger und Lucia Popp ist wirklich eine mitreißende Aufführung.

Von der russischen Opernmusik hat Fischer-Dieskau bisher nur wenige Rollen gesungen. Er meint, ihm fehle die Stimmfarbe, die man nun einmal für die Werke dieses Landes brauche. Und wenn er das sagt, wird er wohl auch an ein unerfreuliches Erlebnis denken, an den *Eugen Onegin*, den er 1961 in Wien gesungen hat. Ich glaube, daß die Kritik bei dieser Aufführung sich mehr gegen Bühnenbild und Regie richtete als gegen die Sänger. Wie dem auch sei – in jedem Fall ist Fischer-Dieskau der Ansicht, daß eben auch russische Opern in der Originalsprache gesungen werden sollten. (Es gibt übrigens eine Schallplatte von 1966, auf der Fischer-Dieskau den Onegin unter Leitung von Otto Gerdes singt.)

Der Vollständigkeit halber wollen wir noch erwähnen, daß der Sänger zusammen mit Fritz Wunderlich auch bei einer Schallplattenaufnahme von Lortzings *Zar und Zimmermann* mitgewirkt hat – es war übrigens die letzte Opernaufnahme Wunderlichs vor seinem frühen Tod.

Für einen Briten ist es etwas erstaunlich, wenn man Fischer-Dieskau als Dr. Falke in Johann Strauß' Operette *Die Fledermaus* hört. Wir in Großbritannien sind gewohnt, Operetten auf ein ähnlich niedriges Niveau zu stellen wie Musicals. In Deutschland und Österreich dagegen werden gerade *Die Fledermaus* und Franz Lehárs *Lustige Witwe* immer einmal wieder in exquisiten Inszenierungen mit hervorragenden Künstlern herausgebracht. Kannte man Fischer-Dieskau bereits in Opernrollen, so war sein Dr. Falke vielleicht keine allzu große Überraschung. Wie er »Brüderlein, Brüderlein und Schwesterlein« singt und damit in

das champagnerselige »Erst ein Kuß« übergeht, kann österreichischer nicht gedacht werden. Und seine, auch von Gerald
Moore immer wieder gepriesene Begabung für Rhythmus, für
rubato kommt grandios zum Vorschein, wenn er unter Willi
Boskowskys Leitung im Dreivierteltakt singt. Mit Anneliese Rothenberger, Renate Holm, Brigitte Fassbaender, Walter Berry,
Nicolai Gedda und den Wiener Symphonikern wurde diese hinreißende Schallplatte 1971 aufgenommen.

Die selten aufgeführte einzige Oper von Hugo Wolf *Der Corre-*
gidor steht in der Welt der Musik auf einsamem Posten. Frank
Walker schreibt in seinem Buch über den Komponisten, daß
diese Oper zwar von Zeit zu Zeit zu neuem Leben erweckt
werde, daß sie immer eine Art Achtungserfolg erringe, den Ken-
ner erfreue und dann wieder in Vergessenheit sinke. In Dietrich
Fischer-Dieskau fand Hugo Wolf einen Interpreten, der sich
vom Beginn seiner Karriere an immer wieder für das Liedschaffen des Komponisten eingesetzt hat. 1974 hat er dann in einer
konzertanten Aufführung des »Corregidors« in Berlin auch den
»neurotischen«, hintergangenen Tio Lukas gesungen, Agnes
Baltsa, Gerti Zeumer und Horst Laubenthal waren die anderen
Solisten. Alle bekamen ausgezeichnete Kritiken, doch hörte
man auch, die Aufführung habe manchmal geklungen wie »Richard Wagner auf Urlaub in Spanien«; das Werk bringt nämlich verschiedene Anklänge an das *Spanische Liederbuch* von Hugo
Wolf. Von ihm und seiner Musik ist es nicht weit zu den drei
letzten großen Opernkomponisten des 19. Jahrhunderts, wobei
der eine ja noch bis 1949 gelebt und komponiert hat: Richard
Strauss. Er hat um die Jahrhundertwende mit seinen Werken
allerlei Aufruhr provoziert; die beiden anderen Komponisten,
die in diesem Zusammenhang noch behandelt werden sollen,
sind Puccini und Debussy.

Die vorletzte Oper von Richard Strauss *Capriccio* hatte 1942,
mitten im Zweiten Weltkrieg, ihre Premiere. Strauss hat ja ohne
Widerspruch das Hitlerregime geduldet, und das macht man
ihm heute noch zum Vorwurf; seine Musik darf in Israel nicht
aufgeführt werden. Für seine Art von Musik fand Harold C.
Schonberg eine außerordentlich zutreffende Formulierung,
wenn er sagte, daß seine großen Opern als »lange Coda der

Romantik« bezeichnet werden könnten. Strauss selbst war der Ansicht, daß »Oper« von »Kitsch« kaum zu trennen sei und daß der Erfolg seiner *Arabella*, die 1933 uraufgeführt wurde, eben zeige, wo seine wirkliche Begabung sei. Und – so Fischer-Dieskau – darüber sei Strauss eigentlich ein bißchen traurig gewesen.

Fischer-Dieskaus erste Aufnahme einer vollständigen Richard-Strauss-Oper war *Capriccio*. Wolfgang Sawallisch dirigierte das Philharmonia Orchestra mit einer Starbesetzung: Elisabeth Schwarzkopf, Christa Ludwig, Anna Moffo, Nicolai Gedda, Hans Hotter und Eberhard Wächter. Die Aufnahme wurde 1957 gemacht. In diesem »Konversationsstück«, wie Strauss es nannte, geht es um *das* Thema der Vokalmusik: »Prima la musica« oder »Prima le parole«? Das im Konversationsstil des 18. Jahrhunderts geschriebene Libretto stammt von Clemens Krauss. Fischer-Dieskau sang bei dieser Aufnahme den Dichter Olivier. Bei einer zweiten Gesamtaufnahme von *Capriccio*, 1971 unter Leitung von Karl Böhm, hat er die Partie des Grafen gesungen und brachte Leben in seine Rolle.

Bei einer Gesamtaufnahme des *Rosenkavalier* mit der Sächsischen Staatskapelle Dresden unter Karl Böhm hatte Fischer-Dieskau 1958 die nicht sehr große Rolle des Herrn von Faninal übernommen. Mancher wird durch seinen Namen auf der Schallplattenhülle zum Kauf angeregt worden sein, denn die Marschallin (Marianne Schech) und Oktavian (Irmgard Seefried) hatten in anderen Aufnahmen bedeutendere Konkurrentinnen. Es wurde ja auch behauptet, daß die Verkaufsziffern der *Elektra*-Aufnahme von 1960 durch den Namen des Sängers auf der Plattenhülle deutlich in die Höhe gegangen seien. Als Orest, einer kleinen, jedoch ungeheuer wichtigen Rolle, gab der Sänger seiner Partie ein ganz besonderes Gewicht. Elektra fragt: »Was willst du, fremder Mensch?« und der verhüllte Fremde antwortet: »Orest lebt«, und gibt sich als ihr Bruder zu erkennen. Diesen wenigen Worten verleiht Fischer-Dieskau enorme Überzeugungskraft.

In Strauss' Oper *Ariadne auf Naxos* erscheint Fischer-Dieskau im Vorspiel als Musiklehrer. Wie er diese Partie und vor allem seine Spitzentöne singt, kann man auf der Schallplatte mit dem

Symphonie Orchester des Bayerischen Rundfunks unter Leitung von Karl Böhm bewundern.

Keine dieser kleineren Rollen gibt aber einen Eindruck davon, was Fischer-Dieskau als Strauss-Sänger so besonders auszeichnet. Es sind zwar alles mehr oder weniger wichtige Partien, Herausforderungen aber für den Bariton sind Rollen wie Jochanaan in *Salome*, Barak in *Die Frau ohne Schatten* und vor allem der Mandryka in *Arabella*. Jochanaan und Barak sind für einen Heldenbariton, der Mandryka für einen lyrischen Bariton geschrieben. Librettist für *Elektra, Rosenkavalier, Ariadne auf Naxos, Die Frau ohne Schatten* und *Arabella* war Hugo von Hofmannsthal, der feinnervige österreichische Dichter, mit dem der urwüchsige Bayer Richard Strauss in idealer Weise zusammengearbeitet hat. Der Weg zu ihrer gegenseitig sich befruchtenden gemeinsamen Arbeit wurde dadurch vorbereitet, daß Strauss sein »Musikdrama« *Salome* auf dem Theaterstück gleichen Titels von Oscar Wilde basieren läßt, das er 1902 auf der Bühne gesehen hatte. Die *Salome* war der erste internationale Erfolg von Strauss, und auch heute noch kann das Werk – entsprechend inszeniert – dem Hörer außerordentlich unter die Haut gehen. Diese Oper gibt wie keine andere einen Einblick in die Fin-de-siècle-Dekadenz, die in Frankreich durch Baudelaire, in Österreich durch Arthur Schnitzler und in England durch Oscar Wilde symbolisiert wird.

Salomes Forderung nach dem Kopf des Jochanaan, die wilden Ausbrüche des Herodes und die aufrüttelnden Reden des Jochanaan aus der Zisterne – all das wurde 1970 in einem Mitschnitt einer Salome-Aufführung aus Hamburg ganz wunderbar eingefangen. Damals war Karl Böhm nach 37 Jahren zum ersten Mal wieder in die Hansestadt gekommen und dirigierte die von August Everding inszenierte Aufführung, Gwyneth Jones sang ihre erste Salome, Herodes war Richard Casilly, Mignon Dunn sang die Herodias. Der Jochanaan war Fischer-Dieskaus erste große Strauss-Rolle für die Schallplatte; er hatte sie 1952 bereits in Berlin und 1962 in München auf der Bühne gesungen. Damals begann seine große »Opern-Dekade«, während der er eine große Rolle nach der anderen sang. Die meisten Strauss-Opern fordern vom Sänger kraftvolle Deklamation, da-

Als Jochanaan mit Karl Böhm

mit er sich über das riesige Strauss-Orchester hinwegsetzen
kann. Bei dieser Gelegenheit fällt mir ein, daß man sich von Sir
Thomas Beecham erzählt, er habe dem Orchester bei einer *Salome*-Probe zugerufen: »Lauter! Ich höre immer noch etwas von
den Sängern!«

Strauss hatte sich für seine Salome »eine sechzehnjährige
Prinzessin mit der Stimme einer Isolde« gewünscht und natürlich gewußt, daß er eine solche nie würde finden können. Der
Jochanaan braucht die Fülle eines Wagnerschen Heldenbari-
tons, aber es gibt auch einige wunderschöne lyrische Stellen, so
wenn er die Prinzessin auffordert, Christus zu suchen: »Er ist
auf einem Nachen auf dem See von Galiläa«, oder wenn er die
»Tochter der Unzucht« verflucht: »Ich will dich nicht ansehen,
Salome. Du bist verflucht, Salome, du bist verflucht«, wobei

Fischer-Dieskau ein ausdrucksvolles hohes E auf »verflucht«
singt.

Trotz der Tragik des Stückes erzählte mir Fischer-Dieskau
von einer seiner ersten Jochanaan-Proben, bei der er folgende
Anweisung von einem Regieassistenten bekam: »Se sin doch'n
kluger Kopp. Da wern Se alles bald vastehn. Da is'n Loch. Da
jehn Se rin. Dann komm'n Se raus un machn 'n bißchen uff
heilich. Dann jehn Se wieder rin!«

Den Gegensatz zwischen Strauss' mehr praktischer Begabung und Hofmannsthals Spiritualität zeigt sich am besten in
Die Frau ohne Schatten. Hofmannsthal legte in seine Oper so viel
Verschlüsseltes, das auch für den, der mit österreichisch-deut-
schem Mystizismus vertraut ist, schwer zu durchschauen ist.
Wer sich näher mit diesen Fragen auseinandersetzen möchte,
dem werden Norman del Mars Erklärungen in seinem Buch
über Richard Strauss helfen. Von Hintergründigkeiten weniger
belastet ist das Verhältnis zwischen Barak, dem Färber, einem
grundehrlichen, aufrechten Mann und seiner schwierigen Frau.
Der Gegensatz zwischen diesen beiden macht vielleicht die Rolle des Barak zu einer so überzeugend männlichen. Fischer-Dieskau machte deutlich, daß man als Barak auf der Bühne gar
nichts tun dürfe, um seine Güte zu unterstreichen, man müsse
einfach gut sein. Strauss hat, wie man weiß, immer eine besondere Vorliebe für die weibliche Stimme gehabt. Im Barak ist
ihm aber eine der bewegendsten Bariton-Figuren überhaupt gelungen. Strauss selbst hielt *Die Frau ohne Schatten* für seine beste
Oper. »Sie wissen wohl«, sagte Fischer-Dieskau einmal zu mir,
»daß Strauss der Ansicht war, Tenorstimmen führten zu abstrakten Gefühlen; deshalb mochte er die italienische Oper
nicht, denn dort haben die Tenöre das Sagen!«

Die Frau ohne Schatten wurde zur Wiedereröffnung des Münchner Nationaltheaters am 21. November 1963 gegeben, einem
festlichen Ereignis in einer festlichen Stadt. Joseph Keilberth
leitete das Bayerische Staatsorchester, es sangen außer Fischer-
Dieskau Ingrid Bjoner, Inge Borkh, Martha Mödl, Hertha Töpper, Jess Thomas und Hans Hotter. Ich kannte davor nur die
Schallplatte mit Inge Borkh und Walter Berry. Aber erst Fischer-Dieskaus Barak brachte mich dazu, an diesem eigenarti-

gen Werk Interesse zu finden. Die Mischung von Menschlichkeit, Mitleid und Dienen in seiner Rolle gibt Fischer-Dieskau die Möglichkeit, eine breite Palette von vokalen Färbungen zu benutzen.

Seine Strauss-Rollen hat Fischer-Dieskau wie immer mit ganzem Einsatz gesungen. Er hat sich – wie auch bei allen seiner anderen Opernrollen – auch hier über die gedruckte Partitur hinaus mit dem ganzen Werk beschäftigt, hat Briefe und Gespräche darüber gelesen, um sich mit dem dokumentierten Material in die Rollen hineinzuleben. Wenn das doch eine verbreitete Tugend unter Künstlern wäre, wieviel mehr hätten sie selbst von dem Werk, wieviel mehr könnten sie ihrer Rolle und damit den Hörern geben!

Fischer-Dieskau nennt den Mandryka aus *Arabella* seine liebste Rolle aus Strauss-Opern. Wenn er auch an dem Libretto an sich nichts Besonderes findet, so hat ihn der Text zu dieser Oper doch immer besonders beschäftigt und bewegt. Diese Rolle für einen Charakter-Bariton liegt Fischer-Dieskau wirklich ganz besonders gut. Sie paßt genau wie der Almaviva, wie Rigoletto

Mit Julia Varady nach einer Aufführung der »Arabella«

Bei der Schallplattenaufnahme von »Arabella«.
—————— Mit Julia Varady und Wolfgang Sawallisch ——————

und Amfortas zu seinem Wesen. Er sagt aber, daß der Mandryka eine ganz besonders schwer zu lernende Partie für ihn gewesen sei. »Es ist keine klar geschnittene Rolle, nichts erklärt sich
aus sich selbst, und man kann in dem Charakter Elemente finden, die sich außerordentlich widersprechen,« sagte er 1959
Michael Marcus von »Records and Recording«.

Nachdem der Sänger bei den Salzburger Festspielen in der
Inszenierung von Rudolf Hartmann 1958 mit Lisa della Casa
als Arabella unter der Leitung von Joseph Keilberth große Erfolge erzielt hatte, war Fischer-Dieskau besonders glücklich,
daß er in dieser Rolle auch sein Debut in der Covent Garden
Opera geben konnte. Wieder war Lisa della Casa seine Partnerin. Und auch hier hatte Rudolf Hartmann die Inszenierung
besorgt, die Bühnenbilder stammten von Peter Rice, und die
musikalische Leitung lag dieses Mal in den Händen von Georg
Solti. Fischer-Dieskau gab hier eine Interpretation, die man als
»hypnotisierend« bezeichnete. »Wenn er auf der Bühne ist, ob
er nun singt oder nicht, ob er sich bewegt oder nicht – man kann

sein Opernglas nicht von ihm nehmen«, schrieb Charles Read in »The Spectator«. Genau das hatte auch ich empfunden, als ich Fischer-Dieskau als Graf Almaviva in *Le nozze di Figaro* so bewunderte. Man kann wohl von einem Charisma sprechen, das Fischer-Dieskau als Sänger auszeichnet. Es ist ein völliges Aufgehen in seiner Rolle, und gerade dieses Charisma gibt auch seinem Liedgesang die Ausstrahlung und ungeheure Überzeugungskraft. Wort und Musik werden bei ihm mit vokaler und intellektueller Wahrheit interpretiert. Sein Mandryka war für die britische Musikwelt eine Offenbarung. In der Pause konnte ich ein Lächeln nicht unterdrücken, wenn ich hörte: »Kaum zu glauben, daß dies derselbe Mensch ist, den wir als Lied-Sänger kennen!« Und diese Überraschung spürte man auch in den Kritiken. Fischer-Dieskau konnte seinen Triumph als Mandryka zwei Jahre später in Covent Garden noch einmal wiederholen.

Das »zärtlichste und glücklichste Liebesdrama«, wie Norman del Mar *Arabella* nennt, wurde schon vor Fischer-Dieskaus Debut in Covent Garden mit ihm für die Schallplatte aufgenommen. Als sie auf dem Markt erschien, hatte Fischer-Dieskau einen schweren Schicksalsschlag erlitten: Seine Frau war bei der Geburt des dritten Kindes gestorben. Aus aller Welt schlug ihm Mitgefühl entgegen. Ein Künstler, der hier ungenannt bleiben soll, schrieb ihm, daß er vergeblich versucht habe, seine Empfindungen in Worte zu fassen. Er habe sich an den Flügel gesetzt und den zweiten Satz aus Mozarts *Es-Dur-Klavierkonzert* KV 482 gespielt, in dem alles lag, was er fühlte, als er von ihrem Tod erfuhr.

Wenn man an den Tod Irmgard Poppens denkt, ist es immer wieder erschütternd, Fischer-Dieskau im zweiten Akt von *Arabella* singen zu hören: »Ich habe eine Frau gehabt ...« Aber nicht nur an dieser Stelle, in der ganzen Oper *ist* Fischer-Dieskau Mandryka. Er führt ihn durch alle Höhen und Tiefen der Gefühle, von anfänglicher Zurückhaltung über laute Jovialität bis zu entsagungsvollen Tönen und Selbstvorwürfen. Claude Rostand, Kritiker von »Le Figaro littéraire«, schrieb ihm 1964 nach einer *Arabella*-Aufführung in Paris: »Bei Ihnen weiß man nie, ob nun der Sänger oder der Schauspieler der größere

Künstler ist. Wahrscheinlich sind es beide. Sie sind wirklich der totale Künstler.«

Mit Richard Strauss, dessen Werk ja als eine »Coda der Romantik« bezeichnet wird, sind wir weit ins 20. Jahrhundert vorgedrungen. Wir müssen aber in der Zeit noch einmal ein paar Schritte zurückgehen, um die Beschäftigung des Sängers mit den zwei anderen Komponisten zu dokumentieren, die mit ihrem Werk die Brücke vom 19. zum 20. Jahrhundert geschlagen haben: Puccini und Debussy.

Das Quartett aus dem 3. Akt von *La Bohème* war das erste Stück aus einer Oper, das Fischer-Dieskau für eine Schallplatte gesungen hat – das war im September 1949. Puccinis Opern gehören zum Repertoire aller Opernhäuser der Welt, und natürlich hat Fischer-Dieskau in der langen Zugehörigkeit zur Berliner Staatsoper alle Rollen dieses Verismo-Komponisten für Charakter-Bariton gesungen: Marcello in *La Bohème*, Sharpless in *Madame Butterfly*, Scarpia in *Tosca*, den Michele in *Il Tabarro (Der Mantel)* und die Titelpartie in *Gianni Schicci*, dem ersten und dem dritten Teil von Puccinis *Triptychon*.

Fischer-Dieskau sang in einer Gesamtaufnahme der *Bohème* in deutscher Sprache 1961 den Marcel unter Alberto Erede, ihr war eine Schallplatte mit Ausschnitten aus dieser Oper, musiziert mit Wilhelm Schüchter, vorausgegangen. Besonderes Interesse erregte Fischer-Dieskau mit seinem Scarpia aus Puccinis *Tosca*. Damals galt Tito Gobbi als unübertroffener Interpret dieser Figur; seine Aufnahme mit Maria Callas hatte neue Maßstäbe gesetzt.

Fischer-Dieskaus Scarpia wurde 1966 in der Academia di Santa Cecilia in Rom mit Birgit Nilsson als Tosca und Franco Corelli als Cavaradossi unter Leitung von Lorin Maazel aufgenommen. Die Begabung Fischer-Dieskaus, dem Sinn der Worte nachzuspüren, ist ein ausgezeichnetes Gegengewicht zur packenden Darstellung Birgit Nilssons. Fischer-Dieskaus finsterer Polizei-Chef hat etwas von dem »ekligen Mitleid«, das auch Tito Gobbi zum Ausdruck bringt; beide haben ähnlich stimmliche Möglichkeiten, Spitzentöne im »Cantabile di Scarpia« zu singen. Das abschließende »Mia!« zeigt, was ein Sänger kann. Bei dieser Aufnahme beschäftigten sich die Kritiker eingehend

Gianni Schicchi

mit Fischer-Dieskaus Italianità, denn er sang ja auf italienischem Boden eine Rolle, für die ein Italiener, Tito Gobbi, welt-
berühmt geworden war. Er hat sich aber auch da behauptet.
Vergleicht man das »Or sù, Tosca, parlate« beider Sänger, so
findet man bei beiden große Darstellungskunst, die die Gemeinheit und den schlechten Charakter Scarpias offenbaren.

Mit Tito Gobbi wurde Fischer-Dieskau auch verglichen, als
er 1973 Puccinis *Triptychon* sang. Mit zwei Einaktern aus diesem
Zyklus hat er in München großen Erfolg gehabt, mit *Il Tabarro*
und *Gianni Schicchi*. Julia Varady war seine Partnerin. Begeisterte Rezensionen erschienen in den Zeitungen, man schrieb von
dem meisterlichen Unterton in *Gianni Schicchi* und dem »fabel-
haften Verismo« in *Der Mantel*. Günther Rennerts Regie, die
musikalische Leitung von Wolfgang Sawallisch und die Kunst
der Sänger wurden nach der Aufführung überschwenglich gefeiert. Puccinis spukhafte nächtliche Szenen auf den Kähnen der
Seine haben viel vom Impressionismus; sie werden oft mit dem
Stil Claude Debussys verglichen. Leider gibt es von dem *Tripty-*

chon keine Schallplatte mit Fischer-Dieskau. Er hat den *Schicchi* 1975 nur für den Westdeutschen Rundfunk gesungen.

Die Malerei des französischen Impressionismus steht Fischer-Dieskau nah, ob aber die gedämpfte Atmosphäre von *Pelléas et Mélisande* ihm so ganz liegt? Vielleicht hatte er selbst auch Vorbehalte. Es gelang Rafael Kubelik aber, ihn 1979 für den Golaud bei einer konzertanten Aufführung im Münchener Herkulessaal zu gewinnen. Mit Helen Donath als Mélisande und Nicolai Gedda als Pelléas wurde daraus eine bemerkenswerte Aufführung des Werkes, von dem man ja sagt, daß es den Kult des »Erz-Vergifters« Wagner in Europa erschüttert habe. Mit *Pelléas et Mélisande* wurde der Weg frei für Werke von Alban Berg und andere der Moderne. Karl Heinz Ruppel schrieb über die Münchener Aufführung in der »Süddeutschen Zeitung«: »Es war eines der bedeutendsten Konzerte in der Geschichte des Symphonieorchesters des Bayerischen Rundfunks.«

Mit einem Interview, das Fischer-Dieskau Karla Höcker für die »Welt« gegeben hat, bekommen wir einen kleinen Einblick in die »Werkstatt« des Sängers. Er wurde gefragt, ob es schwieriger sei, eine Seite aus einer Oper Alban Bergs zu lernen als eine entsprechend lange Partie bei Mozart oder Debussy. Er meinte, daß jeder Sänger verschieden auf die Zwölf-Ton-Musik reagiere. Es hänge davon ab, wieweit er sich die Strukturen eines modernen Werkes klar machen könne. Man brauche dazu Übung. Eigentlich gehe es über das Musikalische hinaus, sei vielmehr eine intellektuelle Leistung, und darum könne man moderne Komponisten wie Henze nicht mit Berg vergleichen, dessen Musik immer noch vom Musikalischen her verstanden werden könne. Die neue Musik aber bringe einen an Grenzen des Stimmlichen wie des Interpretatorischen. An der modernen Musik reizt Fischer-Dieskau, daß man eine Art Pionier-Leistung vollbringt, wenn man sich für ein Werk einsetzt, bevor es von der Öffentlichkeit anerkannt wird.

Eine solche Herausforderung ist Alban Bergs *Wozzeck* gewesen. Die Oper, 1925 uraufgeführt, hat der Komponist Alma Mahler, der Frau Gustav Mahlers, gewidmet. Der Oper liegt das Theaterstück *Woyzeck* von Georg Büchner zugrunde, das erst lange nach dem Tod des Dichters veröffentlicht wurde, dann aber auf die deutsche Literatur große Wirkung gehabt hat. Büchner war seiner Zeit mit diesem Stück mindestens fünfzig Jahre voraus. Der Soldat Woyzeck, gejagt, geschlagen und gequält, wurde eine Symbolfigur für das, was man mit dem Begriff »Entfremdung« umreißt: daß sich nämlich der Mensch immer mehr vom Mitmenschen und letzten Endes auch von sich selbst abwendet. Bevor Fischer-Dieskau Alban Bergs *Wozzeck* auf der Bühne sang, hat er sich schriftlich darüber geäußert, weshalb dieses Werk auch heute noch als »schwierig« angesehen wird: »... ist es ganz einfach der Grad technischer Anforderung, der dem Interpreten den Zugang versperren möchte? Vier Ebenen der sprachlich-gesanglichen Gestalt, wo ward das erhört? Reiner Gesang, Sprechgesang, gehobene Sprache, Sprechen. Wer kann das hören? Viel weniger das machen!« Er fragt sich, ob Schönberg nicht doch recht hatte, wenn er bedauerte, daß es nicht genügend »trainierte« Hörer gäbe. Ein Werk wie Bergs *Wozzeck* kann nur von Sängern dargestellt werden, die sich ganz in ihre Rolle hineinarbeiten. Eine ähnliche Anstrengung muß aber auch der Hörer aufbringen, um dem Werk zu folgen und es zu verstehen.

Fischer-Dieskau hat mit Helga Pilarcyk als Marie in der Inszenierung von Wolf Völker unter der musikalischen Leitung von Richard Kraus 1960 in Berlin die Premiere gesungen und hat dann – auch aus Anlaß der Feierlichkeiten zum 75. Geburtstag des 1935 verstorbenen Komponisten – noch oft als Wozzeck auf der Bühne gestanden. Die erste Schallplattenaufnahme wurde dann unter Karl Böhm 1965 gemacht. Außer Fischer-Dieskau sangen Evelyn Lear, Karl Christian Kohn, Helmut Melchert, Gerhard Stolze und Fritz Wunderlich mit dem Orchester der Deutschen Oper Berlin. Fischer-Dieskau gelingt forcierte Fröhlichkeit in der Wirtsstube, er kann den krankhaften Humor des Wozzeck deutlich machen; und wer wird je die Mordszene vergessen können oder sein »Der Mond verrät mich . . .«, bei dem er das Messer sucht und ertrinkt? Sein Bild als Wozzeck auf der Plattenhülle – bleich, gejagt, finster, mit kurzgeschorenen Haaren – verglichen mit dem als Graf Almaviva, milde, in weißer Perücke, läßt erkennen, welche Begabung und Wandlungsfähigkeit der Sänger auch als Schauspieler hat. Für die Gestaltung

»Wozzeck«-Probe mit Wolf Völker (oben)
und als Wozzeck

der Rolle hat er viel bei seinem 1961 verstorbenen Freund, dem Schauspieler Walter Franck gelernt, der ein bedeutender Darsteller des Büchnerschen Woyzeck gewesen ist.

In einer anderen Oper Alban Bergs, *Lulu*, hat Fischer-Dieskau die Rolle des Dr. Schön gesungen. Auch der Text dieser Oper hat literarische Vorbilder, nämlich Frank Wedekinds »Die Büchse der Pandora« und »Erdgeist«. Es ist eine schwierige Rolle für Heldenbariton. Für die Schallplatte wurde die Oper in der unvollendeten Züricher Fassung 1968 aufgenommen. Sie hat Gültigkeit behalten, auch wenn inzwischen der dritte Akt, von Friedrich Cerha vervollständigt, in Paris uraufgeführt wurde.

Ein eindrucksvolles Beispiel für die Durchdringung eines Textes ist Fischer-Dieskaus Gestaltung des *Doktor Faust* in Ferruccio Busonis gleichnamiger Oper. Sie ist auf einer Schallplatte festgehalten, die 1969 unter Leitung von Ferdinand Leitner mit William Cochran als Mephistopheles und Hildegard Hillebrecht als Herzogin von Parma gemacht wurde. Es handelt sich hier nicht um den »Faust« Goethes, sondern die Oper leitet ihren Stoff von mittelalterlichen Volksbüchern und alten Puppenspielen her. Diese deutsch-italienische Oper, die der Busoni-Schüler Philipp Jarnach vollendet und Fritz Busch 1925 in Dresden uraufgeführt hat, ist durch Fischer-Dieskau für uns zu neuem Leben erweckt worden, als er 1955 die Titelrolle in der Städtischen Oper Berlin in der Inszenierung von Wolf Völker unter Leitung von Richard Kraus sang. Es war eine seiner ersten Pionier-Taten. In einer gekürzten Fassung musizierte er dieses Werk 1959 in London unter der Leitung von Adrian Boult, der dem Sänger nach der Aufführung schrieb, es sei eine Auszeichnung für ihn gewesen, mit ihm zusammenzuarbeiten.

Hier fand sich Fischer-Dieskau wieder in einer Heldenbariton-Partie. Die Mischung von abstrakten Lyrizismen und schwärzester Magie in dieser Rolle gibt dem Sänger weitgefächerte Möglichkeiten stimmlichen Ausdrucks.

Häufig hat man den Sänger gefragt, weshalb er sich das Leben so schwer mache, indem er immer wieder neue Werke mit seiner Gesangskunst unterstütze. Andere große Sänger seien völlig zufrieden, wenn sie ihren Ruf immer wieder durch klassische Rollen auffrischten. Er antwortete: »Die Berieselung mit musikhistorischen Schätzen aus dem Reservoir der Nation, auf lauwarm gestellt, kann keinen Ersatz für lebendige Kultur bedeuten... Es ist Sache des Interpreten, die Brücke des Verständnisses zu schlagen, den lebendigen Gedankenaustausch mit dem Komponisten nicht abreißen zu lassen, vor allem aber sich die geschmackliche Sicherheit zu erwerben, um beim Vorsondieren und Erarbeiten nicht zwischen epigonenhaft Erkanntem und noch Unverstandenem erdrückt zu werden.«

Daß der Sänger zu seinen Überzeugungen steht, beweist die Aufnahme der einaktigen Oper *Herzog Blaubarts Burg* von Béla Bartók; er singt sie in der Originalsprache – ungarisch. Seine Beziehung zu diesem Werk geht zurück in die fünfziger Jahre, als er – deutsch – unter Leitung des Ungarn Ferenc Fricsay eine Schallplatte mit einer leicht gekürzten Fassung machte. Der Aufnahme ging eine Aufführung in der Berliner Musikhochschule voraus, bei der Hertha Töpper seine Partnerin war. Seitdem hat Fischer-Dieskau das Werk immer wieder einmal gesungen. Und wenn man die frühere Aufführung mit der Schallplatte vergleicht, auf der seine Frau, Julia Varady, die Judith verkörpert und in der unter Wolfgang Sawallisch das Bayerische Staatsopernorchester spielt, so meint man, die Stimme des Sängers sei mit den Jahren noch geschmeidiger, noch biegsamer geworden. Julia Varadys schöner Gesang betont die Leidenschaftlichkeit, die Inbrunst des Werkes, und der parlandorubato-Rhythmus entspricht den Betonungsregeln der ungarischen Sprache. Bewegend singt Fischer-Dieskau das »Váram sötét töve reszket...« (Die Steine meiner Burg erzittern) über pochendem Streicherklang. Keine Übersetzung, weder die deutsche, noch die französische, noch die englische wird dem Werk und seiner Musik gerecht. Übrigens hat Fischer-Dieskau bereits 1960 in einem Konzert zu Ehren Zoltan Kodalys unter dessen Leitung in London ungarisch gesungen.

Er hat sich immer für das Werk Paul Hindemiths eingesetzt.

Probe und Aufführung von Hindemiths »Cardillac«
————————— mit Regisseur Rudolf Hartmann —————————

Hindemith gilt als der Erfinder des Begriffes »Gebrauchsmusik«. Die beiden großen Bühnenwerke Hindemiths sind *Cardillac*, komponiert 1926, und *Mathis, der Maler*, geschrieben in den Jahren 1934 bis 1938. Diese Oper wurde von Goebbels verboten, obgleich Furtwängler sich für sie verwendet hatte. Wie der Hans Sachs in den *Meistersingern* verkörpern beide Titelfiguren das Thema: Wie steht der Künstler zu seiner Umwelt?

Eigentlich, meint Fischer-Dieskau, können sich schöpferische Künstler nicht um Politik kümmern, sondern nur um ihre Kunst, um ihre Berufung. Cardillac nimmt seine Kunst so übertrieben ernst, daß er, besessen von der Liebe zu seinen kunstvoll gefaßten Juwelen, gleichgültig gegen die Menschen, mordet, um seine Werke wiederzugewinnen. Nach seinem Debut als Cardillac 1965 hat Fischer-Dieskau die Rolle 1968 für den Westdeutschen Rundfunk gesungen, sie wurde 1970 als Schallplatte herausgebracht. Ich ziehe dem Libretto von Ferdinand Lion die Novelle »Das Fräulein von Scuderi« von E. T. A. Hoffmann vor, die als Vorwurf für die Oper diente. Sie ist kürzer und fesselnder, spannender, unheimlicher.

Auszüge aus *Mathis, der Maler*, Hindemiths zweiter Oper, gab es mit Dietrich Fischer-Dieskau seit 1961 auf dem Schallplattenmarkt. Im Jahr 1979 sang er eine vollständige Aufnahme dieses Werkes mit James King, William Cochran, Donald Grobe und Gerd Feldhoff, dem vorzüglichen Chor des Bayerischen Rundfunks und dem Bayerischen Rundfunk-Symphonie-Orchester unter Leitung von Rafael Kubelik. Mathis (Matthias Nithardt, genannt Grünewald), der Maler des berühmten »Isenheimer Altars«, der ohne sein Zutun zu einer Symbolfigur im Bauernkrieg wurde, läßt in dieser Oper sein Leben und seine Einstellung zum Leben noch einmal an sich vorüberziehen, während er seine Gerätschaften vor dem Sterben in einer Truhe verwahrt. Hindemith hat in die Oper alte deutsche Volkslieder eingearbeitet, die für den großen Liedersänger Fischer-Dieskau eine dankbare Aufgabe sind. Auf der Bühne hat er die Rolle des Mathis zum erstenmal 1959 unter Richard Kraus in Berlin gesungen.

In unserem »antiautoritären« Jahrhundert ist das Thema »Der Künstler in der Gesellschaft« oft behandelt worden, in der modernen Literatur vor allem von Thomas Mann und Hermann Hesse. Wie man weiß, hat Thomas Mann in seinem »Dr. Faust« über »Musik in der Gesellschaft« geschrieben. Faust, für den er als vages Vorbild Arnold Schönberg und seine Zwölftonmusik gewählt und mit Friedrich Nietzsches Leben verquickt hat, trifft in Palestrina seinen Mephistopheles. Den Komponisten Pierluigi, der nach seinem Heimatort Palestrina genannt wurde, hat Hans Pfitzner in seinem riesigen Opernwerk dargestellt, das 1917 zum ersten Mal aufgeführt wurde. Die Oper *Palestrina*, in der, verknüpft mit der Entstehung der *Missa Papae Marcelli*, darum gerungen wird, ob die Polyphonie mit der Strenge des Gregorianischen Chorals vereinbar ist, gestaltet letztlich die Geschichte eines Künstlers in einer verständnislosen Gesellschaft. Das Libretto stammt vom Komponisten, die Musik ist von Richard Wagner beeinflußt.

Das erste Mal beschäftigte Fischer-Dieskau sich mit dieser Oper, als er die nicht so große Partie des Giovanni Morone in einer Kölner Rundfunkaufnahme unter Richard Kraus sang. Für die Schallplatte übernahm er dann die anspruchsvollere Rolle des Borromeo. Das Werk wird nicht häufig aufgeführt; es hat – von allen anderen Schwierigkeiten abgesehen – 34 Solorollen. So werden die meisten Musikfreunde diese Oper wohl mit Hilfe der 1973 erschienenen Schallplatte kennenlernen müssen. Für mich hatte sie immer einen altmodischen Charme.

Die drei letzten Rollen, die in diesem Kapitel erwähnt werden, haben nicht den geringsten altmodischen Charakter. Die Komponisten der drei Werke leben noch, und alle drei sind dem Sänger dankbar, daß er sich für moderne Musik im allgemeinen und für ihr Werk im besonderen eingesetzt hat.

Als ich Gottfried von Einem fragte, welche Fehler Fischer-Dieskau seiner Meinung nach beim Singen mache, antwortete er lachend: »Höchstens den, daß er meine Werke nicht oft genug singt!« Fischer-Dieskau hat 1963 die Rolle des Danton in von Einems Oper *Dantons Tod* unter Heinrich Hollreiser in Berlin gesungen. Gottfried von Einem war begeistert. Er meinte, der Abend habe ganz Fischer-Dieskau gehört, denn mit der Interpretation des Danton steht und fällt die Oper. Ähnliches hat wohl auch Hans Werner Henze dem Sänger gegenüber

*In der Rolle des Mittenhofer (»Elegie für junge Liebende«)
mit Hans Werner Henze*

empfunden, als seine Oper *Elegie für junge Liebende* – für Fischer-Dieskau komponiert – 1961 bei den Schwetzinger Festspielen zum ersten Mal deutsch aufgeführt wurde. Das Libretto von W. H. Auden und Chester Kallman zeichnet ein Bild menschlicher Brutalität. Der Künstler-Dichter Mittenhofer, der Gefühl und Achtung für andere Menschen verloren hat, bringt einen Menschen um, weil er für ein Gedicht, seine *Elegie*, in der ein Mord vorkommt, praktische Erfahrung braucht. Fischer-Dieskau, weißhaarig, elegant im Morgenrock und später im Frack, kann auch hier wieder alle Möglichkeiten von künstlerischer Naivität bis zu krankhafter Brutalität, von intellektueller Verbindlichkeit bis zum Haß darstellen. Das Werk ist – melodiös – in Zwölfton-technik komponiert. Von dieser Oper gibt es bisher keine Ge-samtaufnahme, sondern seit 1968 nur eine Schallplatte mit Aus-zügen aus dem Werk, die vom Radio-Symphonie-Orchester Berlin unter Henzes Leitung gespielt wurden; Fischer-Dieskau sang hier seine bedeutendsten Solopartien. Obgleich er die *Ele-gie für junge Liebende* für ein wichtiges Werk der modernen Musik hält, wurden die englischen Aufführungen 1961 kein Erfolg. Auden selbst hatte bald genug von seinem Stück und nannte es später »Allergie für junge Liebende«. Henze meinte später: »Es sind eben alte Arien mit neuen Noten!«

Hat es für Fischer-Dieskau jemals einen größeren Erfolg gegeben als die Uraufführung der Oper *Lear* von Aribert Reimann? Am 9. Juli 1978 sang er die bisher größte Opernrolle, die für ihn komponiert wurde. Die Rollen der Töchter sangen drei bedeutende Sängerinnen: Julia Varady die Cordelia, Helga Dernesch die Goneril und Colette Lorand die Regan. Es spielte das Bayerische Staatsopern-Orchester unter Leitung von Gerd Albrecht.

Seit längerer Zeit schon hatte Fischer-Dieskau eine Oper nach Shakespeares »Lear« angeregt. Er führte hierüber lange Gespräche mit Benjamin Britten, den die Aufgabe jedoch – wie vordem schon Verdi und Debussy – schreckte. Reimann hatte inzwischen häufig Fischer-Dieskau bei Liederabenden begleitet; er kannte die Stimme des Sängers genau und hatte schon einige Werke für ihn komponiert. Auch hatte er die Rolle des Mittenhofer aus *Elegie für junge Liebende* mit ihm einstudiert. Im Sommer 1975 erteilte August Everding, Intendant der Bayerischen Staatsoper, Aribert Reimann den Auftrag, eine Oper *Lear* zu schreiben. Der Komponist wandte sich an Claus Henneberg wegen des Librettos, der es nach einer frühen Übersetzung des Shakespeare-Textes von Johann Joachim Eschenburg von 1777 schrieb. Reimann sagt, er habe die folgenden zwei Jahre Tag und Nacht an dieser Partitur gearbeitet und immer wieder Rat bei Fischer-Dieskau gesucht und gefunden. Die Proben unter Jean-Pierre Ponnelle begannen im Mai 1978. In der »Münchener Abendzeitung« äußerte sich Reimann am 18.5.1978 so: »Sie ist im Grunde eine einzige Metamorphose. Selbst vor der Pause kein richtiger Abschluß, sondern nur Unterbrechung. So wie sich bei Shakespeare jede Person im Lauf des Stückes einer Wandlung unterzieht, verändert sie sich auch in der musikalischen Erschließung. Das heißt: Die einzelnen Personen sind von unterschiedlichen, jeweils charakteristischen musikalischen Feldern umgeben, die sich dann mit ihnen wandeln, gegenseitig beeinflussen, überlagern. Anders also als in der Leitmotiv-Tech-

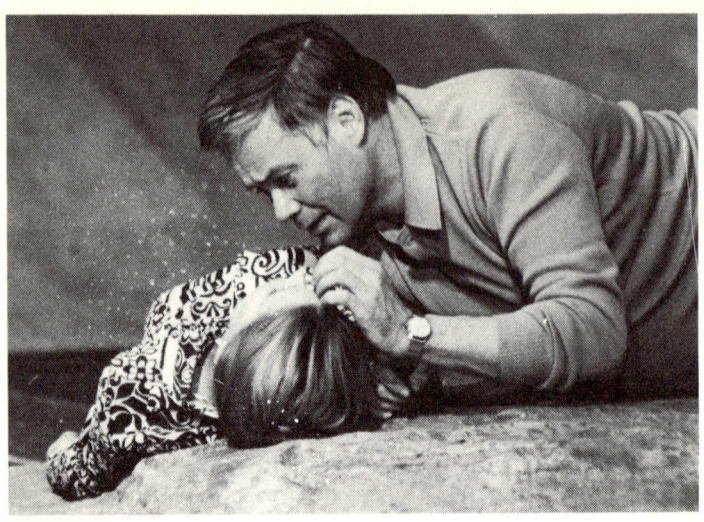

nik, wo das musikalische Material einer Figur ziemlich konstant
bleibt.«

Das große Werk wird vom Lear Fischer-Dieskaus beherrscht,
denn alles dreht sich um ihn. In dem herrlichen Monolog
»Nein, kein Leben mehr« sieht er sterbend auf die tote Tochter
Cordelia; mit den Worten »Seht hier, seht« verschwebt seine
Stimme wie in überirdische Gefilde, vom Orchester geheimnis-
voll mit Schlagzeugtönen begleitet. Auch die Schallplatte, nach
der Aufführung hergestellt, wurde begeistert aufgenommen. Es
ist ein großes Werk. Fischer-Dieskau ist überzeugt, daß es auch
in der Zukunft Bestand haben wird.

Damit kommen wir zum Schluß des Kapitels über Dietrich
Fischer-Dieskau als Opernsänger. In einer Zeit, die reich an
schönen Stimmen ist, hält er seine Stellung als großer Bariton
unangefochten. Wenn ich die Schallplatten höre, auf denen er
Rollen in Opern von Mozart, Verdi und Wagner oder in moder-
neren Kompositionen interpretiert, so kann ich mir keinen Sänger denken, der ihm gleichkommt. Keiner verfügt wie er über
alle Mittel der Gesangskunst und stellt seine Stimme so in den
Dienst der Komponisten und ihrer Librettisten. Er ist wirklich
ein Meistersänger.

Probe »Lear« mit Julia Varady (links) und
als »Lear« mit Julia Varady als Cordelia

Ort: Philharmonie, Berlin
Datum: 10. September 1979
Zeit: 11 Uhr morgens
Werk: Ferruccio Busoni: _Vier Goethe-Lieder_ (1919–1924)
Orchester: Israel Philharmonic Orchestra
Dirigent: Zubin Mehta

Stimmengewirr. Die Orchestermitglieder, bunt und salopp ge-
kleidet, reden durcheinander und spielen ihre Instrumente an.
Zubin Mehta nachdenklich. Ruhe. Ein Ton. Der Konzertmei-
ster läßt stimmen. Mehta klopft aufs Pult. Er sagt auf englisch:
»Meine Damen und Herren, ich brauche Ihnen Dietrich Fischer-Dieskau nicht vorzustellen.« Der Sänger, im grauen An-
zug, mit offenem Hemd, lächelt und breitet zur Begrüßung die
Arme aus. Er kennt die Musiker, seitdem er in Israel gesungen und das Orchester dirigiert hat. Er setzt sich auf einen
Stuhl.

Anweisungen für das Konzert am Abend. Auf dem Programm stehen die Busoni-Lieder, Pendereckis _De natura sonoris
No. 2_ und die _5. Symphonie_ von Gustav Mahler. Mehta gibt die
Reihenfolge der Lieder an. Mit Mephistos _Flohlied_ aus dem
Faust wird begonnen. Das Orchester spielt die staccato-Passa-
gen, Fischer-Dieskau singt dazu mit halber Stimme. Hin und
wieder wendet sich Mehta ihm zu, um das Tempo abzustim-
men. Er ist streng mit dem Orchester. Die zweiten Geigen haben Schwierigkeiten; er: »Are we here to make it easy?« Ab und
zu steht Fischer-Dieskau auf und macht den Dirigenten auf
etwas in der Partitur aufmerksam. Mehta findet das Orchester
zu laut.

Fischer-Dieskau singt mit voller Stimme, zunächst in den leeren Saal, danach zum Orchester gewandt. Nach dem letzten Ton – ppp – applaudieren ihm die Musiker. Man ist aber »mit den letzten vier Takten vor 6« noch nicht zufrieden.

Beim zweiten Stück, *Lied des Unmuts*, aus dem »West-östlichen Divan«, setzt der Sänger unmittelbar mit dem Orchester ein. Wieder singt er zuerst im Sitzen, steht dann aber auf, singt zum Orchester und dirigiert mit, wo er Passagen schneller genommen haben möchte.

11 Uhr 40; Julia Varady betritt den Saal. Wir begrüßen uns. Sie setzt sich in die erste Reihe. Manchmal gibt sie ihrem Mann ein Zeichen. Mehta wiederholt das Lied. Fischer-Dieskau singt verhalten, bringt aber zum Ausdruck, wo er forte und piano haben möchte. Mehta beobachtet ihn genau.

Der Dirigent ruft zwei Musiker zur Ordnung, die sich unterhalten. Beim dritten Lied, *Schlechter Trost*, sind die Musiker besonders begeistert von Fischer-Dieskaus mezza-voce; sie artikulieren Beifall. Er zieht sein Jackett aus und wieder an. Erst kürzlich hat er wegen Grippe eine Aufnahme von Schönbergs *Ein Überlebender aus Warschau* abgesagt.

Es geht weiter. Fischer-Dieskau sieht aus, als würde er am liebsten selber dirigieren. Kleine Unterbrechung wegen der Bratschen; Mehta spricht englisch mit dem Orchester, die Stimmführer hebräisch mit ihren Kollegen. Fischer-Dieskau steht auf und singt, das Orchester hinter sich, mit voller Lautstärke in den leeren Saal. Das Lied endet mit dem Nachspiel der Instrumente, »einer Vision von Geistern, die um den schlaflosen Mann gleiten« (Stuckenschmidt in seiner Busoni-Biographie). Dreifaches piano ist vorgeschrieben.

12 Uhr 10, Mehta möchte das Ganze noch einmal machen. Er erklärt, daß er die vier Lieder ohne Pause wünscht; Nachstimmen sei nicht möglich, Noten sollen leise umgeblättert werden. Beim *Flohlied* singt Fischer-Dieskau im Stehen, die Arme untergeschlagen. Die eine Hand skandiert den Takt. Manchmal reagiert der ganze Körper auf die Musik. Er sieht zur Decke, lächelt bei »Wenn einer sticht« und klopft leicht mit dem Fuß. Zu Beginn des zweiten Liedes macht er etwas falsch. Er schaut in die Noten – ein Lächeln –, es geht weiter. Den Anfang des

dritten Liedes findet er zu laut. Das vierte, *Zigeunerlied,* eilt im Allegro als Zungenbrecher dahin »Im Nebelgeriesel, im tiefen Schnee«. Sein ganzer Körper ist beteiligt; das Orchester begleitet, folgt ganz dem rhythmischen Gefühl des Sängers, der es durch Gesten immer wieder anspornt.

12 Uhr 30 verklingen die letzten Töne im ppp. Mehta: »Fine. Thank you all«, das Orchester klopft Beifall, Fischer-Dieskau umarmt den Dirigenten. Die Probe ist beendet.

In seinem Buch über die Lieder Franz Schuberts schreibt Dietrich Fischer-Dieskau, daß Opernsänger sich leider in der Regel erst dann dem Lied-Gesang zuwenden, wenn sie auf der Bühne nicht mehr glaubwürdig erscheinen können, weil sie älter geworden sind oder weil ihre Stimme und ihre Kräfte für die Bühne nicht mehr ausreichen. So war es schon zu Schuberts Zeiten. Johann Michael Vogl zog sich von der Bühne zurück, sang dann als einer der ersten Schuberts Lieder und machte sie in der Öffentlichkeit bekannt.

Fischer-Dieskau hat in seiner bisherigen Karriere siebzig Opernrollen auf der Bühne, fürs Fernsehen, im Radio und für die Schallplatte gesungen; das wäre schon für einen Opernsänger eine stattliche Zahl. Sie bekommt aber ungleich größere Dimension, wenn man bedenkt, daß der Künstler zugleich immer Lied-Sänger gewesen ist. In all den Jahren hat er das Lied nie zugunsten der Oper vernachlässigt.

Es sei »Wonne und Pein«, Solo-Konzerte zu geben, meint er selber. Angenehm sei, alles in eigener Regie machen zu können, man sei sozusagen Dirigent und Solist in einer Person. Man brauche aber dafür große physische und geistig-seelische Kräfte. Viele Opernsänger haben Angst davor, allein einem Publikum stundenlang gegenüberzustehen. »Die Opernbühne fordert mehr Schweiß, ein Liederabend mehr persönlichen Einsatz«, sagt Fischer-Dieskau.

Mit Blick auf Schuberts *Winterreise* stellt der Sänger in seinem Schubert-Buch die Frage: »Soll man die *Winterreise*, ein so intimes Tagebuch der Seele, vor den unterschiedlich interessierten Ohren der Hörer ausbreiten?« Und diese Frage könnte wohl auch bei vielen anderen Liedern gestellt werden. Fischer-Dieskau hat keine Bedenken, in großen Sälen Konzerte zu geben. Große Säle hätten oft eine bessere Akustik, man könne besseren Kontakt zum Publikum haben, Geräusche und andere Ablenkungen würden von der Menge viel eher aufgeschluckt. Vor allem aber läge über einem großen Publikum erwartungsvolle Spannung. Mit seiner Stimme und seiner Diktion füllt Fischer-Dieskau mühelos den größten Saal.

Wenn ich seine Schallplatten anhöre, bin ich davon überzeugt, daß es an der Aufnahmetechnik liegt, wenn auf Platten hier oder da ein Ton aus dem Ganzen hervorspringt. In Konzerten habe ich das nie erlebt, und seine Begleiter teilen meine Meinung. Gerald Moore bewundert vor allem die frische, immer neue Begeisterung, mit der Fischer-Dieskau an das, was er singen will, herangeht. Auch wenn alles bestens ausgewählt und geprobt war, habe er nie etwas als Routine angesehen. »Er ist eine großartige Mischung aus intellektueller Kraft und wunderbarer Stimmtechnik, und vor allem hat er eine unbeschreiblich starke Imaginationsmöglichkeit. Das vor allem zeichnet ihn vor allen Sängern aus, die ich je begleitet habe« (Moore, »Bin ich zu laut?«). Dem schließt sich Jörg Demus an: »Er ist sehr anspruchsvoll und gibt in den Proben die detailliertesten Wünsche bekannt, in der Aufführung oder vor dem Mikrophon ist er aber ganz konzentriert und gesammelt, verbreitet somit größte Sicherheit und zielt hier immer auf eine große Gesamtleistung, ist daher in winzigen Details, die einem als Begleiter wohl auch unterkommen, nicht kleinlich.« Auf meine Frage, was er nennen würde, wenn er Fischer-Dieskaus Kunst mit einem Satz beschreiben sollte, schrieb er mir: »Er hat wahrscheinlich zum erstenmal in wirklicher Vollendung gezeigt, daß es möglich ist, Inhalte in ihrer vollen Tiefe und Bedeutung zu vermitteln und damit dem Dichter zu dienen, während zugleich die menschliche Stimme – wie schon Schumann sagte – das herrlichste Musikinstrument bleibt und als solches auch alle Inspiration und Intuitionen des Komponisten realisieren kann.«

Wie im Bereich der Oper beherrscht Fischer-Dieskau auch im Liedgesang ein außerordentlich vielseitiges Spektrum an Stilen, Perioden und Komponisten der Solo-Vokalmusik. Über die Zukunft des Liedes denkt er ziemlich pessimistisch. Obgleich auch

Mit Jörg Demus bei einer Aufnahme

er sich sehr darum bemühe, würden heute nur wenige Lieder komponiert, und es entstünden ja auch nur wenige geeignete Gedichte. Schon Goethe äußerte, daß es nach ihm schwierig sein würde, »lyrische Gebilde« in deutscher Sprache zu schreiben. Doch nicht nur die Sprache, auch die Musik hat sich erschöpft, und so sind in Konzertprogrammen nur selten Namen zeitgenössischer Lied-Komponisten zu finden.

Die Oper dagegen ist immer noch lebendig. In ihr mischen sich die Künste, in ihr liegt Kraft und Vitalität, das wird ein Publikum immer fesseln. Fischer-Dieskau glaubt, daß diese Vitalität auch in Zweigen der sogenannten U-Musik zu finden sei. Viele Musiker auf diesem Gebiet seien ernste und talentierte Künstler, die möglicherweise verlorenen Boden zurückgewönnen, das »nicht-dekadente verlorene Paradies«. Wenn sich das Lied aber erneuern soll, dann braucht es vor allem Sangbarkeit. »Wenn mir die Musik nichts gibt, was ich singen kann, dann muß ich eben schweigen.«

Ich habe ihn gefragt, was ein großer Sänger heute brauche; darauf antwortete er: »Außergewöhnliche Musikalität, Präsenz der Persönlichkeit, souveräne Beherrschung des im Liedgesang so wichtigen Sprachelements, stilistische Sicherheit im Hinüberwechseln von einem zum anderen Komponisten im Laufe eines Abends, und vor allem äußerste Konzentrationsfähigkeit, die das Publikum erst zu einer Einheit verschmelzen kann.«

Das musikgeschichtlich früheste Werk aus dem Bereich des Sologesangs, das Fischer-Dieskau für die Schallplatte sang, findet sich bei François Couperin. Der Komponist hat ausdrücklich erlaubt, die Musik eine kleine Terz hinunterzutransponieren, damit sie auch von einem Bariton gesungen werden könne. Das animierte Fischer-Dieskau 1963 dazu, die *Première Leçon* aus den *Trois Leçons de Ténèbres* gemeinsam mit Edith Picht-Axenfeld (Cembalo) und Irmgard Poppen (Cello) für eine Langspielplatte zu musizieren. Diese ungewöhnliche Musik, komponiert auf lateinische Texte, wird durch kunstvoll-schöne Vokalisen unterbrochen, die auf die Namen der Buchstaben des hebräischen Alphabets gesungen werden (Aleph, Beth, Ghimel, . . .). Die Musik spricht eine ähnliche Sprache wie die Johann Sebastian Bachs und ist doch unendlich weit von der inneren Haltung dieses Meisters entfernt. Es war die letzte Schallplatte, bei der Irmgard Poppen mitgewirkt hat.

Eine »Pionier-Tat«, für die Dietrich Fischer-Dieskau ja immer zu haben ist, war die Schallplattenaufnahme *17 Oden, Psalmen und Lieder* von Carl Philipp Emanuel Bach. Dieser Sohn Bachs schenkte dem Liedgesang Werke, die weit über das damals Übliche hinausgingen. Seine Lieder sind einfach in der musikalischen Linie und in der Begleitung; sie waren für den Hausgebrauch bestimmt. Das Lied hat – wie J. H. Füssli schreibt – durch Carl Philipp Emanuel Bach gewonnen, es wurde zu »einem wichtigen Gegenstand« der Musik. Er hinterließ fast dreihundert Liedkompositionen, aus denen Fischer-Dieskau seine Auswahl traf; bei der Schallplatten-Aufnahme begleitete Jörg Demus ihn auf einem Tangentenflügel (im Klang etwa zwischen Clavichord und Hammerklavier). Diese Platte wurde sowohl von musikwissenschaftlicher als von allgemein musikalischer Seite so hoch eingeschätzt, daß sie mit einem der unendlich vielen Grands Prix du Disque ausgezeichnet wurde, die Fischer-Dieskau im Lauf der Zeit zugesprochen bekam.

In der Zeitschrift »Musica« war zu lesen, daß der Sänger die Lieder überzeugend interpretiere, jede Nuance herausarbeite und dabei stimmlich perfekt färbe, daß man aber diese Gesänge nicht als große Kunst ansehen könne. Die drei Strophen von *Morgengesang* sagen aber jedem, der sich mit dem deutschen Lied beschäftigt, viel über den Stand des Liedes in den Jahren 1750–1780; ob sie nun »tief ins Herz dringen«, wie Carl Philipp Emanuel Bach es sich wünschte, oder nicht.

In der Entwicklung des Liedgesanges dürfen berühmtere Komponisten als dieser Bach-Sohn nicht vergessen werden: Haydn, Mozart und Beethoven. Ihre Lieder finden sich häufig auf den Konzertprogrammen Fischer-Dieskaus, und seitdem er sie für die Schallplatte gesungen hat, werden sie auch von anderen Sängern immer häufiger für Liederabende gewählt. Das war nicht immer so. In einem Buch über Interpretation im Gesang – es ist 1913 in England erschienen – erwähnt Harry Plunket Greene Haydn und Mozart gar nicht und Beethoven nur ein einziges Mal. Die Programm-Vorschläge Greenes nennt Fischer-Dieskau »Feld-, Wald- und Wiesenprogramme«. Es habe ihm große Mühe gemacht, seine eigenen Vorstellungen von einem Liederabend-Programm durchzusetzen. Es sei vielleicht einseitig, ein Orchesterkonzert mit Werken eines einzigen Komponisten zu bestreiten; jeder Liederabend würde jedoch gewinnen, wenn man ihn einem Komponisten oder einem Thema widme, Liedtexte sollten, aneinandergereiht, einen Sinn geben, eine Einheit müsse entstehen, die Tonarten sollten aufeinander abgestimmt werden – und doch müsse Abwechslung herrschen. Eine Folge von lauter Adagio-Liedern wäre langweilig und lächerlich. Jedes Publikum brauche etwas Zeit, bis es wirklich höre; man müsse ihm die Möglichkeit geben, die Intentionen des Komponisten zu erfassen, auch wenn man nur ein kleines Lied von ihm sänge. Das sei viel einfacher bei einem Satz einer Symphonie. Fischer-Dieskau glaubt, daß auch Schubert nach einer solchen Einheit strebte und deshalb seine Zyklen schrieb.

Sieht man die Konzertprogramme Fischer-Dieskaus durch, so merkt man, daß er immer ein Konzept, eine Einheit vor Augen gehabt hat, wenn er sie zusammenstellte: So sang er – neben anderen Programmen – 1968 Mahler-Lieder, 1970 Goethe-Lieder, 1975 Eichendorff-Lieder und 1978 vor allem Schuberts *Winterreise*.

Welche Lieder von Joseph Haydn kennt man eigentlich? In England weiß man nur von *The Sailor's Song*, der bei keiner Schulveranstaltung fehlen darf. Ist man aber kein Spezialist auf diesem Gebiet, so kommt man in Schwierigkeiten, wenn man Titel nennen soll. 1959 hat Fischer-Dieskau 18 Haydn-Lieder (elf mit deutschem, sieben mit englischem Text) für die Schallplatte gesungen. Mir persönlich bedeuten sie nicht besonders viel, aber ein Kritiker wie Philip Hope-Wallace schrieb mit »unmittelbarer Freude« über diese Schallplatte. Wie bewundernswert sich der Sänger in die englische Sprache einzuleben versteht, zeigt besonders eine Zeile wie »She sat like a monument« aus »She never told her love«, dem Lied der Viola aus Shakespeares »Twelfth Night«. Ich meine hier eine Verbindung zwischen Haydn und Schubert herauszuhören – oder ist das nur ein musikalischer Zufall? Gibt es nicht eine unheimliche Ähnlichkeit zwischen dem Nachspiel von Haydn und dem Vorspiel zu Schuberts *Nacht und Träume*?

Das schöne *The Spirit's Song* hält Fischer-Dieskau für eines von Haydns besten Liedern. »Es ist das erste Lied von Haydn, das wirklich eine Einheit von Wort und Musik bringt« (R. Hughes, »Haydn«, 1950). Diese beiden Haydn-Lieder sind Marksteine auf dem Weg der Entwicklung des Liedes.

Im Februar 1961 spielten Fischer-Dieskau, seine Frau, Irmgard Poppen (Cello), Aurèle Nicolet (Flöte), Helmut Heller (Geige) und Karl Engel (Klavier) Bearbeitungen schottischer

Volkslieder von Beethoven und Haydn für die Schallplatte; Haydn hat unzählige dieser Lieder bearbeitet, für einen Schotten allerdings stammen sie immer eher aus dem Wiener Prater. Auf dieser Schallplatte werden die Lieder deutsch gesungen. 1970 wurde im Rahmen der Gesamtaufnahme des Beethoven-Werkes eine neue Aufnahme gemacht, die das Herz der Schotten mit der Originalsprache erwärmt.

Wie Haydn fand auch Mozart, daß es ein »amusantes Divertissement« sei, Lieder zu komponieren. Er schrieb sie für seine Freimaurerfreunde und für die damals populären Almanache. In Zusammenarbeit von Fischer-Dieskau mit Daniel Barenboim entstand 1971 eine interessante Schallplatte mit Mozart-Liedern. Die literarischen Kenntnisse Mozarts können nicht groß gewesen sein; jedenfalls hat sein musikalischer Genius nicht den Weg gesehen, den Schubert später beschritt. Man hat den Eindruck, daß große Dichtung ihn kaum berührt hat. Das zeigt sich auch in den von ihm vertonten Texten, unter deren Verfassern so gut wie kein Name der damals aufblühenden deutschen Dichtung zu finden ist. Mozart komponierte die Lie-

Mit Daniel Barenboim.
Probearbeit am Flügel des Sängers

———— *Mit Daniel Barenboim* ————

der zwischen 1768 und 1791, seine Inspiration aber hat er meist
aus zweitrangigen Versen erhalten. Sie sind fast alle in strophi-
scher Form geschrieben; ohne Rücksicht auf ihre innere Stimmung werden alle Verse zur gleichen Melodie gesungen. Dem
Pianisten bleibt es überlassen, ob er seiner Begleitung Verzierungen hinzufügen möchte. Mozart meinte, die Wiener wollten
halt Lieder, »daß sie jeder Fiacer nachsingen« konnte! Mozarts
Lieder sind eigentlich »Brosamen« zu nennen, die vom Tisch
der großen Kompositionen abfielen. In der Entwicklung des
Liedes haben sie eine interessante Stellung.

Drei Mozart-Lieder muß man aber als Besonderheiten betrachten: *Das Veilchen* auf ein Gedicht von Goethe (KV 476),
Abendempfindung auf Worte von Campe (KV 523) und *An Chloe*
nach Jacobi (KV 524).

Das Veilchen wird als erstes »durchkomponiertes« Lied bezeichnet. Hier folgt Mozart mit seiner Komposition dem Sinn
des Gedichts und baut eine Art kleiner Szene. Viele Jahre ging
mir nichts über Elisabeth Schumanns Interpretation dieses Liedes; ich konnte mir nicht vorstellen, daß die schwerere Bariton-
stimme so bezaubernd »mit leichtem Schritt und munterm
Sinn« daherkommen könnte.

Wie immer ist Fischer-Dieskaus Begabung für Wortmalerei
auch bei dem Lied *Abendempfindung* ganz besonders hervorzuhe-
ben. Sein mezza-voce bei »Schenk auch du ein Tränchen mir«
und das bezaubernde Melisma auf »Die schönste Perle sein«
begeistern. Den erfahrenen Mozart-Sänger hört man, wenn er
das dreimal wiederholte »ermattet« in *An Chloe* singt und damit
den erschöpften Liebhaber charakterisiert.

Über Beethoven und sein Verhältnis zu Kompositionen für
menschliche Stimme haben wir bereits im Oratorien-Kapitel
gesprochen. Auch er betrachtete das Komponieren von Liedern
als erfreuliche Abwechslung in einer Zeit, da eigentlich nur
Instrumentalmusik oder Oper etwas galt. Mit dem Aufbruch
der romantischen Bewegung, als man sich der Seele und ihrer
Empfindungen bewußt wurde, als Häuslichkeit im Biedermeier
einen neuen Sinn erhielt, kamen Lieder in Mode, die ums Klavier sitzend gesungen wurden. Viel hat auch zur Anregung von
Liedkompositionen beigetragen, daß Goethe wünschte, ein ein-
faches, schlichtes Gedicht solle ein ebenso schlichtes, musikalisches Gewand erhalten. Er schrieb darüber in einer Rezension
von »Des Knaben Wunderhorn« im Jahr 1806: »Am besten läge
doch dieser Band auf dem Klavier des Liebhabers oder des
Meisters der Tonkunst, um den darin enthaltenen Liedern entweder mit bekannten hergebrachten Melodien ganz ihr Recht
widerfahren zu lassen oder ihnen schickliche Weisen anzu-
schmiegen oder, wenn Gott wollte, neue bedeutende Melodien
durch sie hervorzulocken.«

Im Begleitheft zu den Beethoven-Liedern, die Fischer-Dieskau mit Jörg Demus am Flügel für die Schallplatte gesungen hat, bedauert er, daß die Lieder dieses Komponisten, mit Ausnahme des Zyklus *An die ferne Geliebte*, so wenig bekannt sind. Zwar zitiert man immer wieder Beethovens eigene Worte »Ich schreibe ungern Lieder« und versucht damit zu beweisen, daß ihm Vokalmusik nicht viel bedeutete. Große Dichtung hat ihn aber immer fasziniert, und von Goethe sagte er, es ließe sich keiner so gut komponieren wie er. Immer hat er sich damit getragen, Goethes »Faust« in Musik zu setzen, und in den Jahren 1800 bis 1807 hat er sich ständig mit Kompositionen und Skizzen von Goethe-Gedichten beschäftigt.

Beethovens Lieder hat Fischer-Dieskau immer wieder gesungen – im Konzertsaal wie im Schallplattenstudio. Seine erste England-Tournee machte er mit Beethoven-Liedern, die erste Schallplatte mit Gerald Moore (1951) brachte *An die ferne Geliebte*. 1949 hatte er diesen Zyklus, begleitet von Hertha Klust, bereits in Berlin aufgenommen und mit ihr auch 1954 zwei Schallplatten mit Beethoven-Liedern gemacht.

Zum 200. Geburtstag von Beethoven brachte die Deutsche Grammophon-Gesellschaft eine Gesamt-Aufnahme seines Werkes auf 67 Schallplatten heraus, die zum 150. Todestag noch einmal aufgelegt wurde. Sieben Schallplatten bringen Vokalmusik von Ludwig van Beethoven; dafür steuerte Fischer-Dieskau 42 Lieder und *An die ferne Geliebte* bei. Hier finde ich die Aufnahme wesentlich ausdrucksvoller gesungen als auf der 78er Schallplatte von 1951. Wie bewundernswert hat der Sänger seine stimmlichen Möglichkeiten in den fünfzehn dazwischenliegenden Jahren verfeinert. Man vergleiche die kurze Adagio-Stelle »und du singst«!

Der Zyklus *An die ferne Geliebte* hat seinen festen Platz in der Geschichte des Liedes und in Beethovens Werk. Fischer-Dieskau ist es zu danken, daß er seine Zeitgenossen darauf aufmerksam machte, welch zentrale Stelle auch die anderen Lieder in Beethovens Werk haben. Lieder wie *Adelaide, Andenken, In questa tomba oscura* und die Goethe-Vertonungen *Mailied, Neue Liebe, neues Leben, Mit einem gemalten Band* und *Wonne der Wehmut* sollten immer wieder in Liederabenden gesungen werden.

Gedichte von Goethe, vertont von seinen Zeitgenossen, sang

Fischer-Dieskau 1972 für die Schallplatte. Es handelt sich dabei vor allem um Kompositionen von Karl Friedrich Zelter und Johann Friedrich Reichardt, den beiden Gewährsmännern Goethes in Sachen Musik. Man braucht kein Wort darüber zu verlieren, wie bedauerlich es ist, daß Goethe musikalisch nicht besser beraten war und Lieder von Schubert nicht zu würdigen wußte. Das zeigt diese Schallplatte mit der sensiblen Begleitung von Jörg Demus (auf einem Hammerflügel) erneut. Nur Zelters *Um Mitternacht* bringt originellen Einfall, wenn jeweils die letzte Szene eine Art »Absturz« in tiefe Tonlage vorschreibt.

Wenn Goethe auch meinte, Gedichte würden erst mit Musik ein Ganzes, und wenn er seine Gedichte auch häufig »Lieder« nannte, so war er dagegen, »Töne durch Töne zu malen: zu donnern, zu schmettern, zu plätschern und zu patschen«, das sei »detestabel« (An Zelter, 2. Mai 1820). Goethe war der Ansicht, daß die Musik der Dichtung dienen solle. Mit dieser Schallplatte wird es jedem möglich, die verschiedenen Vertonungen selber kennenzulernen und sich beim Vergleichen eine eigene Meinung darüber zu bilden. Ein Liederabend bei den Münchener Festspielen 1968, der in ähnlicher Zusammenstellung auch für die Schallplatte herauskam, ergänzt diese Platte auf interessante Weise: *Goethe-Lieder* in verschiedenen Vertonungen. Da standen Kompositionen von Herzogin Anna Amalia, Reichardt, Zelter, Schoeck, Reger, Busoni und Hugo Wolf auf dem Programm.

Mit keinem Komponisten hat Fischer-Dieskau sich so innig und intensiv befaßt wie mit Franz Schubert. Kein anderer Komponistenname erscheint so häufig auf seinen Konzertprogrammen, keinem hat er so viel Zeit, Liebe und Gedanken gewidmet. Gerald Moore sagte über Fischer-Dieskaus Schubert-Buch: »Das ist das Buch des besten Schubert-Interpreten unserer Zeit.« Und der Sänger schreibt in eben diesem Buch: »Gerald Moore – eigentlich sollte diesem König unter den Begleitern ein gesondertes Kapitel gewidmet werden ... Es entspricht seinem Rang, daß er wohl der einzige Liedpianist auf der Welt ist, der sämtliche Schubert-Lieder gespielt hat. Dabei erweist sich vor allem sein rhythmischer Impetus als ein Wesenszug, auf den eine Schubert-Interpretation nicht verzichten kann.

Aber auch die Kunst seines legato-Spiels und sein Einfühlungsvermögen in die Gedichtaussagen machen ihn zum geradezu idealen Partner . . .«

Diese beiden Musiker haben in den vielen Jahren, in denen sie gemeinsam Konzerte gegeben und Schallplattenaufnahmen gemacht haben, neue Maßstäbe für die Interpretation von Liedern gesetzt. Moore sagt: »Dieser Mann, Fischer-Dieskau, hat mich tiefer in das Wesen von Schubert, Schumann, Wolf, Brahms eingeführt, als ich selbst je eindringen konnte.«

Interessant ist, daß beide Musiker der Ansicht sind, daß es das Gefühl für Rhythmus, für diesen Lebenssaft der Musik ist, der das Besondere des Partners ausmache. Das fällt ihnen aber vielleicht nur deshalb auf, weil sie sonst keine Schwierigkeiten im Technischen kennen. Wenn man Gerald Moore mit der vertrackten Introduktion zu *Der Lindenbaum* hört oder sich klar macht, wie er die Oktaven der rechten Hand im *Erlkönig* nimmt, wenn man das zart-gesponnene legato Fischer-Dieskaus im zwölften Lied des *Schwanengesangs*, *Am Meer* oder *Im Abendrot* hört oder wie er bis zum hohen F in *Du bist die Ruh* hinaufsteigt, dann muß man sagen, daß diesen Künstlern besondere Gaben verliehen wurden; das kann einfach nicht jeder.

Fischer-Dieskau hat in einem Aufsatz über Franz Schubert geschrieben, daß der Komponist zu den großen Wundern in der Kunst zu zählen sei, er habe »ganz natürlich« komponiert. An diese Natürlichkeit mag mancher Kritiker gedacht haben, wenn er behauptete, Fischer-Dieskau betrachte Schubert mit zu viel Künstlichkeit. Sie schließen sich in ihrer Meinung Richard Capell an, der in seinem Schubert-Buch schrieb, er habe wie »ein Kind« seine Lieder komponiert »ganz schlicht und unmittelbar«. »Diese Schlichtheit konnte in einer hochentwickelten, intellektuellen Gesellschaft nicht zur Geltung kommen.« Capell zeichnet einen kindlich getriebenen Wanderer an den Ufern murmelnder Bäche im Wiener Wald, der seine Lieder pfeift wie der *Musensohn*. Das ist ein Arkadien eines englischen Gelehrten, das es nicht gibt und nie gegeben hat.

Die moderne Forschung widerlegt dieses Schubert-Bild von Capell. Heute weiß man, daß der Mensch Franz Schubert Armut, enttäuschte Liebe, unheilbare, lähmende Krankheit und

Mit Gerald Moore 1966

familiären Kummer nur zu gut gekannt hat. Das Bild vom »Schwammerl« oder das einer süßlichen Figur aus dem »Dreimäderlhaus« wird durch Schubert selbst widerlegt, wenn er an Leopold Kupelwieser am 31. Mai 1824 schreibt: »... mit einem Wort, ich fühle mich als den unglücklichsten, elendesten Menschen auf der Welt. Denk Dir einen Menschen, dessen Gesundheit nie mehr richtig werden will und der aus Verzweiflung darüber die Sache immer schlechter statt besser macht, denk Dir einen Menschen, sage ich, dessen glänzendste Hoffnungen zunichte geworden sind, dem das Glück der Liebe und Freundschaft nichts bietet als höchstens Schmerz, dem Begeisterung (wenigstens anregende) für das Schöne zu schwinden droht, und frage Dich, ob das nicht ein elender, unglücklicher Mensch ist?«

Fischer-Dieskau hat vielleicht für Schubert Ähnliches getan wie Rubinstein für Frédéric Chopin; beide haben das Werk eines Komponisten von Süßlichkeit und Sentimentalität befreit. Man könnte fragen, wer mehr in wessen Schuld steht: Fischer-Dieskau in der Schuberts, weil er ihm so herrliche Lieder zum

Singen hinterlassen hat oder Schubert in der Fischer-Dieskaus, weil sich in ihm ein Sänger fand, der seine Lieder ohne Sentimentalität in die Welt trug? Und nicht nur die, die man schon immer kannte, er holte auch andere aus der Versenkung.

Als Dietrich Fischer-Dieskau seine Laufbahn begann, waren vielleicht 30 oder 40 von den insgesamt etwa 600 Liedern, die Schubert geschrieben hat, bekannt. Als ich Elisabeth Schumann 1948 in Edinburgh mit einem Liederabend hörte, standen von Schubert auf dem Programm: *Geheimes, Ave Maria, Das Mädchen, Die Forelle* – eine damals typische Zusammenstellung von Schubert-Liedern für Frauenstimme. Mitte der siebziger Jahre aber konnte man im englischen Rundfunk so unbekannte Lieder hören wie: *An den Mond* von Hölty, *An die untergehende Sonne* von Kosegarten, *Der entsühnte Orest* nach Mayrhofer und Scotts *Lied des gefangenen Jägers*.

Wenn es nicht zu phantastisch wäre, könnte man sich vorstellen, Fischer-Dieskau sei der wiedergeborene Johann Michael Vogl; nach einigem Zögern entschloß dieser sich, Schubert unter die Arme zu greifen. Er sang seine Lieder, und allmählich wurde den Zeitgenossen klar, daß der kleine Hilfsschulmeister ein musikalisches Genie sei. Johann Michael Vogl hatte einen hohen Bariton. Er lernte Schubert 1817 kennen. Viele Lieder Schuberts hat er mit Verzierungen versehen, wozu er sich als erfahrener Opernsänger berechtigt glaubte. Das hat den späteren Herausgebern der Noten, Eusebius Mandyczewski und Max Friedländer, größtes Kopfzerbrechen bereitet. Wenn aber Schubert den Sänger begleitete, dann war es, wie Schubert selber 1825 schrieb, »als wären wir eins, etwas ganz Neues, Unerhörtes für die Menschen«.

Von 1952 bis 1967 erfreuten Schubert, Fischer-Dieskau und Gerald Moore die Menschen in allen musikalisch interessierten Ländern der Welt. Diese Jahre mit Fischer-Dieskau zusammen gehören für den Pianisten zu den schönsten seines langen, der Musik gewidmeten Lebens. Besonders gern erinnert sich Moore an die Proben, denn der Sänger wußte immer genau, was er wollte und erwartete nie Unmögliches von seinem Begleiter. Fischer-Dieskau war auch bei Aufnahmen nie ein Freund von »Stückwerk-Technik«, bei der aus acht oder neun »takes« eine

Aufnahme zusammengeschnitten wird. Er hat die Lieder zwei- oder dreimal vor dem Mikrophon gesungen, und wenn er das Gefühl hatte, es sei gut so, dann sagte er: »Ich kann es nicht besser machen«, und ging zum nächsten Lied über. Er konnte sich das erlauben, denn er war sich bereits bei der Vorbereitung klar darüber geworden, wie er ein Lied anpacken wollte und konnte. Gerald Moore erinnert sich, daß Fischer-Dieskau für jedes Lied einen Höhepunkt suchte, auf den die Interpretation zugeschnitten war. Er bewundert, daß der Sänger sich an Tempo und Nuancen der Diktion, die man in der Probe ausgemacht hatte, bei der Aufführung erinnerte und alles genau einhielt. Das ging ohne jede Pedanterie, denn, so schreibt Moore, »ich kann mir kein Lied vorstellen, bei dem Fischer-Dieskau durchweg das genaue Tempo einhielt«. Fischer-Dieskau sucht nach Vollendung, aber nicht nach kühler, absoluter Wahrheit; immer ist sein Gefühl, seine Leidenschaft beteiligt. Bei einer Probe kann es geschehen, daß er mit Händen oder Füßen den Takt schlägt und sein Gesichtsausdruck mit den Gefühlen, die das Lied ausdrückt, wechselt. Man kann verstehen, daß solche Proben für Gerald Moore manchmal interessanter waren als die Aufführungen, in denen der Sänger völlig beherrscht ist.

Man achte einmal darauf, wie Fischer-Dieskau sich auf sein erstes Lied bei einem Konzert vorbereitet. Er betritt die Bühne, verbeugt sich vor der applaudierenden Menge, wartet, bis das Publikum ruhig geworden ist, dann wendet er sich ganz plötzlich, manchmal mit einem Ruck seinem Begleiter zu – es kann beginnen! Beim zweiten Lied genügt ein leichtes Kopfnicken. Seine nervöse Anspannung, die »heilige Angst« hat sich gelegt.

Fischer-Dieskau besitzt, was jeder Künstler braucht: Charisma. Wenn ich das Publikum beobachte, das nach einem Liederabend an die Bühne und ins Künstlerzimmer drängt, dann wundere ich mich, daß Leute den Sänger einen »Olympier«, verschlossen, unverbindlich und zurückgezogen, nennen. Wie kann man so etwas behaupten, wenn man ihn freundlich lächelnd die vielen Autogramm-Wünsche erfüllen sieht.

Fischer-Dieskau selbst setzt den Anfang seiner Karriere in die Zeit der Kriegsgefangenschaft in Oberitalien. Von der Zeit an hat er sich unentwegt den Liedern von Franz Schubert gewidmet. Die ersten Schallplatten – damals noch 78er – mit Gerald Moore enthielten, außer dem schon erwähnten Zyklus *An die ferne Geliebte* und einigen Schumann-Liedern, von Schubert: *Ständchen, Du bist die Ruh, Erlkönig, Nacht und Träume, Am Meer, Der Doppelgänger, Das Fischermädchen, Die Stadt, Der Atlas, Ihr Bild* und die ganze *Schöne Müllerin*. In den Schallplattenrezensionen der EMI konnte man lesen: »Wir waren beeindruckt von dem Sänger, der mit feinem Stilempfinden die Bedeutung der Worte, die er singt, nachzuzeichnen versteht...« oder »Es ist eine herrliche Schallplatte. Fischer-Dieskaus Phrasierung ist makellos, seine Intonation unübertrefflich. Immer wieder ist man erstaunt, wie Sänger und Pianist mit fast mathematischer Genauigkeit das wiedergeben, was die Komponisten geschrieben haben.« Es ist bemerkenswert, wie schon damals, ganz im Anfang von Fischer-Dieskaus Karriere, dieser Kritiker erfaßt hat, was den Sänger vor allen anderen auszeichnet: Die Treue zu dem, was der Komponist geschrieben hat – und natürlich seine beispiellose Technik. Es gibt so manche Musiker, die das, was Komponisten geschrieben haben, nach ihren Möglichkeiten verändern, so spielen manche Pianisten in der Begleitung zum *Erlkönig* die Triolen der rechten Hand wie Achtel, und das soll Schubert auch getan haben, anders war es ihm zu schwer.

Ein Schubertsänger braucht so gut wie keine schauspielerischen Gesten, aber, wie Fischer-Dieskau meint, er braucht verschiedene Stimm-Typen: einen italienischen Belcanto, um das zu singen, was in Schuberts Liedern von Rossini beeinflußt war, eine Singspiel-Stimme, um Lieder mit Volksliedcharakter gebührend vorzutragen, und eine deklamatorische Stimme, die wohl der Sänger Vogl gehabt hat, für die erzählenden Balladen. Übrigens könne man bei Schubert vier Arten des Rhythmus unterscheiden. Den einen nennt Fischer-Dieskau den »Todesrhythmus«, den wir in getragenen, Stille-atmenden Liedern wie *Der Tod und das Mädchen* antreffen; einen zweiten bezeichnet er als »Barkarole«, es handelt sich um einen 6/8 Takt wie in *Das Fischermädchen*. Als dritte Art des Schubert-Rhythmus spricht Fischer-Dieskau von »Wanderrhythmus« im 4/8 beziehungsweise 2/4 Takt und als viertes vom Reiter-Rhythmus bei Liedern wie *Die Post* oder *Abschied*.

Ich habe mir gelegentlich ausgemalt, welche von Fischer-Dieskau gesungenen Schubert-Lieder ich auf der so häufig zitierten einsamen Insel nicht entbehren könnte. Ich habe mich schließlich für fünf entschieden, die ich zu den schwierigsten und schönsten zähle und die der Sänger meiner Meinung nach in höchster Vollkommenheit singt: *Du bist die Ruh, Über allen Gipfeln ist Ruh, Im Abendrot, Nacht und Träume* und *Am Meer.* Und wenn es niemand merkt, nehme ich auch noch die Schallplatten der *Winterreise* und der *Schönen Müllerin* mit, denn eigentlich kann ich auf sie auch nicht verzichten.

Die von mir genannten Einzellieder sind alle in Schuberts Spätzeit entstanden und alle im »Todesrhythmus« gehalten. Wie Fischer-Dieskau sie singt, gehört für mich zum Allerschönsten. In *Du bist die Ruh* braucht ein Sänger von Anfang an ein perfektes legato. In Fischer-Dieskaus Schubert-Buch ist zu lesen: »Der langsame Aufstieg ›Dies Augenzelt, von deinem Glanz allein erhellt – o füll’ es ganz‹ in crescendo und decrescendo ist wertvollere und zugleich schwierigere Gesangslektion als alle Vokalisen in den Instruktionsbüchern für Sänger. ... Der Abgesang knüpft an die Melodie der ersten Strophen an, aber der Himmel des Entzückens wird über eine ganze Leiter von Akkorden erklommen. Das hohe G schwillt bei der Wiederholung ab, was, der Schwierigkeit der Ausführung wegen, oft gern übersehen wird.«

Für meine »einsame Insel« würde ich von diesem Lied am liebsten die frühe Aufnahme von 1951 mitnehmen. Sie hat jugendliche Leidenschaft und eine Geschmeidigkeit im Ton, die Fischer-Dieskau so nicht wieder erreicht hat.

Die vierzehn Takte von *Wanderers Nachtlied* auf das berühmte Gedicht von Goethe geben ebenfalls ein überzeugendes Beispiel von Fischer-Dieskaus Kunst, legato zu singen. Goethe hatte 1780 das Gedicht auf die Wand einer Hütte auf dem Kickelhahn bei Ilmenau in Thüringen geschrieben. Die Stimmung des Gedichtes hat Schubert in seiner Vertonung wundervoll eingefangen, und der Sänger bringt sie zauberhaft zum Klingen. In seinem Schubert-Buch bedauert er, daß ihm bei seinen Konzerten noch nicht für alle Lieder die neue Bärenreiter-Schubert-Ausgabe (herausgegeben von Walther Dürr, Christa Landon und Arnold Feil) zur Verfügung gestanden habe. Dort wird eine Verzierung auf »balde« angegeben, die Friedländer tilgte, die Mandyczewski in seiner »Gesamtausgabe« anführt. Im allgemeinen folgt Fischer-Dieskau der Ausgabe Friedländers, aber diese Verzierung hat er bei einem Liederabend 1979 in Salzburg gebracht. Beim ersten Hören erschrak ich fast, finde aber heute diese Version fast schöner. Nicht viele Sänger bringen es fertig, »Warte nur, balde ruhest du auch« auf einen Atem zu singen, wobei ein diminuendo auf »balde« und ein portamento bei »ruhest du auch« eingeschlossen sind. Diese Passage singt Fischer-Dieskau in höchster Perfektion.

Lappes *Im Abendrot* sieht gedruckt verhältnismäßig einfach aus. Wenn man es aber mit ungebrochenem legato und der notwendigen interpretatorischen Tiefe wiedergeben will, muß man etwas können. Bei diesem Lied Schuberts malt der Sänger das Bild der untergehenden Sonne, das in Beziehung zu religiösen Gedanken gestellt wird. Fischer-Dieskau führt uns von seinem überzeugenden »O wie schön ist deine Welt« zu der zentralen Zeile des Zweifelns »Könnt ich klagen, könnt ich zagen«, bei der die Musik sinngemäß »anders« wird, bevor der Friede mit »Trinkt noch Glut und schlürft noch Licht« wiederkehrt. Diese letzten Worte bringen für Sänger ein Problem: das nicht sehr schön zu singende »schlürft«; wie Fischer-Dieskau es ausführt, sollte man ganz besonders beachten.

Bei den von mir als »unentbehrlich« apostrophierten Liedern kommen wir jetzt zu *Nacht und Träume*. Es wundert mich, daß John Steane in seinem Buch über Interpretationsvergleiche verschiedener Sänger bei diesem Lied nicht die Aufnahme von Fischer-Dieskau einbezieht. Er schreibt, daß die sechs Sänger, Julia Culp, Emma Bettendorf, Karl Erb, Elisabeth Schumann, Irmgard Seefried und Gérard Souzay, deren Aufnahmen dieses Liedes er vergleicht, ihm alle nicht gerecht würden. Ich möchte ihm darin beipflichten, meine aber, daß von allen großen Schubert-Liedern, die Fischer-Dieskau meisterlich singt, diesem die Krone gebührt, und zwar auf allen Aufnahmen, die es von der Komposition gibt. Der Schubert-Forscher Maurice J. E. Brown schreibt, man könne bei diesem Lied am deutlichsten zeigen, wie Schubert es verstanden habe, ganz plötzlich von einer Ton-

art in eine andere zu springen. Dieses Spielen mit einem bestimmten Terz-Verhältnis, dem der Mediante, wurde zu einem
typischen Kennzeichen für Schuberts Kompositionsstil. Richard Capell betont, daß man bei diesem Lied einen ganz ruhi-
gen, stetigen Ton brauche; Unruhe, stimmliche Verengung oder
verunglückte Silben sind nicht zu verzeihen.»Hier handelt es
sich nicht um das einzige Schubertlied, in dem der Atem zu
solchen Weiten sich ausspannt, daß der Viervierteltakt die
Langsamkeit kaum fassen kann. Sie sind von Heimweh nach
dem Reinen und von Hingabe erfüllt, und nur der maßhaltende
Rhythmus bewahrt vor dem Überfließen ins Grenzenlose. Melodie und Rhythmus ziehen gemeinsam die Linie, die nachzu-
vollziehen jedem Hörer innere Befreiung schafft« (Fischer-Dieskau, »Auf den Spuren der Schubert-Lieder«).

Nun noch zu Heines *Am Meer* aus dem *Schwanengesang*, der im
üblichen Sinne gar kein Zyklus ist. Bei diesem Lied muß die
Monotonie der C-Dur-Melodie durch interpretatorische Sorgfalt ausgeglichen werden, was Fischer-Dieskau in Vollendung
gelingt. Das Lied schreitet langsam dahin, jeder Fehler in der
Technik eines Sängers würde sofort hörbar. »Das Meer erglänz-
te weit hinaus . . .« beginnt der Sänger eine lange mezza-voce-
Passage. Beim Tonartenwechsel hat er anschwellendes Meer
und aufsteigenden Nebel zu schildern, bevor er sich wieder
Schmerzen und Tränen hingibt. Verzweiflung drückt Fischer-
Dieskau mit dem a in »fallen« aus, die Verzierung auf »Tränen«
könnte man als ironische Anspielung auf Heines Dichtung ansehen. Fischer-Dieskau beherrscht seine dynamischen Mittel und
seine Stimme, mit denen die widerspruchsvollen Gefühle des
Liedes ausgedrückt werden, bewundernswert.

Dietrich Fischer-Dieskau konnte nicht voraussehen, daß er eines Tages in einer Schallplatten-Kassette alle Lieder für Männerstimme von Franz Schubert würde aufnehmen können. So
hat er seit 1955 immer wieder mit verschiedenen Begleitern
Aufnahmen von Schubert-Liedern für die Schallplatte gesungen. Dann aber kam die große Aufgabe, bei der Fischer-Dieskau
und Gerald Moore über 500 Schubertlieder für Männerstimme
einspielten.

Die Aufnahmen wurden in den Jahren 1966 bis 1972 gemacht. Gerald Moore, der sich damals bereits vom Konzertpodium zurückgezogen hatte, erinnert sich mit Freude an die gemeinsame Arbeit in Berlin, wenngleich es für ihn, der beinahe siebzig Jahre alt war, eine manchmal anstrengende Aufgabe gewesen sein muß. Fischer-Dieskau hat für die Aufnahmen mehr als ein Jahr geprobt; er hat dabei die Noten der Friedländer-Ausgabe benutzt und – wo bereits möglich – auf die der Bärenreiter-Ausgabe zurückgegriffen. Ein paar wenige Lieder – so Goethes *Der Gott und die Bajadere* hat er weggelassen; und natürlich fehlen die Lieder für Frauenstimme. Das nahm Gundula Janowitz zum Anlaß, 1978 eine ausgezeichnete Auswahl von Schubert-Liedern für Frauenstimme auf fünf Schallplatten herauszubringen.

Die Aufnahmen von Fischer-Dieskau und Gerald Moore wurden streckenweise ohne Unterbrechung, dann aber wieder mit größeren Pausen gemacht; die ersten beiden Bände lagen nach dreieinhalb Jahren vor, der dritte Band mit den drei Liederzyklen *Die schöne Müllerin*, *Die Winterreise* und *Schwanengesang*

Im Aufnahmestudio

kam 1973 heraus. Ich möchte hier gar keine Zitate aus Kritiken und Rezensionen, die natürlich in großer Zahl erschienen, anführen. Es spricht für sich, wenn ich aus der Vielzahl von Auszeichnungen und Preisen, die diese drei Kassetten mit Liedern erhielten, folgende nenne: Edison-Prize, Grand Prix National du Disque Belge, Grand Prix International du Disque (Académie Charles Cros) Montreux, Record Academy Prize Tokio, Grand Prix du Disque (Académie française), Deutscher Schallplattenpreis und viele andere mehr.

In den Vereinigten Staaten von Amerika hatten diese Schubert-Lieder-Aufnahmen die allergrößten Erfolge. Hier sang der gefeierte Sänger das, was die Amerikaner von ihm zu hören gewohnt waren, denn als Opernsänger kannten sie ihn ja nicht. Die Amerikaner haben eine besondere Art, Begeisterung auszudrücken. So las man im »New Yorker« vom 30. Januar 1971: »If you haven't heard Mr. Fischer-Dieskau, you haven't lived life to the full!« Den höchsten Preis der Schallplatten-Welt erhielt Fischer-Dieskau mit dem Grammy 1970, der ihm beim »15. Annual Academy of Recording Arts and Sciences in Nashville, Tennessee« im März 1971 für die beste Vokal-Schallplatte zugesprochen wurde.

Fischer-Dieskau hat drei Aufnahmen der *Schönen Müllerin* für die Schallplatte gesungen. Begleitet von Gerald Moore machte er die erste 1951, eine zweite, die auch den gesprochenen Text Wilhelm Müllers enthielt, 1961 und eine dritte 1971 mit der Begleitung von Daniel Barenboim.

Natürlich weiß der Sänger um die ambivalente Natur dieser Lieder, er ist aber der Ansicht, daß man sie so nehmen sollte, wie Schubert es tat, als echten Ausdruck echten Gefühls. In Fischer-Dieskaus Schubert-Buch lesen wir: »Die Sammlung ging aus einer Art Gesellschaftsspiel hervor, das . . . ohne musikalische Untermalung, aufgeführt wurde. Das Ganze war als Parodie gemeint auf die allzu biedere, immer keusch einfältige Volkstonlyrik, die schon anfing, in den ›gebildeten‹ Kreisen Heiterkeit zu erregen.« Müllers Prolog und Epilog, die Schubert beide nicht vertonte, hat man gelegentlich vor und nach der Aufführung des Zyklus gesprochen. Auch Fischer-Dieskau hat das bei seiner zweiten Schallplattenaufnahme getan. Er meint:

».. aber heute erscheinen sie mir als Fremdkörper. Denn Schubert hat die Gedichte seriös aufgefaßt, um seine musikalische Idee zu verwirklichen, und seither haben ihn Generationen von Sängern und Hörern rechtens ernst genommen.«

Und weiter lesen wir über diesen Liederzyklus bei Fischer-Dieskau: »Die zwei in der Mitte der Klaviatur liegenden Oktaven verläßt Schubert in dem Zyklus kaum, nur zu oft murmelt der Bach im Baßschlüssel. Das schafft die große Schwierigkeit, die Lieder abwärts zu transponieren, eine kleine Terz sollte in keinem Fall überschritten werden. Am schönsten wirken die Stücke natürlich in der Tenorlage, in der sie konzipiert wurden.« Man sollte beachten, daß die Lieder in der angegebenen Reihenfolge eine Einheit bilden, und zwar hinsichtlich des Inhalts wie der Tonarten.

Seitdem Fischer-Dieskau das erste Mal mit diesen Liedern, begleitet von Hertha Klust, im ausverkauften Titania Palast 1949 in Berlin aufgetreten ist, hat er den Zyklus bei zahllosen Gelegenheiten und mit den verschiedensten Begleitern gesungen. Wer könnte wohl die zauberischen Worte »Es singen wohl die Nixen« in *Wohin?* vergessen, sein mezza-voce in *Der Neugierige*, besonders bei der Frage am Schluß »Sag, Bächlein, liebt sie mich?«, den ironischen »Seitenblick« der Stimme im *Tränenregen*, wenn das Mädchen nach Hause eilt, weil sie Regen fürchtet, die wunderschöne Melisma-Passage in *Pause* bei »Daß kein Klang auf Erden es in sich faßt«, den schmerzgequälten Aufschrei bei »Grün, alles grün, so rings und rund«, wenn der Liebende die grüne Farbe des Jägers verflucht, die unterdrückte Leidenschaft in *Trockene Blumen* und schließlich den wiegenden Rhythmus von *Des Baches Wiegenlied* mit dem überirdischen Schluß »Und der Himmel da oben, wie ist er so weit«. Mehr als in allen anderen Werken Schuberts berührt uns hier die Weltfrömmigkeit, wie Fischer-Dieskau sie bezeichnet, eine Glaubenshaltung fern aller Konfessionen, von Skeptizismus durchsetzt.

Gerald Moore zitiert einen Ausspruch von Georges Braque: »In der Kunst zählt nur eines – das, was nicht erklärt werden kann.« Das trifft auch für dieses große und geniale Werk Franz Schuberts zu und fast noch mehr für seinen anderen Lieder-

Zyklus, *Die Winterreise.* Dieses Werk, dessen Korrekturen Schubert noch im November 1828 auf dem Sterbebett gelesen hat, kann als Gipfelpunkt eines musikalischen Lebens angesehen werden; mehr noch, Benjamin Britten nennt es einen der Höhepunkte westlicher Kultur.

Bei diesem Zyklus, meine ich, muß der tiefen Stimme der Vorzug gegeben werden, so sehr man die Aufnahme von Peter Pears mit der Begleitung von Benjamin Britten schätzen kann. Zwar hat Schubert das Werk für höhere Stimme konzipiert, das erste Lied wurde beim ersten Mal auch von einem Tenor, Ludwig Tietze, gesungen, auch gibt es eine herrlich gesungene Aufnahme von zwölf Liedern dieses Zyklus von Richard Tauber, mit der er zeigt, welch wunderbarer Liedersänger er hätte werden und bleiben können.

Diese »schauerlichen« Lieder, die Schubert, wie er seinen Freunden gestand, mehr angegriffen haben, »als dieses je bei anderen Liedern der Fall war«, sind für jeden Solo-Sänger eine große Herausforderung. Auch Fischer-Dieskau ist nach einem Liederabend mit der *Winterreise,* deren vierundzwanzig Lieder er ohne Pause singt, völlig erschöpft. Der Sänger erzählte: »*Winterreise* habe ich mit fünfzehn am Klavier erobert, zunächst ganz die Musik durchdenkend und -fühlend. Natürlich bietet die Reise Stationen des Leidens und Grauens, und so ist sie als allmähliche Vereisung wohl auch von Schubert verstanden worden. Transpositionen sollten – auch bei unterschiedlichem Stimmklang – keine anderen Resultate als die vom Komponisten gewünschten erzielen.«

Von Fischer-Dieskaus erster Aufnahme beim RIAS 1947 und seinem Auftreten mit Liedern aus der *Winterreise* bei dem von Fliegeralarm unterbrochenen Konzert 1943 abgesehen, sang Fischer-Dieskau die *Winterreise* zum ersten Mal öffentlich im Dezember 1948 in Berlin. Er hat den Zyklus sechsmal für die Schallplatte gesungen: Mit Gerald Moore in den Jahren 1955, 1962 und 1971, mit Jörg Demus 1965, mit Daniel Barenboim 1979 und mit Alfred Brendel 1983. In diesem Zyklus meine ich am meisten von seiner künstlerischen Unbedingtheit zu finden; hier ist er dem Komponisten, dem Dichter und sich selbst gegenüber ganz frei, ganz offen. Heinz Tietjen hat es fast erschreckt, als er Fischer-Dieskau zum ersten Mal mit Liedern hörte. Es war ihm, als decke der junge Sänger in den altvertrauten Liedern Tiefen auf, von denen vorher niemand etwas geahnt hatte.

Die *Winterreise* ist für Fischer-Dieskaus Stimme und für seine Begabung ein ideales Werk. Er schreibt in seinem Schubert-Buch: »Sein (Schuberts) ungeteiltes Interesse gilt der Tiefe der Empfindung, nicht psychologischer Überfeinerung. Entbehrung, Verzicht, Träume bedrängen den Liebenden. Lang und verzweifelt dauert der Kampf mit seinen Gefühlen. Sechzehn der Lieder stehen in Moll, die Agonie nimmt kein Ende, bevor nicht der Wahnsinn erreicht ist.«

Wenn es bei der Aufnahme von 1955 noch den Eindruck hat, Fischer-Dieskau würde – zum Beispiel im Lied 22 *Mut* – dem grausamen Schicksal ein Schnippchen zu schlagen versuchen, so zeigen seine späteren Aufnahmen eine Intensität, die an *Wozzeck* und den wahnsinnigen König Lear denken läßt. Hier ist das Lied ein Drama im kleinen, und keinem Sänger unserer Zeit gelingt es, uns so wie Fischer-Dieskau in seinen Bann zu schlagen. Kein »Nur-schön-Sänger« kann diesen Zyklus aufführen; hier braucht man einen Künstler, der sich mit dem verzweifelten Mann auf die Wanderschaft begibt, dieser verlorenen, einsamen, düsteren Figur, und ihn vor dem Hintergrund der eisigen Winterlandschaft porträtiert.

Von den späteren Aufnahmen des Sängers, besonders von den letzten fünf Liedern *Der Wegweiser, Das Wirtshaus, Mut, Die Nebensonnen* und *Der Leiermann* geht eine zunehmende Erstarrung aus, die mit keinem Wort zu beschreiben ist. Auch Gerald Moore findet am Klavier in diesen Aufnahmen kälteren, winterlicheren Ausdruck. Wenn er die letzten Takte des Leiermann-Nachspiels erklingen läßt, wandern unsere Gedanken über vereiste Flächen und begleiten den irren Jüngling. Fischer-Dieskau schreibt: »Mit dem *Leiermann* ist nicht nur der Stimmungstiefpunkt des Zyklus, sondern überhaupt alles dessen erreicht, was Schubert zu Papier gebracht hat, denn kein Ausbrechen wie in *Doppelgänger* ist dieser Not gegönnt, das Leben hat kaum noch eine Chance in diesen Zeilen. Die Wirkung auf den Hörer ist lähmend.«

Wenn der Zyklus im Konzertsaal verklungen ist, herrscht

*Alfred Brendel, gezeichnet von
Dietrich Fischer-Dieskau 1982*

wahrlich Erstarrung. Nur langsam versammeln sich die Hörer wieder in der Gegenwart.

Im Januar 1979 fand Fischer-Dieskau sich bereit, zusammen mit Alfred Brendel in der Siemens-Villa in Berlin-Lankwitz die *Winterreise* fürs Fernsehen zu singen. Ob das ein großer Erfolg war? Ich finde es immer problematisch, Musik im Fernsehen zu zeigen, wenn die Kamera zwischen Sänger und Pianist ihre Schwenks macht und Unruhe in das Ganze bringt. Und das bei der *Winterreise*! Aber natürlich war es außerordentlich interessant, die Interpreten einmal so aus der Nähe zu sehen, wobei man feststellen konnte, wie sehr jedes Lied sich im Mienenspiel des Sängers spiegelt. Wieder einmal kam einem zu Bewußtsein, wie sehr die *Winterreise* einen Künstler fordert.

Seit den späten 50er Jahren ist Fischer-Dieskau überall in der musikalischen Welt bekannt und gefeiert. Im Ausland strömen namentlich Menschen deutscher Abstammung in seine Konzerte, und überall schlägt ihm Sympathie entgegen. In der deutschsprachigen amerikanischen Zeitung »Aufbau« war 1971 zu lesen: »Die Carnegie Hall war wie eine Kirche, man hätte eine Nadel fallen hören, so andächtig empfing das Publikum den Hohen Priester des Liedes.« Eine Kritik in einer israelischen Zeitung schrieb von ihm als einem »wirklichen Wunder«, und in der »Zeit« konnte man nach einer wenig erfolgreichen Kulturwoche der Bundesrepublik in Israel lesen, daß Fischer-Dieskaus Auftreten dort wie ein Kontrast dazu gewirkt habe. »Der Sänger wurde mit Blumen überschüttet, eine Zugabe nach der anderen wurde von ihm erzwungen, von einem Publikum, das mit nassen Augen das deutsche Lied mitsummte und seine Wehmut und seine Enttäuschung der verletzten ersten Heimatliebe offen zur Schau trug.«

Peter Gradenwitz, ein Israeli, brachte in der »Frankfurter Allgemeinen Zeitung« zum Ausdruck, was ein Auftreten Fischer-Dieskaus in Ländern mit einer ehemals großen deutschsprachigen Bevölkerungsschicht bedeutet: »Für die Älteren, die aus Mitteleuropa stammen, wurde hier eine Brücke geschlagen; für die Jüngeren öffnete sich eine kaum bekannte Welt; für alle war es ein unvergeßliches Erlebnis.«

Nach allem, was Fischer-Dieskau für Franz Schubert und sein Gesangswerk getan hat, wandte sich der Sänger nach 1973 dem Liedschaffen Robert Schumanns zu. Gerald Moore hatte sich ins Privatleben zurückgezogen, der Sänger mußte sich auch nach einem neuen Begleiter umschauen.

Als Pendant zur Aufnahme der Schubert-Lieder hat der Sänger auch von Schumann alle Lieder für Männerstimme für die Schallplatte gesungen (vergleiche die Diskographie) und – ebenfalls wie bei Schubert – ein Buch über Schumann geschrieben: »Robert Schumann, Wort und Musik. Das Vokalwerk.« Deutsche Verlags-Anstalt Stuttgart 1981.

Zu Aufnahmen von Schumanns Klavierwerken, die Jörg Demus gespielt hat und die in Japan erschienen sind, hat Dietrich
Fischer-Dieskau ein Geleitwort geschrieben. Dort heißt es: »Robert Schumann zu erkennen bedeutet zuallererst, in sein Kla-
vierwerk einzudringen. Von diesem Instrument nahm er mit
einigen seiner dichtesten Kompositionen seinen Ausgang, von
ihm aus ist auch einzig der Wesensgehalt des übrigen Œuvre zu
erschließen. Das Verdienst einer vollständigen Gesamtaufnahme ist folglich nicht hoch genug anzuschlagen, zumal der
Schallplatte in unserer Zeit immer mehr enzyklopädische Auf-
gaben zufallen.« Und in dem Vorwort zu »Texte deutscher Lieder« schreibt er über Robert Schumann: »Für Schumann ist die
Empfänglichkeit für das Psychologische und Atmosphärische
sowie deren Spiegelung in der Bedeutungsverschiebung zum
Harmonischen hin charakteristisch. Der Rhythmus hat sich zu
bescheiden. Auch hört das absolut Musikalische auf, alleiniger
Regulator für den Ablauf der Komposition zu sein. Die Eigen-
gesetzlichkeiten der Gedichte werden einem bestimmten Ge-
samteindruck des Liedes zuliebe weniger berücksichtigt, was
besonders bei Goethe ins Gewicht fällt.«

Wie begeistert Schumann sich zu den Gedichten Goethes,
Heines und Eichendorffs äußert, scheint von einem stärker aus-
gebildeten literarischen Geschmack bei ihm zu zeugen, als
Schubert ihn an den Tag legte. Doch wer weiß, wohin Schubert
mit seinen Kompositionen noch gekommen wäre, wenn er länger gelebt hätte? Seine Komposition des *Doppelgänger* von 1828
bindet ihn – davon ist Fischer-Dieskau überzeugt – enger an die
Musik des späten 19. Jahrhunderts und an Richard Wagner, als
man bisher wahrgenommen hat. Über Heines eigenartige, bei-
ßende Ironie in seinen Gedichten ist der »naive« Schubert in
der Vertonung der sechs Heine-Lieder im *Schwanengesang* nicht
einfach hinweggegangen. Ich glaube, daß Schubert in dem Lied
Das Fischermädchen mit der Verzierung auf dem Wort »Tiefe«
zeigt, daß er sich sehr wohl der Intentionen Heines bewußt war,
denn sie »färbt« die sonst recht naive 6/8 Takt-Komposition.
Wenn man an die letzten schrecklichen Jahre Heines in der
»Matratzengruft« denkt, kann man vielleicht doch ernstere und
tragischere Züge in seinen offensichtlich mit leichter Hand ge-

schriebenen Versen sehen. Ich meine, daß diese Tragik immer da war, selbst in seinen ersten Gedichten. In seinem Buch »The Songs of Robert Schumann« schreibt Eric Sams, daß ein Gedicht für Schumann immer erst den Platz nach dem Klavier eingenommen habe. Stephen Walsh, der ein Buch über das gleiche Thema geschrieben hat, glaubt, daß Schumann zwar literarisch ein fundierteres Wissen gehabt habe, daß er aber in der Wahl seiner Gedichte sehr orthodox gewesen sei. Fischer-Dieskau meint, daß er dem Wort gegenüber sehr sensibel reagiert habe. In dem neuen Schumann-Buch schreibt Fischer-Dieskau über Schumanns Behandlung des Gedichts *Der Nußbaum* von Julius Mosen: »So zerreißt er hier die Verse, wie um das Träumerische des Ausdrucks ohne Zwang vom Gedicht her in Tönen ausleben zu können. Wenn Schumann statt ›Äste‹ ›Blätter‹ schreibt, so wird er damit dem Erscheinungsbild eines Nußbaumzweigs durchaus gerecht, erzeugt aber freilich eine unschöne Wortwiederholung, die Clara in der Gesamtausgabe nicht tilgte.«

Daß aber Schumann aus einem nicht besonders geistvollen Gedicht ein wunderschönes Lied machen konnte, ist ein Zeichen für seine geniale Begabung. Er schrieb 1839 an seinen Freund Hermann Hirschbach: »Ich habe mein ganzes Leben lang Musik für die menschliche Stimme unter die Instrumentalmusik gesetzt und nie für eine große Kunst gehalten. Doch sagen Sie niemand davon.« Nur wenige Monate später schreibt er an Clara Wieck: »Ach, Clara, was das für eine Seligkeit ist, für Gesang zu schreiben. Das hatt' ich lang entbehrt...«

Schon früh mußte dieser Komponist den auch literarisch so interessierten Sänger faszinieren. *Dichterliebe* op. 48 auf Gedichte von Heinrich Heine sang er bereits 1948, und bis heute ist eines seiner bevorzugten Programme für einen Liederabend: Heine-Lieder von Franz Schubert und *Dichterliebe* von Robert Schumann. Übrigens war das eines der ersten Programme, mit dem ich den Sänger hörte.

Dichterliebe ist im »Liederjahr« 1840 nach einer zeitweiligen Entfremdung zwischen Schumann und Clara entstanden, bevor er sie im September desselben Jahres endlich heiraten konnte. Es mag sein, daß die Lieder in einer helleren Tenorstimme, für die sie geschrieben wurden, brillanter klingen; um sie psychologisch auszuleuchten, brauchen sie einen Interpreten wie Fischer-Dieskau. – Der Zyklus beginnt einfach, unschuldig mit einem Strophenlied: *Im wunderschönen Monat Mai*, es folgt das »morbid-sentimentale« (Fischer-Dieskau) *Aus meinen Tränen sprießen* und, in fröhlicher Hingabe, *Die Rose, die Lilie*. Im vierten Lied zeigen sich die ersten Spuren eines Argwohns mit der Zeile »Doch wenn du sprichst: ich liebe dich, so muß ich weinen bitterlich«. In der neuesten Aufnahme dieses Zyklus, begleitet von Christoph Eschenbach, empfinde ich sein »Ich liebe dich«, mezza-voce gesungen, wie ein Wunder. Das bemerkenswerte Lied *Ich grolle nicht* muß dann zeigen, wie es ein Sänger mit der Psychologie in Schumanns Vertonung zu halten gedenkt. Er muß hier eine eigenartige Mischung von Gefühlen zum Ausdruck bringen: Unbeteiligtsein, verletzter Stolz, Eifersucht, Kummer und – endlich auch bittere Genugtuung. Das Lied schwingt sich bei »Dir am Herzen frißt« zu einem hohen Tenor-Ton auf, den Fischer-Dieskau auch wie ein solcher nimmt. Eric Sams hatte schon darauf hingewiesen, daß dieser Zyklus mit seinen sechzehn Liedern eine Stimme verlangt, die über zwei Oktaven Umfang hat. Er macht darauf aufmerksam, daß bei Schumann das Klavier sechs Oktaven umspielt, während Schubert sich mit viel bescheidenerem Umfang zufrieden geben mußte. Fischer-Dieskau ist für einen so feinfühligen Wort-Vertoner wie Schumann der ideale Interpret. Schumann hat gesagt, man müsse »einen Kranz von Musik um ein wahres Dichterhaupt schlingen« und »Das Gedicht soll dem Sänger wie eine Braut im Arm liegen, frei, glücklich und ganz, dann klingt's wie aus himmlischer Ferne.« Und so weiß der Sänger mit den Worten in Schumanns Liedern umzugehen. In dem elften Lied muß der forsche 2/4 Takt des Allegretto gegen das Thema Heines (zweimal war seine Liebe zu jungen Mädchen zurückgewiesen worden) gesetzt werden. Wie sehr der Sänger sich den Text bewußt gemacht hat, hört man besonders deutlich, wenn er seine Stimme zum »Es ist eine alte Geschichte« verhärtet oder wenn er singt: »Dem bricht das Herz entzwei« (bei dieser Phrase habe ich ihn schon mit einem höhnisch-lachenden Unterton in der Stimme gehört).

Anläßlich eines Schumann-Lieder-Konzertes, das Fischer-Dieskau mit Daniel Barenboim 1973 in Chicago gegeben hatte, bemerkte der Kritiker Bernard Jacobson, daß eigentlich Schumann viel mehr als Schubert ein »Fischer-Dieskau-Komponist« sei und daß seine »Begabung für Ironie, für geschliffene Eleganz« eine enge Beziehung zwischen ihm und Heine knüpfe.

Im Lauf der Jahre hat Fischer-Dieskau seine Einstellung zu *Dichterliebe* geändert. Ich glaube, daß er die ruhigeren, weniger bitteren Lieder, zum Beispiel die Nummern eins bis sechs, viel mehr »durchsingt«, die Linie ist strenger, der Ton leichter, während er die folgenden schmerzerfüllten Lieder mit mehr stimmlicher und persönlicher Erfahrung interpretiert. Es ist nämlich nicht wahr, daß der Sänger seine Art, die Lieder zu singen, mit der Zeit gar nicht geändert habe. Man höre daraufhin einmal *Die beiden Grenadiere* in der Aufnahme von 1951 und in der späteren, von Eschenbach begleiteten Version und vergleiche die Passage »So will ich liegen und warten still«, wo mit großer Stimme das Thema der »Marseillaise« vorzutragen ist, dann wird man merken, wie sich Tempo und Ausdruck verändert haben.

Ich hüte die frühen Aufnahmen Fischer-Dieskaus als einen kostbaren Schatz. Sein herrliches legato in *Mondnacht* war damals schon bewundernswert, und *Die Lotosblume, Du bist wie eine Blume* und die *Beiden Grenadiere* stehen dieser Interpretation in nichts nach. Diese frühen Aufnahmen wurden 1951 mit Gerald Moore gemacht. 1956 sang Fischer-Dieskau, begleitet von Hertha Klust, wieder Schumann-Lieder für die Schallplatte, darunter den *Liederkreis* op. 24 und eine fabelhafte Interpretation von Heines grausigem *Belsatzar*. In der Zeile »Belsatzar ward aber in selbiger Nacht von seinen Knechten umgebracht« kündigt sich bereits der kommende Opernsänger an. Wenn Stephen Walsh schreibt, er sei nie besonders beeindruckt von diesem Lied gewesen, so muß man annehmen, daß er es nicht von Fischer-Dieskau gesungen gehört hat. Diese Schallplattenaufnahmen waren fast wie eine Generalprobe für eine Deutschland-Tournee mit Schumann-Liedern, die sich an die Aufnahmen anschloß, und für eine Konzertreise durch Amerika, bei der Leo Taubman ihn bei Schumann-Liedern begleitete.

Bei einem Festakt aus Anlaß des 150. Geburtstages von Schumann am 8. Juni 1960 hat Fischer-Dieskau in Wien die *Dichterliebe*, begleitet von Jörg Demus, gesungen. Die beiden Künstler musizierten das Werk 1957 auch für die Schallplatte, mir persönlich gefällt aber eine Aufnahme der beiden Interpreten von 1965 mit diesem Zyklus besser.

Wer das Konzert mit Schumann-Liedern gehört hat, das Fischer-Dieskau, begleitet von Wolfgang Sawallisch 1980 in Covent Garden gegeben hat, wird mit William Mann von der »Times« dankbar sein, daß nun auch weniger bekannte Schumann-Lieder in die Öffentlichkeit gedrungen sind. Hoffentlich werden auch andere Sänger angeregt, sich diesen Liedern mehr zu widmen.

Alle Musikfreunde, die Lieder lieben, kennen natürlich die Meisterwerke Schumanns, die Fischer-Dieskau überall und immer wieder gesungen hat: *Liederkreis* op. 24, *Myrten* op. 25, die der Komponist seiner Clara zur Hochzeit schenkte, die bewegenden Vertonungen von Gedichten Justinus Kerners (op. 35) und natürlich den *Liederkreis* op. 39 auf Texte von Joseph von Eichendorff.

Die Kerner-Lieder sind bisher noch nicht zu den ihnen gebührenden Ehren gelangt. Fischer-Dieskau hat für sie allerdings eine besondere Vorliebe. Das wunderschöne *Auf das Trinkglas eines verstorbenen Freundes* bringt er immer mit seinem früh verstorbenen Schauspieler-Freund Walter Franck in Verbindung. Franck nämlich hatte ihm aus den Ferien eine Postkarte geschrieben, die er mit »Justinus Kerner« unterzeichnet hatte und ihn damit ermuntert, sich der lange vergessenen Kerner-Lieder bei seinen Konzerten anzunehmen. In dem »Abschiedsbrief« an den verstorbenen Freund zitiert der Sänger die Zeilen: »Leer steht das Glas! Der heilge Klang tönt nach in dem kristallnen Grunde.«

Die beiden letzten Lieder der Kerner-Liederreihe, *Wer machte dich so krank?* und *Alte Laute*, sind auf die gleiche Melodie komponiert, die einmal von der Stimme vorgetragen wird, das andere Mal im Klavier aufscheint. Sie sind auf einer Schallplatte – begleitet von Günther Weißenborn – mit dem zartesten pianissimo dargestellt, das wohl je auf Schallplatte festgehalten wurde.

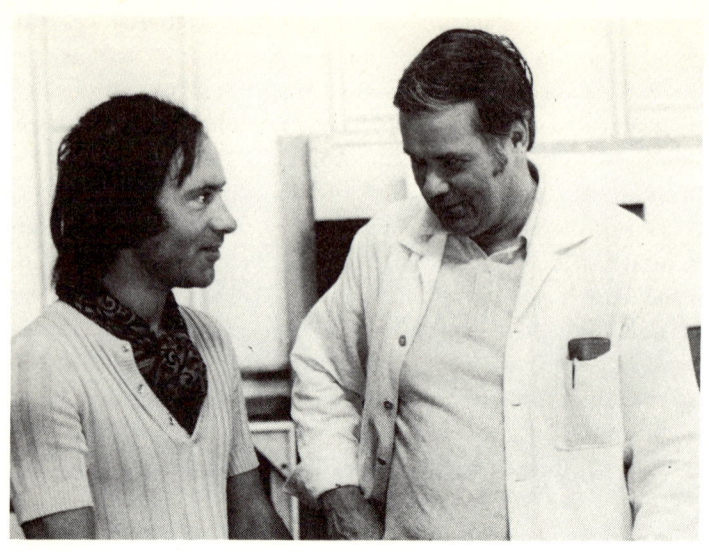

———————— *Mit Christoph Eschenbach* ————————

Eric Sams hält diese Lieder für sentimental; Clara Haskil aber
gibt in einem Brief an Fischer-Dieskau ihrer Freude darüber
Ausdruck, daß auch er die beiden Lieder so schätzt und sie
neben Schumanns *Bunte Blätter* op. 99 stellt. Für mich gehört die
letzte Zeile der Lieder, gesungen von Fischer-Dieskau, zu den
allergrößten musikalischen Eindrücken. Wie wunderschön und
rührend ist die winzige Verzögerung zwischen »mich« und »ein
Engel«, wenn er singt: »Und aus dem Traum, dem bangen,
weckt mich ein Engel nur.«

Die große Unternehmung, alle Lieder für Männerstimme
von Robert Schumann aufzunehmen, begann Fischer-Dieskau,
mit der Begleitung von Christoph Eschenbach, im Jahr 1974.
Man hat sich gelegentlich gefragt, weshalb Fischer-Dieskau seine Begleiter immer wieder wechselt. Seine Antwort paßt zu der
Einstellung, die er auch sonst in Beziehung zu Musik hat: Ein
neuer Begleiter bedeute eine neue Herausforderung, eine neue
Sicht auch für die Lieder. Hier müßten zwei Musiker gemeinsam eine ihnen natürlich bekannte Musik neu durchdenken,
zusammen arbeiten, um eine neue Einheit zu erreichen, und

»dabei schlägt jeder Funken aus dem anderen«. Christoph Eschenbach muß sich als »gelernter« Konzertpianist dem Sänger stärker anpassen als ein Begleiter, als den sich Gerald Moore immer gesehen hat. Eschenbach ist ein ausgezeichneter Pianist, ich vermisse bei ihm aber die Innerlichkeit im Piano und eine Einfühlung in den Sinn der Texte. Wenn man gerade die beiden letzten Lieder aus dem *Kerner-Zyklus* nimmt, so meine ich, daß Eschenbach dem Zwischenspiel zu viel Schwere gibt und damit die fast überwirkliche Stimmung stört. Die Schallplattenserie der beiden Künstler ist eine ausgezeichnete Ergänzung zum übrigen Werk Schumanns auf Schallplatte; sie zu hören heißt »sich wieder einmal über den Reichtum von Fischer-Dieskaus Begabung zu wundern« (John Warrack in »The Gramophone«, Sept. 1979).

Es sei noch an die Duette Robert Schumanns erinnert, die Fischer-Dieskau in verschiedenen Aufnahmen gesungen hat: mit Elisabeth Schwarzkopf, später mit Janet Baker und in neuester Zeit mit Julia Varady. Mit ihr zusammen und mit Wolfgang Sawallisch am Flügel standen sie auch auf dem Programm der Japantournee, die das Sänger-Ehepaar 1980 unternahm.

Es gibt noch ein Kuriosum, das bei dem Kapitel »Robert Schumann und Dietrich Fischer-Dieskau« nicht unterschlagen werden soll. Fischer-Dieskau hat im Mai 1976 bei einem »Jahrhundertkonzert« mitgewirkt, das zugunsten einer Carnegie-Hall-Stiftung veranstaltet wurde und bei dem zum Schluß die Mitwirkenden, Yehudi Menuhin, Mstislaw Rostropowitsch, Isaac Stern, Wladimir Horowitz und Fischer-Dieskau, dirigiert von Leonard Bernstein, gemeinsam Händels »Halleluja« sangen. Unmittelbar vor diesem lautstarken Abschluß hatten Fischer-Dieskau und Horowitz eine sehr eigenartige Aufführung von Schumanns Dichterliebe dargeboten. Auf der Schallplatte, die das Konzert wiedergibt, hat man den Eindruck, daß die Künstler überhaupt nicht zusammen musizieren, der Rhythmus wird ständig verändert, und von Interpretation kann keine Rede sein. Als Erklärung sagte mir Fischer-Dieskau, daß er vorher vier Stunden in einem engen Raum habe warten müssen, in dessen Nebenzimmer zur Rechten Rostropowitsch Cello geübt und zur Linken Horowitz Klavier gespielt habe. Er sei am

Ende seiner Kräfte gewesen, als er endlich zum Singen aufgefordert worden sei. Mein Vertrauen in Kritiker und ihr Urteilsvermögen wurde außerordentlich erschüttert, als ich später las, daß man von dieser »einmaligen Aufnahme« eine Extra-Schallplatte herstellen wollte. Die sehr viel frischere Generalprobe hat leider niemand mitgeschnitten.

Johannes Brahms erscheint uns häufig als abweisender, trübsinniger Mensch unter den großen Geistern des 19. Jahrhunderts. In unzähligen Musik-Colleges und Musikschulen schaut sein Bild mit unnahbarem Blick aus bärtigem Gesicht auf Schüler und Studenten herab. In Vorträgen erinnere ich meine Hörer immer wieder daran, daß auch dieser Mann seine Laufbahn als blonder, blauäugiger, schlanker Jüngling begonnen hat, als er sich sein Geld als Pianist in Kaffeehäusern und anderen zweifelhafteren Etablissements in Hamburg verdiente. So vorbereitet sind meine Hörer meist eher bereit, auch seine Musik mit Interesse zu hören.

Der letzte Artikel »Neue Bahnen«, den Robert Schumann für die von ihm gegründete »Neue Zeitschrift für Musik« geschrieben hat, war ein Aufsatz über Johannes Brahms, mit dem er voraussagte, daß dieser Großes für die Musik vollbringen werde. Man weiß, daß Brahms sich auch nach Schumanns Tod in herzlicher Freundschaft immer um Clara Schumann gekümmert hat.

Schon im Kapitel über »Oratorien und geistliche Musik« hatten wir erwähnt, daß Fischer-Dieskau schon sehr früh von der Musik des Johannes Brahms fasziniert und angezogen wurde und wieviel ihm das *Deutsche Requiem* und die *Vier ernsten Gesänge* bedeuten, die, wie er sagt, einen »Ehrenplatz« in seinem Repertoire einnähmen.

1948, seinem ersten »öffentlichen« Jahr, hat Dietrich Fischer-Dieskau die *Vier ernsten Gesänge* viermal in Konzerten gesungen; dreimal begleitet von Ludwig Hoffmann und das vierte Mal, in Leipzig, in einer Orchesterfassung von Karl Maria Zwissler. Auch sang er dieses Werk bei seinem ersten Auftreten in Salzburg 1949, begleitet von Ernst Reichert. Man wird sich erinnern, daß es diese Musik war, die Fischer-Dieskau und Wilhelm

Furtwängler zusammengebracht hat, und der Sänger wählte die Originalfassung des Werkes auch als seinen Beitrag zum Gedenkkonzert für den großen Dirigenten im Titania Palast zu Berlin kurz nach dem Tod Furtwänglers im Dezember 1954. Hertha Klust begleitete ihn, wie auch bei der ersten Schallplattenaufnahme dieser Gesänge. Ich ziehe allerdings die 1958 mit Jörg Demus entstandene Schallplatte vor; auch Demus findet, daß dieses eine der allerbesten Aufnahmen ist, die in den 28 Jahren ihrer Zusammenarbeit entstanden ist. Anfang der 6oer Jahre hatten Kritiker viel daran auszusetzen, wenn Konzertpianisten die Begleitung von Sängern übernahmen. Ich bewundere die ruhige Sicherheit von Jörg Demus auf dieser Schallplatte. Die *Vier ernsten Gesänge*, geschrieben gegen Ende von Brahms' Leben und ganz im Zeichen von Clara Schumanns Tod, sind trotz ihrer religiösen Texte frei von jeder Frömmelei oder Bigotterie, wie sie in der damaligen Zeit üblich waren. Übrigens erwähnen Clara und Brahms in ihren Briefen nirgends religiöse Fragen. Brahms wählte für seine Komposition alttestamentarische Texte aus Luthers Bibel-Übersetzung. Sie atmen einen Geist frommer Menschlichkeit.

1979 meinte Fischer-Dieskau, er habe diese Gesänge dreißig Jahre zuvor, zu Anfang seiner Karriere, mehr religiös interpretiert. Da es sich bei diesem Werk aber eigentlich um vier symphonische Sätze handele, sänge er sie heute mehr »brahmsisch«. Ein dogmatisch religiöser Mensch sei Johannes Brahms nicht gewesen.

Die *Vier ernsten Gesänge* von Brahms liegen der großen, ernsten Stimme Fischer-Dieskaus ausgesprochen gut. Er flüstert das aufrüttelnde »Und der noch nicht ist, ist besser als alle beide« und findet mächtigen, zuversichtlichen Ton am Ende des vierten Gesangs: »Nun aber bleibet Glaube, Hoffnung, Liebe, diese drei« mit den drei Höhepunkten auf dem jeweiligen Substantiv. Der Sänger hat keinerlei Schwierigkeit mit den hohen Tönen, ich finde aber, sie sind auf der Schallplatte mit Barenboim weniger volltönend wie bei früheren Aufnahmen.

Für Fischer-Dieskau waren 1972 und 1973 »Brahms-Jahre«. Nachdem er 1972 das »Deutsche Requiem« mit Barenboim für die Schallplatte gesungen hatte, machte er 1973, begleitet von

Günther Weißenborn, eine Brahms-Lieder-Tournee durch Nordamerika. Einer der Höhepunkte war ein Konzert in Carnegie Hall. Das Haus war ausverkauft, man hatte noch zusätzliche Sitzplätze auf der Bühne bereitgestellt. Harold Schonberg schrieb danach in der »New York Times« von dem »höchstmöglichen Maß von Kunst dieses vollkommenen Interpreten und seines ausgezeichneten Pianisten«. Das Programm schloß viele unbekanntere Brahms-Lieder ein, brachte aber auch das liebenswürdige *Ständchen* und, natürlich *Wie bist du, meine Königin* – das Lied, das Fischer-Dieskau einst als erstes richtig zu studieren versuchte. *Ständchen* findet sich auch auf einer Schallplatte mit zwanzig Brahms-Liedern, begleitet von Karl Engel, die 1957 gemacht wurde. Es folgte 1958 eine Schallplatte mit der Begleitung von Jörg Demus »Ein Johannes Brahms-Liederabend«, die besonders in Großbritannien ein großer Erfolg wurde. Sie enthält eine wunderschöne Interpretation von *Feldeinsamkeit*. Mit herrlich ruhigem Ton gestaltet Fischer-Dieskau aus dieser Musik die Stimmung eines heißen Sommertages: »Und ziehe selig mit durch ew'ge Räume . . .«. Dieses Lied erinnert daran, daß der Dichter der *Feldeinsamkeit* einst an der Komposition von Brahms Anstoß nahm. Aber wer würde heute noch von Hermann Allmers sprechen, wenn Brahms ihn nicht durch seine Komposition der Nachwelt erhalten hätte?

1972 wurde Fischer-Dieskau für seine Aufnahme der *Schönen Magelone* ein weiterer »Grammy« zuerkannt. Mir ist nicht ganz klar, weshalb gerade diese Schallplatte mit diesem Preis bedacht wurde. Sie ist zwar schön, ich meine aber, es gäbe eine ganze Reihe noch hervorragenderer Beispiele für die Kunst von Dietrich Fischer-Dieskau, die dieser Auszeichnung vielleicht noch würdiger gewesen wären. Auf dieser Schallplatte musizieren Swjatoslaw Richter und Fischer-Dieskau zusammen. Eric Sams schrieb, daß dem ein besonderes Lob gebühre, der diese beiden Musiker zusammengebracht hätte. Es war Benjamin Britten. Davor gab es schon einmal eine Schallplatte mit diesen Liedern. Es begleitete damals Jörg Demus, und Fischer-Dieskau las auch die Novelle von Tieck, die von den Liedern unterbrochen wird. Die Liebe und Sorgfalt, mit der diese Aufnahme gemacht wurde, konnte mich nicht davon überzeugen, daß

Tiecks pseudo-mittelalterliche Verse aus seiner Novelle »Die schöne Magelone« durch die Vertonung von Brahms gewonnen hätten. Aber *Ruhe, süß Liebchen* wird trotzdem immer eines meiner liebsten Brahms-Lieder bleiben. Ich kann mich noch daran erinnern, wie leicht Elisabeth Schumann dieses Lied sang und die aufsteigenden Töne bei »Schlafe, schlaf ein« nur anzutippen schien. Die Aufnahme mit Richter, der der »Grammy« zugesprochen wurde, war 1970 in München gemacht worden, kurz nachdem Fischer-Dieskau das Werk in Salzburg und wenige Tage später – dieses Mal mit Jörg Demus – in München aufgeführt hatte. Man sieht, daß der Sänger zu diesen »wundersam alten Liedern« eine Zuneigung hat.

Fischer-Dieskaus Ansicht, daß die Lieder von Johannes Brahms charakterisiert werden durch meist strophischen Aufbau und durch »robuste« Klavierbegleitung, die den Sänger zwingt, instrumental zu denken – diese Gedanken gibt sehr gut eine Aufnahme von 42 der vielen Brahms'schen Volkslieder wieder, die Fischer-Dieskau, Elisabeth Schwarzkopf und Gerald Moore im Sommer 1965 machten. Es sind nicht alles wirklich

——————————————— *Mit Swjatoslaw Richter* ———————————————

ursprüngliche Volkslieder, aber wer fragt nach wissenschaftlich genauer Einordnung, wenn er das mitreißende Duett *Jungfräulein, soll ich mit euch gehen* und Gerald Moores sprudelnde Begleitung des Soprans hört? Fischer-Dieskau ist auf dieser Platte melodiös-gesanglich am besten in *Nur ein Gesicht auf Erden lebt.* Das geheimnisvolle *Mein Mädel hat einen Rosenmund* liebe ich mehr von einer Frauenstimme gesungen. Mir ist es immer, als habe Brahms einen Fehler gemacht, als er eine so weibliche Melodie für ein so männliches Gedicht gewählt hat. Wenn man diese Lieder hört, sollte man nie vergessen, daß Brahms sie Clara als Zeichen der Zuneigung schickte, und so sollten sie auch immer gesungen werden.

Es nimmt nicht wunder, daß die Schallplattenfirma Electrola sich dazu entschloß, im Februar 1975 eine fast vollständige Aufnahme von Brahms-Liedern mit Fischer-Dieskau herauszubringen. Die erste Schallplatte, aufgenommen 1964, läßt uns Gerald Moore als Begleiter hören, bei vier Schallplatten, aufgenommen 1970 und 1971, war Wolfgang Sawallisch der Pianist und bei zwei weiteren Daniel Barenboim (aufgenommen 1972). Ohne die *Schöne-Magelone-Lieder* finden sich auf diesen sieben Schallplatten mehr als 150 Lieder, ungefähr drei Fünftel aller, die Brahms geschrieben hat. Sie wurden enthusiastisch besprochen, wenn die Kritiker auch durchblicken ließen, daß kaum einer sich vorstellen könne, abendelang dazusitzen, um allen diesen Liedern zu lauschen.

Die Aufnahmen dieser Lieder kamen kurz vor dem 50. Geburtstag Dietrich Fischer-Dieskaus am 28. Mai 1975 auf den Markt. Sie werfen – oberflächlich gesehen – vielleicht keinen so strahlenden Glanz auf seinen Ruhm, wie es eine Schubert-Ausgabe möglicherweise getan hätte. Die Dichter, die Brahms vertonte, gehören nicht zu den größten des 19. Jahrhunderts.

Seiner Stimme danke ich, daß ich manche dieser dunklen Lieder so lieben gelernt habe. Es ist interessant, daß der Sänger Schuberts Komposition von Ludwig Höltys *Mainacht* in einer wenig aufregenden strophischen Form gegen die berühmtere Brahms-Version desselben Textes in einer Da-capo-Form verteidigt. Schubert sei stilistisch der vom Dichter gewollten Form viel näher. Brahms verehrte Schubert sehr – er nannte seine

Gefühle für den Wiener »meine Liebesaffaire« –, und er wäre mit Fischer-Dieskaus Meinung wohl einig gewesen. Seine Freundschaft mit dem berühmten Sänger Julius Stockhausen, der als erster Liederzyklen im Konzertsaal aufführte, so *Die schöne Müllerin* 1854 in Wien und *Die schöne Magelone*, die Stockhausen gewidmet ist, tat wohl mehr für die Verbreitung des Liedes als Brahms selbst mit seinen zum großen Teil vergessenen Liedern.

Lieder von Mendelssohn hatte man selten in der Öffentlichkeit gehört, bevor das Zwei-Platten-Album, gesungen von Dietrich Fischer-Dieskau herauskam. Mendelssohn, der Goethe noch gekannt hatte, war neunzehn Jahre alt, als Schubert starb; er hinterließ 75 Lieder. In Großbritannien kennt man eigentlich nur *Auf Flügeln des Gesanges*, das in unzähligen Bearbeitungen als Hintergrundmusik in Tea-Shops gespielt wird. Als ich Fischer-Dieskaus einfühlsame Wiedergabe dieses abgedroschenen Werkes hörte, wie er »Und träumen seligen Traum« singt, ohne übertriebene portamenti, ohne Sentimentalität, und so dem Lied seine Größe zurückgibt, da wollte ich auch die anderen Lieder Mendelssohns kennenlernen; sie sind es wert, häufiger gesungen zu werden: Lenaus *Schilflied*, das zauberhafte *Frühlingslied* nach einem Gedicht Ulrich von Lichtensteins, das *Erntelied* mit der an Brahms anklingenden Passage »Es ist ein Schnitter, heißt der Tod« und dem zarten Refrain »Hüt' dich schöns Blümelein«. Bei der Vertonung von Eichendorffs *Pagenlied* mit liebenswürdiger, mandolinenähnlicher Begleitung wird deutlich, weshalb Schumann Mendelssohn so bewundert hat, und die strophische Einfachheit von Klingemanns *Es lauschte das Laub* erinnert daran, daß Mendelssohn ein Schüler von Zelter – dem Freund Goethes – war.

Zu der Zeit, da Sawallisch Fischer-Dieskau bei den Aufnahmen für die Schallplatte begleitete, war er damit beschäftigt, die Einspielung des gesamten symphonischen Werks Mendelssohns vorzubereiten. Zweifellos dachte er an Fischer-Dieskaus imponierendes Engagement für Mendelssohns Lieder, als er mir schrieb, es sei nur diesem Sänger zu verdanken, daß das Lied überhaupt eine so weite Verbreitung und so viele Bewunderer nach 1945 gefunden hat. Fischer-Dieskau sei heute, nach mehr als dreißig Jahren, immer noch unangefochten der beste Gesangsinterpret, was vor allem der Disziplin zu danken sei, mit der er sich seiner Kunst widme.

Mendelssohn gehört zu einer Gruppe von Komponisten des 19. Jahrhunderts, deren Lieder Fischer-Dieskau als erster weiteren Kreisen bekannt gemacht hat, denn auch Lieder von Carl Loewe, Franz Liszt, Giacomo Meyerbeer und Antonin Dvořák wurden selten in die Programme von Liederabenden aufgenommen, bevor Fischer-Dieskau sie auf Schallplatte gesungen und damit bekannt gemacht hat. Mir wurde erst klar, welch ein Talent Carl Loewe gewesen ist, als ich Fischer-Dieskau mit *Tom der Reimer* hörte. Wie hinreißend gestaltet er dieses Lied! Als seine erste Schallplatte mit Loewe-Balladen, begleitet von Gerald Moore, 1968 auf dem Markt erschien, kamen die britischen Rezensenten über die späte Entdeckung solch ungeahnter Schätze fast ins Schwärmen, die im deutschsprachigen Raum sehr populär waren. So konnte man in »The Gramophone« lesen, ob nicht vielleicht Loewes 1818 komponierter *Erlkönig* eine bedeutendere Komposition sei als Schuberts Fassung von 1815. (Wir wissen, daß Wagner dieser Ansicht war!) Fischer-Dieskaus Interpretation ist hier wie eine Oper en miniature, und im Klavierpart galoppiert es schier eindrucksvoller als bei Schubert. Vielleicht animierte diese Schallplatte andere Sänger, so Theo Adam und Elly Ameling, die Loewe-Lieder auch für ihr Publikum zu singen. Fischer-Dieskau fügte der Aufnahme mit Gerald Moore noch »Lieder und Balladen«, begleitet von Jörg Demus, auf drei Platten hinzu.

Die fünfzehn Goethe-Vertonungen der zweiten Platte enthalten zum wenigsten ein Meisterwerk, das Lied *Lynkeus der Türmer auf Fausts Sternwarte zu singen* (aus Faust II). Die langsame Baßbewegung in der Begleitung unterstützt eine außergewöhnlich ausgreifende Melodie-Linie; ein Sänger braucht hier ein perfektes legato und großen Atem, um die tiefen und hohen Töne von »gesehen« bis zu den zauberhaften Verzierungen von »es sei wie es wolle, es war doch so schön« zu singen. Wie sehr wünschte ich, daß meine Leser die herrliche Interpretation Fischer-Dieskaus auf der Schallplatte anhörten und auch die *Canzonetta*, in der er mit seiner mächtigen Stimme so leicht wie ein Hauch, wie

ein Schmetterling singt. Dieses Lied spiele ich bei Schallplatten-
konzerten, um den Hörern zu demonstrieren, wie wandlungsfä-
hig der Sänger ist.

Als Fischer-Dieskau 1970 über Carl Loewe schrieb, erinnerte
er den Leser daran, daß der deutsche Komponist es wenigstens
geschafft habe, mit Goethe zu sprechen – was Schubert nie tat.
Da aber Goethe damals kein Klavier besaß, konnte Loewe ihm
auch nichts vorspielen. Später betraute der Alte aus Weimar
Carl Loewe mit der musikalischen Erziehung seines Enkels.

Auch der Berliner Komponist Giacomo Meyerbeer wurde dem
Lieder-liebenden Publikum durch eine 1975 veröffentlichte
Schallplatte nahe gebracht. Die Meyerbeer-Lieder, begleitet
von Karl Engel, enthalten eine Auswahl aus den etwa sechzig
Liedern des Komponisten, die alle um 1830 entstanden sind.
Ich kann mir nur vorstellen, daß Fischer-Dieskau mit der Aufnahme eine »Pioniertat« vollbringen wollte. Er schrieb 1975,
daß diese Lieder so gut wie unbekannt seien, niemand wüßte
von ihrer Existenz; der Charme von Meyerbeers Kompositionen läge darin, daß sich drei Komponenten in ihnen vereinigten: italienischer Belcanto, Pariser Salon-Musik und das von
Schumann inspirierte deutsche Lied. Für mein Gefühl läßt Fischer-Dieskau diesen Liedern fast zu viel Ehre angedeihen.
Wenn er Meyerbeers Version des Heine-Gedichts *Hör ich das
Liedchen klingen* mit der einfach klimpernden Klavierbegleitung
singt oder *Die Rose, die Lilie*, dann mag ich an einen Vergleich
mit Schumanns Fassungen gar nicht denken.

Mit den Liedern Franz Liszts ist das etwas ganz anderes! Es
gibt bisher noch keine Schallplatte von Fischer-Dieskau mit
dessen farbigen Orchesterfassungen von Liedern Franz Schuberts. Aber ein Liszt-Programm so hervorragender Künstler
wie Fischer-Dieskau und Jörg Demus wird immer ein Publikum
finden und wird die Lieder Liszts auch bei denen bekannt machen, die ihn nur als programmatischen Symphoniker oder als
Komponisten für Klaviervirtuosen kennen. Bei einer Sammlung
»Meine 50 liebsten Lieder« dürften Liszts *Oh, quand je dors, Es
muß ein Wunderbares sein* und *Ihr Glocken von Marling* nicht fehlen.
Fischer-Dieskau und Jörg Demus haben 1961 eine Schallplatte

herausgebracht, die für mich eine der schönsten Fischer-Dieskau-Platten ist. Von ihr spiele ich meinen Freunden zwei Passagen vor, wenn ich ihnen Liszts Genie als Liedkomponist und das Fischer-Dieskaus als Liedersänger demonstrieren will. Zuerst den Schluß der Vertonung des Victor Hugo-Gedichts *Oh, quand je dors*, da die Geliebte mit Petrarcas Laura verglichen wird: »Oh, viens, comme à Petrarque apparaissait Laura.« Wie Fischer-Dieskau diese Zeile gestaltet, ist vielleicht nur mit der Interpretation des britischen Tenors Heddle Nash zu vergleichen, dessen Gesang ich auf einer herrlichen 78er Platte bewundere. Hier findet sich alles, was Fischer-Dieskau an Technik beherrscht und was den Hörer anrührt. – Ganz zufällig hat mein zweites Beispiel auch Laura zum Thema. Es ist die Vertonung eines Petrarca-Sonetts, in dem der Dichter von seiner Unruhe um die Geliebte spricht »In questo stato son Donna, per Voi.« Hier schwingt sich die Stimme in der Wiederholung zu einer Kantilene auf, die selbst in der transponierten Fassung hinreißend klingt. Ein Kritiker schrieb, »Fischer-Dieskau haucht diesen Satz in selig verklärter Entrücktheit, einer Apotheose hingebungsvoller Liebe.« Liszts Lieder haben viele Komponisten beeinflußt; auch der berühmte »Tristan-Akkord« wird immer wieder auf Liszts *Ich möchte hingehn* zurückgeführt; in seinem Buch »Wagner und Nietzsche« weist Fischer-Dieskau darauf hin, daß Wagner ja auch sonst viele Anleihen bei Liszt gemacht habe. Die Vertonungen der Petrarca-Sonette erschienen neu auf einer Schallplatte, die 1974 veröffentlicht wurde; sie enthält außerdem Petrarca-Vertonungen von Reichardt, Pfitzner und Schubert. Eine neuere Auswahl aus Liszts Liedschaffen findet sich auf einer Schallplatte von 1979, bei der Dietrich Fischer-Dieskau von Daniel Barenboim begleitet wird.

Jörg Demus berichtet in seinem Buch »Abenteuer der Interpretation« von den Aufnahmen der *Biblischen Lieder* Antonin Dvořáks mit Fischer-Dieskau. Der Sänger habe die deutsche Fassung dieser Lieder so schwerfällig gefunden, daß er sich am Abend vor der Aufnahme hingesetzt und eine neue Übersetzung, die sich der Musik anpaßte, geschrieben habe. Diese Fassung habe er dann – ohne jede Probe – bei der Aufnahme gesungen. Die *Biblischen Lieder* kamen 1960, mit den *Vier ernsten Gesän-*

gen von Johannes Brahms auf der Rückseite, als Schallplatte heraus. Antoin Dvořák hatte die Texte der tschechischen protestantischen Bibel von 1613 Ende des vorigen Jahrhunderts in Amerika vertont, als er ganz unter dem Eindruck vom Tod Hans von Bülows und dem seines Vaters stand. Fischer-Dieskau findet in diesen Liedern eine »überraschend plastische Form der Deklamation« sowie »Feuer und Inspiration«, die für ihn unwiderstehlich sind, wenn sie auch nichts von der »melancholischen Individualität« eines Johannes Brahms haben, der im übrigen mit Dvořák befreundet war. *Gott ist mein Hirte* – noch ohne die später einsetzende Begleitung – wird von Fischer-Dieskau wunderbar beherrscht und eindrucksvoll gesungen, während Dvořáks urtümliche Fröhlichkeit in *Singet dem Herrn ein neues Lied* aufscheint, das ein mitreißendes Tanzmotiv enthält. Fischer-Dieskau setzt sich hier für diese einfachen Lieder ein, die meiner Meinung nach gleichwertig neben die oft unterschätzten *Zigeunerlieder* gestellt werden können. In einem Konzert könnten sie einen interessanten Kontrast zu Liedern von Johannes Brahms geben.

Das »Goldene Zeitalter des Liedes«, begonnen am 19. Oktober 1814 mit Schuberts Komposition *Gretchen am Spinnrade*, neigt sich mit den Liedern von Hugo Wolf und Richard Strauss schon dem Herbst zu. Die Frage, ob Franz Schubert oder Hugo Wolf der größere Liedkomponist gewesen sei, ist müßig; sie beantwortet sich am besten mit Goethe, der, wenn er gefragt wurde, ob Schiller oder er mehr zur Entwicklung der deutschen Literatur beigetragen hätten, meinte, man solle froh sein, daß es sie beide gäbe; so hätte man doch Gesprächsstoff.

Fischer-Dieskau meint, Schubert habe, geborgen in einer gesicherten Tradition, »mit schlafwandlerischer Sicherheit« komponiert, während Hugo Wolf mit der eigenen und der Unsicherheit seiner Zeit fast bis zum Selbstmord gekämpft habe. Aber er habe mit Erfolg gekämpft, so daß aus seiner Musik ein viel größeres Erbe auf uns kommt als aus der Dichtung seiner Zeitgenossen. Für beide Komponisten empfindet der Sänger große Zuneigung und versucht bei beiden, auch die Kehrseite ihrer

Persönlichkeit zu würdigen. So kann Fischer-Dieskau in Schubert unmöglich nur den naiven Burschen sehen. Er weist immer wieder auf die gestalterische Seite seines Genius hin. Ebenso lehnt er es ab, Wolf nur als neurotisch Manisch-Depressiven zu betrachten, denn gerade Wolfs heitere Lieder nimmt er besonders gern in Programme für Liederabende auf. Für Wolf waren Gluck, Mozart und Wagner eine heilige Trinität, die sich in Beethoven zu einer Einheit versammelte. Die Romantik hatte zu seiner Zeit ihre Unschuld verloren, als einen Unschuldigen aber sah Wolf Franz Schubert. Das mag ihn dazu veranlaßt haben, in seinen eigenen Kompositionen so komplizierte Harmonien, Rhythmen und wechselnde Tonarten zu benutzen. Zwang ihn vielleicht der Reichtum des Schubertschen Erbes dazu, charakterisierende Lieder zu schreiben? Diese Frage stellt Frank Walker in seiner Wolf-Biographie. Ich bin davon überzeugt, und deshalb sehe ich ihn als einen Komponisten, der wohl wußte, daß er nicht für die breite Masse komponierte.

Vom Anfang seiner Karriere an hatte Fischer-Dieskau Wolf-Lieder auf seinem Programm. So nennen die ersten Einträge in sein musikalisches Tagebuch vom 18. und 25. April sowie vom 2. Mai 1948 Lieder aus Wolfs *Italienischem Liederbuch*, die er für den RIAS-Berlin mit Marie-Louise Mansfeld am Flügel sang. An sechs verschiedenen Lieder-Abenden sang er 1948 Hugo-Wolf-Vertonungen. 1950/51 wurde eine Schallplatte von ihm und Hertha Klust mit sieben Liedern aus dem *Italienischen Liederbuch* gemacht. Nachdem Fischer-Dieskau 1951 unter Beecham die *Mass of Life* von Delius aufgeführt hatte, sang er in London für BBC Wolfs Goethe-Lieder begleitet von Ernest Lush. Bei seinem ersten Liederabend im Wiener Mozart-Saal führte er Schuberts *Schöne Müllerin* mit Jörg Demus am Flügel auf, aber schon wenige Tage später gab er am selben Ort einen Liederabend mit einer Auswahl aus dem *Spanischen* und aus dem *Italienischen Liederbuch*. Er und Gerald Moore machten 1952 eine Schallplattenaufnahme mit Goethe-, Eichendorff- und Mörike-Vertonungen Wolfs, und beim Edinburgh Festival 1953 sangen Irmgard Seefried und er, wieder begleitet von Gerald Moore, das ganze *Italienische Liederbuch*. Die erste Schallplatte von Fischer-Dieskau mit Hugo-Wolf-Liedern erschien in Großbritannien 1953. Britische Kritiker, die mit dem Phänomen Fischer-Dieskau damals noch nicht viel anzufangen wußten, verglichen seine Aufnahmen sorgfältig mit denen von Sängern aus der Vorkriegszeit, mit Friedrich Schorr und Heinrich Schlusnus. Man merkt diesen Besprechungen an, daß man damals noch nicht so recht wußte, wie man sich dieser Stimme gegenüber einzustellen hatte. Meistens aber las man, daß es dem jungen Sänger gelänge, etwas Neues aus den altbekannten Liedern zu machen. Ich möchte hier drei Schallplatten näher behandeln, die Vertonungen Hugo Wolfs enthalten, die mir persönlich am nächsten stehen, es sind die Mörike-Lieder. Mörike war an Musik außerordentlich interessiert, er mochte Beethoven nicht, Schuberts *Erlkönig* überzeugte ihn auch nicht, und er erregte sich über Wagners vulgäre Musik. Er schrieb von dem »reinen Gold« in der Kunst eines Gluck, Händel oder Mozart und hat uns in seiner Novelle »Mozart auf der Reise nach Prag« ein Werk hinterlassen, das selbst wie Musik ist.

In wenigen Tagen zwischen dem 16. Februar und dem 18. Mai des Jahres 1888 vertonte Hugo Wolf 43 Gedichte Mörikes; im Herbst des gleichen Jahres folgten zehn weitere. Diese 53 Lieder entstanden in einem explosiven Schaffensrausch. Die vierzig Mörike-Lieder für Männerstimme sang Fischer-Dieskau 1957 mit Gerald Moore am Klavier für die Schallplatte, eines der ersten Langspielplatten-Alben überhaupt. Es handelte sich um die erste größere Hugo-Wolf-Lieder-Sammlung seit der Vorkriegsaufnahme von Walter Legge für die Hugo-Wolf-Gesellschaft, auf der Elena Gerhardt, Friedrich Schorr, Helge Roswaenge, Gerhard Hüsch, Herbert Janssen und Alexander Kipnis Wolf-Lieder sangen – Schätze großer Gesangskunst! Die Fischer-Dieskau/Gerald-Moore-Kassette wurde sofort ein Erfolg. Bei den Liedern müssen in der Interpretation alle Register gezogen werden, von Frömmigkeit (*Auf ein altes Bild* oder *Schlafendes Jesuskind*) bis zu Komik (*Warnung*, mit dem berühmten Krächzen in der Stimme nach Alkohol-Exzeß, oder *Abschied*, bei dem ein Kritiker am Schluß mit einem Fußtritt die Treppe hinuntergeworfen wird). Im Nachspiel des *Abschied* bringt Gerald Moore eine echte Wiener Kunstpause, bevor er seinen Walzer spielt. Diese Platten mit Gerald Moore finde ich um vieles besser als alle anderen Hugo-Wolf-Aufnahmen, die der Sänger in den folgenden Jahren machte. Mit Daniel Barenboim begann Fischer-Dieskau 1972 eine vollständige Dokumentation aller Hugo-Wolf-Lieder. Man begann mit den Lenau-, Heine- und Mörike-Liedern, setzte die Aufnahme im Jahr darauf mit weiteren Mörike-Vertonungen sowie Eichendorff- und Goethe-Liedern fort und kam im November 1976 für abschließende Aufnahmen zusammen – wieder ein großes Unternehmen, ein Zeichen dafür, wie sehr der Sänger sich dem Lied verpflichtet fühlt. Nach einem kurzen Konzert in Innsbruck wurde ein Mitschnitt der Mörike-Lieder als Schallplatte herausgebracht, dieses Mal begleitet von Swjatoslaw Richter. Diese Aufnahme konnte mich technisch nicht überzeugen.

Die vielen Mörike-Wolf-Schallplatten Fischer-Dieskaus beweisen, wie sehr ihm gerade die Vertonungen dieses Dichters am Herzen liegen.

Da Walter Legge zum 100. Geburtstag Wolfs im Jahr 1960 keine vollständige Ausgabe seiner Werke auf Schallplatte herausbrachte, sind Musikliebhaber um so glücklicher über Fischer-Dieskaus eigene »vollständige« Ausgabe. Einige Lieder muß er zwar transponieren, und er weiß sehr wohl, daß Hugo Wolf dagegen war, denn auch der Baß-Bariton Hugo Faisst hatte seinen Freund Wolf gebeten, einige Lieder zu transponieren, damit diese auch einmal von einer tieferen Stimme gesungen werden könnten.

Die ganz offensichtlich für Frauenstimme komponierten Lieder hat Fischer-Dieskau natürlich nicht in seine Aufnahme einbezogen. Das führte zu einer Diskussion in »The Gramophone«. Ein Leser äußerte die Ansicht, daß die Kunst des Liedgesanges nicht in der Darstellung, sondern in der Interpretation läge. Auch Elena Gerhardt habe die *Winterreise* gesungen, und Michael Vogl habe *Ellens Gesänge* vorgetragen. Ich meine aber, daß Fischer-Dieskau jedes Lied als ein Miniatur-Bekenntnis auffaßt, in dem die Dichtung ebenso wichtig ist wie die Musik. Und da ist es problematisch, wenn eine Frauenstimme das singt, was ganz deutlich von einem Mann geäußert wird – und umgekehrt. Wo ein Sänger die Sprache, in der er singt, nicht vollständig beherrscht und mehr darauf bedacht ist, schön zu singen, ist es weniger von Bedeutung. In allen Sprachen gibt es Worte und Phrasen, die nur von einem Mann oder ausschließlich von einer Frau gesungen werden können – wie diese aufgefaßt werden, muß der Singende selbst verantworten.

Der überwältigende Eindruck, den man bekommt, wenn man die drei Mörike-Kassetten der Hugo-Wolf-Aufnahmen vergleicht, ist der, daß man voller Erstaunen feststellt, wie wenig sich die Stimme des Sängers in den mehr als zwanzig Jahren, die zwischen der ersten und der dritten Aufnahme liegen, verändert hat. Es mag sein, daß ein bißchen stimmlicher Schmelz dahin ist, daß ein paar Töne (wie die letzten von *Storchenbotschaft* auf der Richter-Platte) durch den Live-Mitschnitt nicht ganz so opulent herauskommen. Doch was ist das gegen das herrliche legato von »Verborgenheit«? Eric Sams wollte sich darüber wundern, daß auch die Interpretation der Lieder sich nicht geändert habe. Sollte er da nicht einmal die drei verschiedenen Versionen von *Abschied* genau anhören und miteinander vergleichen? Er wird unzählige kleine Unterschiede finden: Mit Gerald Moore singt Fischer-Dieskau: »Ich tat ihm leuchten« fast mit knirschenden Zähnen, mit Richter singt er nur »leuchten« auf diese Weise, und bei Barenboim erreicht er den gewünschten Effekt dadurch, daß er den Ton nur färbt. Sowohl mit Richter als mit Barenboim wählt er für dieses Lied ein rascheres Tempo, und alle drei Versionen legen auf das abschließende »Gerumpel« ganz verschiedenen Nachdruck; in Konzerten sind mir noch viel mehr Unterschiede aufgefallen. Es muß ja so sein, daß ein Sänger mit so viel Erfahrungen und einer solchen Bildung in all den Jahren zu einer Art Grund-Interpretation kommt. Den Einwand: Er singe zu perfekt, weist der Sänger entschlossen von sich, führt dann aber aus: »Man hat mir gelegentlich den Vorwurf gemacht, ich sänge zu perfekt. Das habe ich noch nie empfunden; man kann gar nicht zweimal hintereinander dasselbe tun. ... Interpreten mit vorgefertigten Mustern haben wenig Chancen auf dem Podium, dort können sich nur solche behaupten, die Musik auch aus dem Augenblick heraus erleben und aus der Wechselbeziehung zum Publikum Anregung schöpfen ...«, und hier hätte er hinzufügen können »... und zum Partner«, denn so hat sich Gerald Moore des öfteren über Fischer-Dieskau geäußert. Und was die Schallplatte betrifft, so schreibt Fischer-Dieskau: »... als hätte man mit der Schallplatte goldene, unverrückbare Maßstäbe gesetzt! Auch die Platte ist eine Momentaufnahme, ein Augenblicksbekenntnis, das als Interpretation nicht alle Tage gültig sein muß.«

Und das ist ein Grund dafür, weshalb ein nachschaffender Künstler immer wieder die Begegnung mit dem Werk suchen muß. Ähnlich mag Bert Brecht seine ersten dramatischen »Versuche« empfunden haben, auch sie existieren in verschiedenen Versionen, genauso wie Fischer-Dieskaus Interpretationen von Schubert-, Wolf- und Schumann-Liedern. Eine Interpretation, namentlich eine musikalische, muß sich mit den Jahren ändern, auch der Sänger – ein Mensch! – verändert sich.

Mit dem Werk Hugo Wolfs hat sich Fischer-Dieskau so intensiv beschäftigt, wie sonst nur mit dem Liedschaffen Franz Schuberts.

Sechzehn Lieder aus dem *Italienischen Liederbuch* hatte Fischer-Dieskau ja schon früher mit Hertha Klust für die Schallplatte gesungen. Erfolgreiche Konzerte mit diesem Werk zusammen mit Irmgard Seefried und Erik Werba in Brüssel und in Salzburg waren Anlaß, es zum 100. Geburtstag Wolfs als Schallplatte herauszubringen, wobei allerdings die Klavierbegleitung Dietrich Fischer-Dieskaus von Jörg Demus übernommen wurde. 1966 taten sich Elisabeth Schwarzkopf und Fischer-Dieskau zusammen, um das *Italienische Liederbuch* noch einmal für die Schallplatte zu singen. Elisabeth Schwarzkopf ist sicher die herausragendste Hugo-Wolf-Interpretin unserer Tage; ich bin jedesmal begeistert gewesen, wenn ich sie im Konzertsaal erlebt habe – da überzeugt sie als Mensch und als Sängerin. Auf Schallplatten haben mich ihre vokalen Manierismen gehindert, ihre Kunst ganz zu bewundern. So auch auf dieser Platte, und auf Fischer-Dieskau scheint mir hier nicht ganz so gut wie sonst, aber sein Pianissimo bei »Von purem Golde« in *Und willst du deinen Liebsten sterben sehen* ist wirklich »pures Gold«. Die größeren Höhepunkte scheint er aber zu forcieren, so »Willst du nicht Liebe, nimm Verachtung hin« in *Hoffärtig seid Ihr, schönes Kind*. Die dritte und bisher letzte Gesamtaufnahme des *Italienischen Liederbuchs* machte der Künstler mit Christa Ludwig (begleitet von Daniel Barenboim) im Jahr 1979. Hier gibt es ein meisterhaftes *Gesellen, wolln wir uns in Kutten hüllen*. Der Wolf-Biograph Frank Walker beschreibt dieses Lied als eine Szene aus Boccaccios »Decamerone«, und das scheint mir hervorragend auf Fischer-Dieskaus Interpretation zu passen. Walker verlangt für dieses Lied einen Sänger vom Format eines Schaljapin; hätte er einen besseren als Fischer-Dieskau bekommen können? – Man darf nicht vergessen, den Zauber der Pianissimo-Passage zu erwähnen, die wir von Fischer-Dieskau mit »Er schuf die Schönheit und dein Angesicht« aus *Gesegnet sei, durch den die Welt entstand* zu hören bekommen.

Die 44 Gesänge des *Spanischen Liederbuchs*, Gedichtübertragungen von Emanuel Geibel und Paul Heyse, haben das Interesse des Sängers weniger oft geweckt. Er sang *Herr, was trägt der Boden hier* und *Nun wandre, Marie* auf einer Schallplatte mit verschiedenen anderen Liedern Ende der 50er Jahre, begleitet von Gerald Moore. Eine Gesamtaufnahme machte er erst 1966 mit Elisabeth Schwarzkopf und Gerald Moore. Bei der Rezension dieser Schallplatte wurde in »The Gramophone« ein ganzes Füllhorn von lobenden Adjektiva ausgegossen. Ich persönlich liebe das *Italienische* mehr, obgleich das *Spanische* einen wichtigen Abschnitt im Leben des Komponisten kennzeichnet. Es war sein Versuch, wie Walker schreibt, sich Nietzsches mediterranen Geist anzueignen, als Gegengewicht zu Richard Wagners erdrückendem Einfluß.

Neun Goethe-Lieder von Hugo Wolf wurden bereits 1952 mit der Begleitung Gerald Moores von Fischer-Dieskau auf eine Schallplatte gesungen. 1960 kamen sämtliche Goethe-Lieder in zwei Kassetten auf den Markt. Sie bilden einen Meilenstein, denn beide Interpreten scheinen mir hier ganz besonders gut in Form zu sein. Die Goethe-Lieder entstanden nur ein Jahr nach den Mörike-Vertonungen, und doch sind sie stilistisch weit von ihnen entfernt. Wolf hat versucht, solche Goethe-Gedichte zu vertonen, an denen sich noch kein anderer Komponist versucht hatte. Er war aber der Ansicht, daß Schubert *Prometheus, Ganymed* und *Grenzen der Menschheit* nicht richtig verstanden hatte. Deshalb komponierte er sie auch, was für Wolf Kritik und Herausforderung gewesen sei, wie Walker meint. Auch Fischer-

Dieskau findet, daß *Prometheus* in seiner Art das Gedicht ist, das am ehesten nach einer orchestralen Begleitung verlangt – und diese dann ja auch erhalten hat. Und somit leitet das Lied die letzte Phase der traditionsreichen Musikgattung »Lied für Solostimme mit Klavierbegleitung« ein. Mörike war vielleicht der letzte deutsche Lyriker, dessen Gedichte sich für Vertonungen eigneten; in Hugo Wolf fand er seinen Komponisten, und, wie wir hinzusetzen möchten, beide bekamen in Dietrich Fischer-Dieskau einen idealen Interpreten.

Ich glaube nicht, daß es unfair ist, wenn Fischer-Dieskau die Lieder von Richard Strauss als einen gewissen Rückschritt ansieht. Sicher stimmt er Ernest Newman zu, der in seinem Buch über Richard Strauss sagt, daß nur wenige Lieder dieses Komponisten wirklich Bestand hätten. Und Fischer-Dieskau urteilt in gleicher Weise über die Dichtungen, die Strauss vertonte, und kritisiert vor allem Sentimentalität in seinen mehr als 200 Liedern. Strauss wurde weniger von der männlichen Stimme inspiriert; er schrieb seine Lieder hauptsächlich für seine Braut und spätere Frau, die Sängerin Pauline de Ahna. Und Sopranistinnen haben wahrlich allen Grund, Strauss für herrliche Lieder zu danken.

Die Liebe zum Lied war für Strauss wie ein Ventil. Er mußte einfach für die menschliche Stimme komponieren. Da seine erste Oper *Guntram* ein Reinfall gewesen war, fand sich kein Opernhaus, das seine Werke aufführen wollte. So komponierte er in sechs Jahren 95 Lieder, von denen viele, wie *Freundliche Vision, Traum durch die Dämmerung, Ständchen, Morgen,* und *Ruhe, meine Seele* heute zu den Lied-Klassikern gehören. Über Richard Strauss' Lieder schrieb Fischer-Dieskau: »Nun, so oft und genußvoll ich sie interpretiere, – im Lied sollten ratio und sensus sich die Waage halten, wenn anders der Anspruch nicht in Frage gestellt zu werden droht. Es gibt einige Erfüllungen, aber sie sind in der Minderheit. Erfüllungen, die den »absoluten« Musiker ausweisen, hat er wohl auch bei sich in diesem Bereich nicht gesucht.«

Strauss-Lieder tauchen in Programmen Fischer-Dieskaus bei Konzerten auf, die sich Liedern der Jahrhundertwende widmen. So sang er in den späten 50er Jahren und zu Anfang der 60er gern ein Programm, in dem Lieder von Strauss, Pfitzner und Mahler interpretiert wurden. Seine erste Schallplatte mit Liedern von Richard Strauss sang er, begleitet von Gerald Moore, 1956 – sie erschien zum 100. Geburtstag des Komponisten noch einmal. Auf ihr waren sechzehn der beliebtesten Strauss-Lieder versammelt. Da finden sich Beispiele von »bewegungsloser Ekstase« wie *Traum durch die Dämmerung*, das Strauss übrigens in 20 Minuten komponiert haben soll, und *Morgen*, ferner Beispiele für Fischer-Dieskaus wunderschönes legato in *Die Nacht* mit dem zauberhaft ausgesponnenen Piano bei »Sie stehlen dich mir auch« und natürlich *Ruhe, meine Seele*. Es konnte nicht ausbleiben, daß man *Ständchen* mit der brillanten Interpretation von Elisabeth Schumann aus dem Jahr 1927 verglich, die damals mit ihrem hohen A etwas Zauberisches beschwor (»*hoch*glühen von den Wonneschauern der Nacht«). Die tiefere Stimme kann diesen Glanz nicht haben, aber wir hören, daß Fischer-Dieskau, unterstützt von Gerald Moore, aus diesem Lied viel mehr macht. Leider muß man feststellen, daß die Aufnahmetechniker noch in der monauralen Ära bei der Produktion der Strauss-Lieder nicht gut beraten waren, als sie die Mikrophone so nah vor den Sänger placierten.

Sein Wunsch, etwas Frisches, Neues zu machen, brachte den Sänger auch dazu, zweimal den nie sehr populären *Krämerspiegel* des Komponisten für die Schallplatte zu singen. Für einen literarisch vorgebildeten Hörer mit rascher Auffassungsgabe ist dieses Werk ein Schatz; es beruht auf einem umfassenden Wissen über deutsche Literatur und auf Wortspielen, entstanden aus einem Streit zwischen Strauss und dem Verlagshaus Bote und Bock in Berlin. Bei der ersten Aufnahme 1964 war Jörg Demus, einige Jahre später Gerald Moore der Begleiter Fischer-Dieskaus; diese wurde in die sechs Platten umfassende Gesamtaufnahme von 135 Strauss-Liedern einbezogen. Auch der Sänger braucht für dieses Werk literarisches Wissen, um die Anspielungen, Wortspiele und witzigen Satiren in Alfred Kerrs sonst unbedeutenden Versen gebührend vorzutragen. Ich habe häufig dafür plädiert, daß der *Krämerspiegel* als Prüfstein für interpretatorische Begabung gewählt werden sollte, und interessanterweise hat Gerald Moore gerade diesen Zyklus 1976 für seinen Interpretationskurs gewählt, den er mit der von ihm und Fischer-Dieskau musizierten Schallplatte dokumentierte. Es wimmelt in diesem Werk von Andeutungen an frühere Werke von Richard Strauss, an den *Rosenkavalier* und *Don Quixote* oder *Tod und Verklärung*, und bringt Zitate aus Werken anderer Komponisten. In seinem Kursus weist Moore darauf hin, daß die Art, wie Fischer-Dieskau die hohen Töne singt, manchen Tenor vor Neid erblassen lassen müßte.

Es ist Fischer-Dieskau zu danken, daß er den Zyklus zu neuem Leben erweckt hat, den Norman del Mar in seinem Buch über den Komponisten ein »außergewöhnliches Werk auf dem Gebiet des Gesanges« nennt. Im Konzertsaal hat der Sänger die Komposition nur selten aufgeführt; zuletzt hörte man sie bei den Festspielen 1968 und 1978 in München von ihm, begleitet von Wolfgang Sawallisch und Hartmut Höll. Seine Schallplatte mit dem *Krämerspiegel*, begleitet von Jörg Demus, enthält auf der Rückseite *Enoch Arden* von Richard Strauss.

Fischer-Dieskau glaubt, daß der Komponist auf dem Gebiet des Liedes im Lauf der Jahre viel gelernt hat. »Besonders *Blindenklage* und *Im Spätboot* seien hier erwähnt, auch ihres neuen Gesangstils wegen: Große Intervallsprünge, erweiterter Ton-

Mit Hartmut Höll 1983

umfang, instrumentales Hineinzwingen von Wortbedeutung und Leidenschaftsgebärde in die weitest möglichen Tonschritte der Singstimme ... Die beherrschende Rolle des Klavierparts im spätromantischen Lied feiert hier Triumphe. Sinne und Kunstsinn werden bei Strauss gleichermaßen angesprochen und damit die Deutschen von der etwas ausschließlichen Spaßlosigkeit befreit, die deren Liedproduktion dem Internationalen bisher fernhielt« (Fischer-Dieskau, Vorwort zu »Texte deutscher Lieder«, München 1968).

Nach 1960 wurden in Konzerten immer öfter Werke von Anton Bruckner und von Gustav Mahler aufgeführt. Wie Fischer-Dieskau 1967 in einem Aufsatz über Mahler schreibt, wurde dessen Musik erst nach dem Zweiten Weltkrieg wirklich akzeptiert. Bis dahin hatten Neo-Klassizisten, Antisemiten und alle, die überhaupt gegen »Expression« waren, Mahler und sein Werk ins Abseits gedrängt, als wenn damit die »Verlorenheit des Menschen«, ein Hauptthema in Mahlers Werk, auf ihn selber angewendet werden sollte. Fischer-Dieskau führt aus, daß es vielleicht an seinem Ruhm als Dirigent und als Direktor der Wiener Staatsoper gelegen hat, wenn seine eigene Musik zunächst unbekannt blieb, auch glaubt er, daß die Schwierigkeiten, die Sänger mit seinem Werk haben, ihren Ursprung in den Opern-Erfahrungen des Komponisten haben.

Mahlers Musik war es, die das enge Band zwischen Wilhelm Furtwängler und Dietrich Fischer-Dieskau knüpfte, als der Dirigent nach einer Aufführung von den *Liedern eines fahrenden Gesellen* im August 1951 sagte, Fischer-Dieskau habe ihn zu Mahlers Musik bekehrt. Vielleicht war es der Ausdruck von Trauer, von fast krankhaftem Kummer – von Mahler ohne Vorbehalt geäußert –, die Furtwänglers Reserve hervorgerufen hat? Jedenfalls glaube ich, daß es gerade diese Gemütshaltung in Mahlers Werken war, die das Publikum nach dem Zweiten Weltkrieg ansprach, und zwar ebenso in seinen Symphonien wie in den großen Gesangswerken, die Elisabeth Schwarzkopf, Kathleen Ferrier, Janet Baker und Dietrich Fischer-Dieskau vor allem in Konzerten interpretierten.

Kathleen Ferriers legendäre Aufführung von *Das Lied von der Erde* mit Bruno Walter bei jenem ersten sommerlichen Edinburgh-Festival 1947 hat das Interesse ebenfalls wachsen lassen. Und seit 1952 – dem Jahr, in dem Fischer-Dieskau die *Lieder eines fahrenden Gesellen* mit Furtwängler aufgenommen hat – taucht der Name des Komponisten in den Programmen Fischer-Dieskaus immer häufiger auf. Das *Lied von der Erde* hat er seitdem noch zweimal für die Schallplatte gesungen: 1959 mit Murray Dickie und dem Philharmonia Orchestra unter Paul Kletzki und 1966 mit James King und den Wiener Philharmonikern unter Leonard Bernstein.

Besonders gern singt Fischer-Dieskau auch Mahlers Rückert-Lieder, vor allem *Um Mitternacht, Ich atmet' einen linden Duft* und *Ich bin der Welt abhanden gekommen.*

Ob dem Werk Mahlers ein wirklicher Dienst damit erwiesen wird, wenn es so »populär« gemacht wird, erscheint Fischer-Dieskau recht zweifelhaft. Er schrieb 1967, daß es sicher kein Zufall sei, daß Leonard Bernstein ein so beeindruckender Interpret von Mahlers Werken geworden sei. In der extrovertierten, genialen Persönlichkeit des Amerikaners meint er eine Mischung ähnlicher widerspruchsvoller Wesensmerkmale wie bei Mahler sehen zu können. Bei Fischer-Dieskau heißt es weiter: »Und wenn man heute im Anflug auf New York einen Prospekt in die Hand gedrückt bekommt, auf dem eine Symbolzeichnung das Empire-State-Building, die Liberty-Statue, das UNO-Gebäude und den dirigierenden Bernstein in seltsamem Verein präsentiert, so spricht das eine Sprache, die den musikalischen Blaustrümpfen und den Experimental-Esoterikern einigen Stoff zum Nachdenken liefern könnte.«

Leonard Bernstein und Fischer-Dieskau gaben 1968 zusammen einen Mahler-Abend im New Yorker Lincoln Center zugunsten der Unesco. Alle diese Lieder wurden dann auch als Schallplatte herausgebracht. Wenn man mit der Klavierfassung auch vielleicht einen recht guten Einstieg in die Lieder bekommt, so finde ich sie in der Orchesterfassung doch um einiges wirkungsvoller. Mit den Berliner Philharmonikern unter Leitung von Karl Böhm hat Dietrich Fischer-Dieskau die Rückert-Lieder das erste Mal für die Schallplatte gesungen. Das ist wirklich ein Schatz unter meinen Schallplatten, und doch bekam die Klavierfassung mit Leonard Bernstein 1972 den Preis der »Aca-

Mit Karl Böhm im Studio

démie du Disque lyrique«. Der scharfe Trompetenklang im Finale von *Um Mitternacht* geht in der Klavierversion völlig verloren, und auch der Höhepunkt im Gesang *Herr über Tod und Leben* strahlt längst keinen so ergreifenden Schauder aus wie in der Orchesterfassung. Auf einer neueren Aufnahme mit Daniel Barenboim am Klavier sind die Lieder von Fischer-Dieskau ganz besonders schön und geschmeidig gesungen, besonders in *Ich ging mit Lust durch einen grünen Wald* entzückt wieder einmal sein herrliches mezza-voce-Singen.

Die unter Karl Böhms Leitung entstandene Schallplatte bringt auch eine überragende Wiedergabe von Mahlers *Kindertotenliedern*. Es handelt sich um die Vertonung der erschütternden Gedichte, die Friedrich Rückert geschrieben hat, nachdem drei seiner Kinder ganz kurz hintereinander gestorben waren. Mahler hat diese Lieder komponiert, wie wenn er den Tod dadurch von seinem sterbenden Kind forthalten könnte. Wenn die Aufnahmen dieses Werkes von Janet Baker oder Christa Ludwig auch ergreifend sind, ich finde, daß besonders *Wenn dein Mütterlein* beweist, daß dieser Zyklus für Männerstimme geschrieben wurde, beobachtet in diesem Lied doch der Vater, wie die Mutter ihre toten Kinder sucht. Das Pianissimo-Ende des letzten Liedes mit den Worten »Von keinem Sturm erschrecket, von Gottes Hand bedecket« wird von Fischer-Dieskau mit schönstem Schubert-Ton gesungen. (In der ersten Aufnahme der *Kindertotenlieder* mit Fischer-Dieskau begleitete ihn Rudolf Kempe mit den Berliner Philharmonikern; mir scheint, daß das Orchester hier noch schärfer akzentuiert und ausdrucksstärker war.)

Die von Mahler charakterisierten Gestalten kommen aus einer ähnlichen Verlassenheit des Menschen wie der kummerbeladene Wanderer in Schuberts *Winterreise*. Mahlers »Winterreise« – um bei der Vorstellung, die dieses Werk in uns wachruft, zu bleiben – sind die *Lieder eines fahrenden Gesellen*. Schon die erste Aufnahme Fischer-Dieskaus mit Wilhelm Furtwängler, die kurz nach ihrer legendären *Tristan und Isolde*-Aufnahme entstand, zeigt, daß dieser Zyklus nur von einem Mann interpretiert werden kann. Der »Geselle« wandert mit gebrochenem Herzen – wie Schuberts Wanderer – und wird als Symbol für die verlorene Hoffnung einen Lindenbaum finden. Was die Bezüge zu Schuberts *Winterreise* betreffen, so lesen wir in Fischer-Dieskaus Schubert-Buch darüber: »1883 begann der 23jährige Gustav Mahler mit der Niederschrift seiner *Lieder eines fahrenden Gesellen*, in deren letztem jene Melodie »Auf der Straße steht ein Lindenbaum« aufklingt, die Schubert so nahe ist, daß nur der Böswillige die innere Verwandtschaft von Melodieformung und Ausdruck zur *Winterreise* verkennen kann.« Der Sänger hat die von Gustav Mahler selbst stammenden volksliedähnlichen Verse mit der gleichen künstlerischen Überzeugung gestaltet, die er auch den ähnlich simplen und ähnlich rührenden Gedichten Wilhelm Müllers angedeihen läßt. Es stockt einem der Atem, wenn die Harfenarpeggien in die Melodie überleiten: »Auf der Straße steht ein Lindenbaum.« Und dann dieser Schluß, bei dem der Sänger die tröstlichen Worte singt: »War alles, ach alles wieder gut! Alles! Alles! Lieb und Leid! Und Welt und Traum!« Ich erinnere mich an seine Aufführung dieser Lieder beim Edinburgh-Festival 1974, als man meinte, seine Stimme müsse bei diesen letzten Zeilen ersticken. Das erinnerte an Kathleen Ferriers Aufführung vom *Lied von der Erde* 1947, als sie die letzten Worte »Ewig, ewig« sang.

Seit der Aufführung unter Furtwängler im Jahr 1951 hat Dietrich Fischer-Dieskau die *Lieder eines fahrenden Gesellen* von Gustav Mahler mit allen bedeutenden Dirigenten der Welt aufgeführt. Mit Solti in Frankfurt, mit Bruno Walter in London, mit Keilberth in Edinburgh, mit Schuricht in Besançon, mit Kletzki in Paris und mit Eugen Jochum in Tokio. Mit Ansermet in Lausanne, mit vielen Dirigenten in USA, mit Bernard Haitink in Amsterdam und häufig mit Wolfgang Sawallisch in Deutschland. Seine zweite Schallplattenaufnahme entstand 1968 mit dem Symphonie-Orchester des Bayerischen Rundfunks unter Rafael Kubelik, die mich aber nicht unbedingt überzeugt hat. Wann und wo aber Fischer-Dieskau dieses Werk gesungen hat, lief die Kritik immer auf eine Grundmeinung hinaus: »Das ist eine Art von Ausdruck, die auch starke Männer zu Tränen rühren kann«, wie es ein Kritiker in Los Angeles ausdrückte.

Die Diskussion darüber, ob ein Alt oder ein Bariton die tiefere Stimme im *Lied von der Erde* singen solle, flammt immer wieder einmal auf. Fischer-Dieskau glaubt, er sei der einzige Bariton, der das Werk in dieser Stimmlage gesungen habe, seit Friedrich Weidemann sie zu Mahlers Zeiten interpretierte, doch räumt er ein, sie sei für ihn »ziemlich hoch«. In einer Besprechung der Aufnahme mit Murray Dickie und Fischer-Dieskau hieß es: »Ich persönlich finde die männliche Stimme wegen der Färbung und des Kontrastes weniger überzeugend, aber Fischer-Dieskau singt die Partie so ausgezeichnet, er dringt mit seiner Interpretation direkt ins Herz der Schicksalsmusik« (The Gramophone, Juli 1960).

Gustav Mahler selbst hat beide Möglichkeiten zugelassen, und auch vom Text her ist es im *Lied von der Erde* nicht entscheidend, zeigt doch die Übersetzung der chinesischen Verse von Hans Bethge, daß es in der »Handlung« um zwei Männer geht, und der Erzähler nur ein Mann sein kann wenn es heißt: »Er stieg vom Pferd und reichte ihm den Trunk des Abschieds dar.«

In der Aufnahme von 1966 mit James King und den Wiener Philharmonikern unter der Leitung von Leonard Bernstein hebt sich die Baritonstimme vielleicht besser vom Tenor ab, da Kings Stimme einen helleren Klang hat als die von Murray Dickie. Für einen Bariton bleiben schwierige Töne: »Wo bleibst du?« in *Der Abschied* und einige fortissimo-Passagen in *Von der Schönheit*. Niemand, auch nicht die legendäre Altistin Kathleen Ferrier, hat den Anfang von *Der Abschied* »O sieh, wie eine Silberbarke schwebt der Mond am blauen Himmelssee herauf« mit seinen hohen Tönen schöner und ausdrucksvoller gesungen als Fischer-Dieskau.

Fischer-Dieskau hat die Lieder aus *Des Knaben Wunderhorn* von Gustav Mahler immer mit großem Engagement in vielen Konzerten und 1968 mit Elisabeth Schwarzkopf auch für die Schallplatte gesungen (mit dem London Symphony Orchestra unter George Szell). Das schöne Duett *Wo die schönen Trompeten blasen* wurde von einem Kritiker als »anrührendster Beitrag« bezeichnet, den man je in Mahlers Musik vernommen habe. Und wenn Fischer-Dieskau singt: »Die grüne Heide, die ist so weit« wird jeder an Franz Schubert und seine großen tragischen Lieder erinnert.

Der Sänger ist von Gustav Mahler und seinen Werken immer fasziniert gewesen. Er sieht in ihm einen modernen Komponisten, der mit Elementen gerungen hat, die unvereinbar sind, und in dessen Werken alle künstlerischen Probleme unseres Jahrhunderts gespiegelt sind.

Fischer-Dieskau ist kein Freund von Klischees und Verallgemeinerungen wie »Der größte Sänger der Welt«, »Der Liedsänger mit dem größten Repertoire«, »Der Sänger, von dem die meisten Klassik-Platten hergestellt wurden« und so fort. Kommt man ihm mit solchen Redensarten, so erinnert er an Julius Stockhausen oder Heinrich Schlusnus, die vielleicht mehr Lieder gesungen hätten als er. Schlusnus hat behauptet, er habe 600 Lieder in seinem Repertoire. Fischer-Dieskau kann nicht genau sagen, wieviele Lieder er im Kopf hat; es müssen aber mehr als 1000 sein, die er in Konzerten und für die Schallplatte gesungen hat. Als ich ihn fragte, welche Lieder welches Komponisten noch nicht auf einer Schallplatte festgehalten seien, antwortete er: »Loewe, von dem es 20 Bände Lieder gibt, Robert Franz, Grieg und die Franzosen.«

Als ihm die Ehrendoktorwürde der Sorbonne 1980 verliehen wurde, waren seine literarischen Werke, sein Buch über Schubert und über Nietzsche und Wagner, sicher der unmittelbare Anlaß. Es mag aber auch mitgespielt haben, was Fischer-Dieskau für das Musikleben in Frankreich bedeutet. Die Franzosen gehören bestimmt zu den gebildetsten und enthusiastischsten unter seinen Hörern. Fischer-Dieskau war der erste, der es wagen konnte, einen Hugo-Wolf-Liederabend in Paris zu geben, und ein französischer Kritiker sagte einmal, nur ein Fischer-Dieskau-Konzert könne ihn im Sommer in Paris halten. Der Sänger trat mit Swjatoslaw Richter bei Festpielen in Tours auf und 1967 bei Richters berühmtem »La Grande de Meslay« mit Mörike-Wolf-Liedern, 1978 mit Schubert und 1982 mit Brahms' *Ernsten Gesängen* und Wolfs geistlichen Liedern. Französische Chansons oder Mélodies hat er aber nur selten in seine Konzerte aufgenommen.

Gabriel Fauré, der mit Debussy und Ravel sowie Mahler, Strauss und Hugo Wolf zu den Komponisten gehört, die die Musik des 20. Jahrhunderts vorbereiteten, schrieb einen der wenigen Liederzyklen, die sich den deutschen an die Seite stellen können: *La bonne Chanson* von 1893. Fischer-Dieskau hat dieses Werk, begleitet von Gerald Moore, 1958 für die Schallplatte gesungen, und damit forderte er natürlich Vergleiche mit französischen Sängern heraus, mit Pierre Bernac oder Gérard Souzay. Aber man sollte als Sänger ja nicht nur die Lieder seiner eigenen Muttersprache singen können; die Wärme und Beherrschtheit von Fischer-Dieskaus Gesang passen meiner Meinung nach vortrefflich zu Faurés verhaltener Musik auf Verlaines wunderbar stille Verse. Fischer-Dieskaus Schallplatte mit diesem Zyklus enthält auch eine mitreißende Interpretation von Maurice Ravels *Cinq mélodies populaires grecques*. Von *La bonne chanson* wurde 1975 eine zweite Aufnahme mit Fischer-Dieskau gemacht, bei der in einer Alternativ-Fassung Faurés die Begleitung von Klavier, zwei Geigen, Viola, Violoncello und Baß übernommen wird. Fischer-Dieskau ist zu bewundern, wie er den klassischen französischen Stil wiedergibt, der so gar nicht der »deutschen Innigkeit« gleicht. Am besten zeigt das die Zeile »La lune blanche luit dans les bois« mit dem Seufzer »C'est l'heure exquise« – ein musikalisch wunderbarer Eindruck.

Die gleiche Schallplatte bringt auch die *Chansons madécasses* von Ravel, die Fischer-Dieskau bereits 1951 einmal mit Aurèle Nicolet, Irmgard Poppen und Karl Engel aufgenommen hatte. Es handelt sich dabei, wie Ravel sagte, um eine Art Quintett, in der die Stimme den Part des Hauptinstrumentes übernommen hat. In dieser Musik und in der von Debussy, der Schüler von Fauré war, sind Farbe und Rhythmus ebenso wichtig wie Harmonie und Melodie. Fischer-Dieskaus Gefühl für Rhythmus, für das passende Tempo, für den Stil einer Musik ermöglichen es ihm, eine musikalische Welt zu betreten, die ursprünglich nicht die seine ist. Und doch empfindet man seine Interpretation auch hier als natürlich. In einer Besprechung vom Juli 1961 in »The Gramophone« meint Andrew Porter, daß Fischer-Dieskau die Debussy-Lieder überinterpretiere. Vergleicht man aber seine Artikulation mit der von Meggie Teyte, so merkt man, daß diese Sängerin mit dem französischen Wort sehr ähnlich umgeht. Mir scheint vielmehr, daß niemand Debussys Vertonung von Verlaines *Mandoline* vortrefflicher singen kann. Unwiderstehlich jagt seine große Stimme über die Worte hin.

Nach einem Liederabend im Théâtre des Champs-Elysées im Oktober 1979 schrieb Claude Lully im »Parisien libéré«, daß Fischer-Dieskau »die Lieder mit einer Einfühlsamkeit sänge, die sich aus dem außergewöhnlich ökonomischen Einsatz seiner Mittel herleite«. Mit den Liedern waren Debussys *Trois Ballades de François Villon* gemeint, von denen er zusammen mit Karl Engel schon 1959 eine Schallplatte gemacht hatte. Häufig hat er diese Lieder in Konzerten in Frankreich aufgeführt und in neuester Zeit in einer Orchesterfassung unter der Leitung von Daniel Barenboim für die Schallplatte gesungen.

Nun noch zu Francis Poulenc. Er bedeutete für den Sänger Pierre Bernac ähnliches wie Benjamin Britten für Peter Pears. Sie bilden in der Geschichte des Gesangs eine nicht zu trennende Partnerschaft. Ich hörte sie zusammen bei den Festspielen in Edinburgh 1949, durch sie lernte ich Debussys Villon-Balladen kennen sowie Poulencs Werke für Gesang, seine *Chansons villa-*

geoises mit dem berauschenden *Chant du clair tamis.* Beide waren häufig Zuhörer in Fischer-Dieskaus Konzerten. Auf der Schallplatte von 1975 von Faurés *La bonne chanson* finden sich auch Poulencs Vertonungen von Max Jacobs Nonsens-Versen *Le bal masqué,* einer surrealistischen Parodie bester (oder schlimmster?) Sorte. Sie haben einen traurigen Unterton, die auch krampfhafte Fröhlichkeit nicht vertreibt. In diesen Liedern kann Fischer-Dieskau mit seinem Französisch brillieren, seinen Sinn für Humor beweisen und seine Begabung für Rhythmus in den tanzähnlichen Jazz-Rhythmen demonstrieren.

Wenn wir uns mit den Werken der Komponisten nach der Jahrhundertwende beschäftigen, die Fischer-Dieskau interpretiert hat, so kommen wir zur Musik unserer Tage, für die er sich immer ganz besonders eingesetzt hat. Der Sänger hat immer wieder gesagt, daß es ihm nicht läge, für die Zukunft zu planen. »Es gehört zu meiner Lebenseinstellung, die Dinge an mich herankommen zu lassen.« Er setzt sich dann aber für das, was er übernommen hat, sei es nun im Singen, Schreiben, Dirigieren, Malen oder Sammeln mit seiner ganzen Person ein. So auch mit der modernen Musik. Wenn Impresarios oder Schallplattenfirmen ihm ein neues Stück angeboten haben, hat er dieses fast immer angenommen. Es ist natürlich eine große Hilfe für ihn, daß er so außerordentlich leicht lernt. Er nimmt das Werk auf Tonband auf und verbringt jeden möglichen Augenblick mit dieser Musik, um das Neue aufzunehmen. Sein Auto ist mit Stereo- bzw. Quadro-Technik ausgestattet, das gibt ihm die Möglichkeit, die Musik mit der Partitur zu verfolgen, wenn sein Sekretär, Diether Warneck, ihn chauffiert.

Wenn auch Fischer-Dieskau und mancher andere Musikkenner der Ansicht sind, daß das romantische Lied mit Hugo Wolf den letzten Vertreter gefunden habe, so dauert doch das »Sterben des Liedes« recht lange. Es hat doch immer wieder Komponisten gegeben, die es mit dem Lied noch einmal versuchen wollten. So war der erste Liederabend, bei dem Aribert Reimann den Sänger begleitete, drei Komponisten gewidmet, die man als »Zweite Wiener Schule« bezeichnet, nämlich Arnold Schönberg, Anton Webern und Alban Berg. Lieder dieser Komponisten sind auch auf einer Schallplatte versammelt, die 1971 erschien; sie überrascht den häufig gegen die Zwölftonmusik voreingenommenen Hörer mit melodiöser, schöner Musik. Weberns noch zu Lebzeiten Hugo Wolfs entstandenes Lied *Vorfrühling* mit dem verzauberten Schluß auf »Leise tret auf« und Alban Bergs *Warm die Lüfte* mit den ausdrucksvollen Schlußzeilen von Alfred Momberts Gedicht »Der Eine stirbt daneben der Andere lebt« zeigt, daß Musik, wie auch andere Formen der Kunst, sich immer fortentwickeln und daß, wie Arnold Schönberg es 1948 ausdrückte, neue Techniken in der Kunst entstehen könnten, wenn sie Wurzeln in der Vergangenheit hätten. Fischer-Dieskau hatte schon vorher Musik von Arnold Schönberg aufgeführt, als er 1955 unter Leitung von Hermann Meinhard Poppen den Bauern in den *Gurreliedern* sang. Daß Fischer-Dieskau gerade diese Lieder für ein Konzert in Ostberlin wählte, hatte seinen besonderen Sinn, denn natürlich wußte er, wie konservativ man in östlichen Ländern auf dem Gebiet der Kunst ist. Aber man wollte moderne Musik hören. Von der Begeisterung, mit der man ihn dann dort feierte, war der Sänger überrascht und beglückt. Und man las auch in der Deutschen Demokratischen Republik von »dem größten Sänger der modernen Zeit« in den Kritiken. Ein von Schönberg komponiertes Thema östlicher Provenienz hätte dort wohl weniger begeistert: Das Sieben-Minuten-Stück *Ein Überlebender aus Warschau* für Erzähler, Männerchor und Orchester. Fischer-Dieskau trat damit 1979 unter Leitung von Gary Bertini in München auf und wurde wegen einer Grippe daran gehindert, es in Berlin mit dem Jugend-Orchester der Europäischen Gemeinschaft unter Claudio Abbado noch einmal zu interpretieren. Dieses Stück zeigt, wie weit Schönberg (und Berg) sich von der Form des Liedes entfernt haben, um sich in neuen Weisen auszudrücken.

Durch den Einsatz von Dietrich Fischer-Dieskau wurden die Lieder von Max Reger und Othmar Schoeck überhaupt erst bekannt gemacht. Die Begeisterung für Reger datiert bei dem Sänger aus den Tagen, da er sich für Emmi Leisner und ihren Gesang begeisterte. Schon 1949 führte er Regers Solokantate *Der Einsiedler* in Heidelberg auf; 1953 sang er diese Kantate wiederum in Heidelberg, außerdem Regers *Hymnus der Liebe*. Beide Werke interpretierte er auch beim Reger-Fest zum

100. Geburtstag des Komponisten 1973 in Bonn. Hier wurde ihm in Kritiken »tiefe meditative Ruhe« bescheinigt, von der auch ich damals in dem Konzert erfüllt wurde. Fischer-Dieskaus Schallplatte mit einer Auswahl von Reger-Liedern, mit Günther Weißenborn 1965 aufgenommen, hat bisher noch keinen anderen Sänger zur Nachahmung verführt, wie es sonst wohl schon geschehen ist. Nur Hermann Prey hat eine Schallplatte mit Schubert-Liedern in der Orchesterfassung von Max Reger herausgebracht.

Die Reger-Schallplatte Fischer-Dieskaus stellt die ausgewählten Lieder in die Tradition des romantischen Liedes, wobei *Traum durch die Dämmerung* oft mehr als nur ein Echo der bekannteren Fassung von Richard Strauss ist. Fischer-Dieskau hat für Reger, der für manchen Musikliebhaber immer noch schwer zu verstehen ist, sehr viel getan.

Othmar Schoeck, gestorben 1957, hatte bei Reger in Leipzig studiert. Auch er hätte wohl kaum einen engagierteren Interpreten bekommen können als Fischer-Dieskau. Vier Schallplatten widmen sich – ganz oder teilweise – seinem Gesangswerk. In seinen Kompositionen baute er, wie Max Reger, auf der großen Tradition des Liedes auf, wobei er ganz besonders sein Idol Hugo Wolf im Sinn hatte. Die beiden Liederzyklen Schoecks, *Lebendig begraben*, nach Versen seines Landsmanns Gottfried Keller, und *Notturno*, haben viele Anklänge an die deutsch-österreichische Welt des Liedes, sie zeigen aber auch neue Techniken. *Lebendig begraben* hat der Sänger schon 1955 in Zürich gesungen und 1962 mit dem Radio-Symphonie-Orchester Berlin unter Fritz Rieger aufgenommen, *Notturno* mit dem Juilliard-Quartett 1967. *Lebendig begraben* sind symphonisch verbundene Lieder, ähnlich erschütternd wie die der Schubertschen *Winterreise*, denen aber lyrische Stellen fehlen. *Notturno* – Vertonungen von Lenau-Gedichten und einem abschließenden Prosastück Kellers – darf ein modernes Meisterwerk genannt werden. Fischer-Dieskaus Gesang mit seiner Mischung aus Lyrik und dramatischer Intensität ergibt mit dem spröden Klang des Streichquartetts etwas Meisterliches. Der dritte und vierte Satz nach dem langen introvertierten Einleitungssatz für Streicher allein fängt die Melancholie der Lenauschen Verse mit unheimlicher

Deutlichkeit ein. Für dieses Werk braucht man einen Sänger mit dem Können Fischer-Dieskaus; kein Wunder, daß sich sonst kaum einer an die Komposition herantraut. Erst kürzlich hat er »Notturno« mit dem Schoeck-Quartett in München und dem Melos-Quartett in Ludwigsburg und Salzburg wieder aufgeführt. Die Othmar-Schoeck-Gesellschaft begrüßt in einem Schreiben voller Dankbarkeit, daß er sich immer wieder für das Werk des Komponisten einsetze. Schoeck habe ruhig sterben können, weil er wußte, daß sein *Lebendig begraben* von Fischer-Dieskau auf der Schallplatte festgehalten wurde. Einige Jahre vor seinem Tod hatte er selbst an den Sänger geschrieben, als er hörte, daß dieser *Notturno* aufnehmen wollte, daß es »Göttergaben« seien, zu wissen, daß diese beiden Werke in seiner Interpretation an die Öffentlichkeit kämen. »Ich fühle mich neu geboren, wenn ich daran denke!«

Othmar Schoeck war einer der ersten, der Verse von Hermann Hesse in Musik setzte. Hesse meinte schon 1950, daß es etwa tausend Vertonungen von seinen Gedichten gäbe, und damals hatten die jungen Menschen in Amerika ihn noch nicht für sich entdeckt! Zur Feier des 100. Geburtstages von Hermann Hesse wurde Fischer-Dieskau im Jahr 1972 gebeten, der Öffentlichkeit einige dieser Vertonungen bekannt zu machen. Als Schallplatte erschien 1977 mit der Klavierbegleitung von Karl Engel ein interessanter Vergleich von Hesse-Vertonungen Othmar Schoecks und Gottfried von Einems. Das bekannte Gedicht *Seltsam, im Nebel zu wandern*, das beide Komponisten in Musik gesetzt haben, gibt dabei interessanten Aufschluß über beide Musiker. Schoeck gibt dem Gedicht einen leichten Marschrhythmus, etwa im Schubertschen Sinn, und komponiert die letzte Zeile »Kein Mensch kennt den andern, jeder ist allein« in romantischem Weltschmerz. Gottfried von Einem setzt das Gedicht an den Anfang des Zyklus *Leb wohl, Frau Welt* von sieben Hesse-Gedichten. Seine Komposition zeigt deutlich, daß von Einem dreißig Jahre jünger ist als Schoeck. Spitze Disharmonien unterstreichen, daß zweierlei Einsamkeit gemeint ist: Einsamkeit als Trauer und Einsamkeit durch Weisheit. In seiner meisterlichen Interpretation auf dieser Schallplatte arbeitet Fischer-Dieskau die Unterschiede der beiden Komponisten in ihren Hesse-Vertonungen heraus. Im Jahr 1967 sang er auch die Hesse-Kompositionen *Musik des Einsamen* von Mark Lothar für eine Schallplatte.

Von Einem hatte schon eine Komposition *Rosa mystica* nach Gedichten von H. C. Artmann, für Fischer-Dieskau geschrieben; der Sänger führte das Werk bei den Wiener Festwochen im Juni 1973 mit den Wiener Philharmonikern unter Karl Böhm auf. Ein Kritiker nannte diese Komposition zwar »weltschmerzlerisch-nostalgisch«, der begeisterte Beifall nach dem Konzert ließ aber spüren, daß sie positiv aufgenommen worden war.

Bevor ich mich noch einigen Komponisten unserer Tage zuwende, deren Lieder Fischer-Dieskau gesungen und damit bekannt gemacht hat, möchte ich den Leser auf die Diskographie am Ende dieses Buches hinweisen, in dem man viele Komponisten findet, deren Lieder Fischer-Dieskau im Laufe der Zeit für die Schallplatte gesungen hat, unter ihnen sind Werke von Bartók, Busch, Dallapiccola, Fortner, Kempff, Křenek, Martin, Pfitzner, Schwarz-Schilling. Es mag von Interesse sein, daß die Firma Electrola eine Plattenserie unter dem Titel »Stilwandlungen des Klavierliedes 1850–1950« herausgebracht hat. Viele der aufgeführten Liedaufnahmen sind dieser Reihe entnommen. Wir sollten nicht vergessen, daß sich Ernst Křenek, ein Schwiegersohn Gustav Mahlers (er war in erster Ehe mit Mahlers Tochter Anna verheiratet), 1927 mit seiner Oper *Johnny spielt auf* einen Namen gemacht hat. Für Fischer-Dieskau hat er einen Liedzyklus *Spätlese* zu eigenen Gedichten geschrieben. Die Uraufführung bei den Münchner Festwochen 1974 stieß manchen Hörer vor den Kopf; einige fanden das Zupfen auf den Saiten des Klavieres und das Klopfen auf sein Holz befremdlich und hatten sich etwas »Romantischeres« versprochen; anderen klang das Stück wieder zu wenig »neutönerisch«. Im gleichen Jahr wurde das Werk auch beim Edinburgh-Festival aufgeführt, wo es mit großem Beifall – wie vorher schon in Berlin und Luzern – aufgenommen wurde. Die sechs Gedichte des Zyklus sind wohl kaum große Dichtung, mit ihren Anklängen an Hölderlin und Stefan George. Aber Fischer-Dieskau stellte auch hier seine Kunst in den Dienst für ein neues Werk. Von diesen Křenek-Liedern hat man seither nichts mehr gehört.

Als Benjamin Britten 1962 den Bariton-Part seines »War Requiem« für Fischer-Dieskau geschrieben hatte, entstand daraus eine herzliche Freundschsft. Damals wurde der Sänger häufig im Red House zu Aldeburgh und bei Brittens Festspielen gesehen. Da war es kein Wunder, daß Britten beschloß, für Fischer-Dieskau einen Liederzyklus zu komponieren. Peter Pears wählte dafür sechs Gedichte aus *Songs of Experience* von William Blake aus, die wie von einem musikalischen Ritornell durch sechs *Proverbs of Hell* des Dichters unterbrochen werden. Brittens Musik unterstreicht ein von ihm bevorzugtes Thema – die verlorene Unschuld des Menschen. Fischer-Dieskaus ernster, dunkler Stimmklang, so in *The Chimney-Sweep* bei »A little black thing among the snow«, gibt eine winterliche Szene von äußerster Verlassenheit wider. Das bedeutendste Lied dieses Zyklus ist meiner Meinung *The Tyger*, mit dem Fischer-Dieskau eine hervorragende Darstellung in der fremden Sprache gibt, denn wie schwer ist es zu singen: »Did he who made the lamb make thee?« und welch ein Schauer erfaßt den Hörer bei der erschütternden Monotonie der *Proverbs*. Mit der fertigen Partitur schrieb der Komponist dem Sänger: »Ich wünsche mir, daß Sie die Stimmlage gut finden. Es ist ja ein- oder zweimal ziemlich hoch – aber Sie können alles singen.« Die Partitur trägt die Widmung: »To Dieter: the past and the future.« Britten und Fischer-Dieskau führten den Zyklus im Sommer 1965 in Aldeburgh und Ende desselben Jahres in London auf. Die beiden Künstler musizierten das Werk dann auch für eine Schallplatte, die aber erst Jahre später auf den Markt kam; sie fand überall großen Beifall, und die Komposition wurde als eines der Meisterwerke des 20. Jahrhunderts gefeiert. Seitdem hat der Künstler die *Songs and Proverbs* aber nur noch einmal gesungen: beim Edinburgh-Festival 1968. Über Britten sagt Fischer-Dieskau: »Er ist ein hervorragender Komponist. . . . Ben war ein Mann mit Phantasie, ein Mann mit eigener Weise, die Dinge zu hören . . . ein Mann mit melos . . . das ist ein wichtiger Bestandteil der Musik, das Menschliche in der Musik, das Verbinden zum Menschen, ausgedrückt durch cantabile.« Ähnliches hatte er mir einmal über Busonis *Goethe-Lieder* gesagt, für deren Verbreitung er soviel getan hat, und ich glaube, sein Urteil über

Charles Ives würde nicht viel anders lauten. Die Songs von Ives lernte Fischer-Dieskau auf einer Amerika-Tournee kennen.

Der Amerikaner ist 1954 gestorben. Er hatte auf der Universität deutsche Lieder kennengelernt und unter deren Einfluß selbst 114 Songs geschrieben, die er 1922 auf eigene Rechnung veröffentlichte. Keineswegs wollte er mit seinen Werken Komponisten wie Schumann, Brahms oder Robert Franz zu nahe treten. Begleitet von Michael Ponti, sang Fischer-Dieskau die *Songs, Lieder und Chansons* von Charles Ives 1975 für die Schallplatte. Es sind sehr eigenwillige Kompositionen, die die Stimme, beispielsweise in *Tom sails away*, in fast unnatürliche Höhen führt; alle Kritiker haben Fischer-Dieskaus Einsatz für Ives bewundert. Ob der Komponist aber je einen Sänger akzeptiert hätte, der mit so englischem Akzent singt? Ich selber mag die Lieder von Samuel Barber, einem anderen Amerikaner, fast noch lieber. Seine Vertonung von Matthew Arnolds *Dover Beach* ist zu den eindrucksvollsten Kompositionen unserer Zeit zu zählen. Schon 1950 hatte Fischer-Dieskau dieses Werk in Berlin aufgeführt und zusammen mit dem Schoeck-*Notturno*, begleitet vom Juilliard-Quartett, für die Schallplatte musiziert. Auch hier finden wir wieder begeisternde Pioniertaten für moderne Kompositionen. Man kann nur bedauern, daß andere Sänger ihm da nicht nacheifern.

Als Samuel Barber die Aufnahme von Fischer-Dieskau gehört hatte, erzählte er, daß er das Werk auch einmal für eine Schallplatte gesungen habe. »Fischer-Dieskau hat gut studiert, hat alles gesungen, wie der Komponist es sich wünscht, es klingt, wenn das nicht wie Selbstlob aussieht, als sänge ich selbst!« Nach der Schallplatte zu urteilen, muß Barber eine schöne Tenor-Bariton-Stimme gehabt haben.

In Deutschland hat Fischer-Dieskau zwei bedeutende Komponisten gefunden, von denen er nicht nur Opern, sondern auch andere Vokalwerke oft und gern singt: Aribert Reimann und Hans Werner Henze. Die 1956 geschriebenen *Fünf neapolitanischen Lieder* Henzes, für Fischer-Dieskau komponiert, der sie als »Hoffnung für die Wiederbelebung des verlorenen Melos« bezeichnet, wurden 1959 mit Mitgliedern der Berliner Philharmoniker unter Richard Kraus für die Schallplatte eingespielt, es sind dies Liebeslieder im neapolitanischen Dialekt, die ihre Uraufführung 1956 unter Paul Sacher in Basel erlebten. In Stimmung und Aufbau erinnern sie an Hugo Wolfs *Italienisches* und *Spanisches Liederbuch*. Aber Henze hat seinen eigenen Komponierstil. Man kann von ihm nicht als einem »Nachfolger« irgendeines anderen Komponisten sprechen. Sein Werk ist wie das von Benjamin Britten melodiös, interessant und originell in der harmonischen Struktur. Lieder dieser beiden Komponisten werden meiner Meinung nach auch dann noch lebendig sein, wenn anderes aus unseren Tagen nur noch als Studienobjekt für Musikwissenschaftler benutzt wird.

Für den Schauspieler-Sänger Fischer-Dieskau sind diese Henze-Lieder eine interessante interpretatorische Aufgabe, denn von Zorn bis zu verführerischer Liebenswürdigkeit reicht das Spektrum ihrer Gefühle.

Nun noch zu Aribert Reimann. Als Begleiter, Dirigent und Komponist hat er dem Sänger in den letzten zwanzig Jahren nahegestanden. Er war Schüler von Boris Blacher, der seit 1953 einen Lehrstuhl an der Berliner Musikhochschule inne hat. Fischer-Dieskau sang 1962 die Uraufführung von Blachers *Drei Psalmen* mit dem noch sehr jungen Aribert Reimann am Klavier; vorher hatte er auch die Rolle des Fischers in Blachers Radio-Oper *Die Flut* und den *Großinquisitor* unter Leitung von Christoph von Dohnanyi gesungen.

Reimanns Oper *Lear* war ein großer Höhepunkt in der Zusammenarbeit mit dem Komponisten. In einem Radio-Interview mit Reimann (dessen Mutter übrigens Gesangspädagogin war) erfuhr man, daß er vor dieser Oper bereits mehr als hundert Lieder und Vokalwerke geschrieben hatte, darunter ein größeres Werk für Fischer-Dieskau: Die Vertonung von fünf Gedichten Paul Celans, die 1961 uraufgeführt wurden. Fischer-Dieskau sagte zu Karla Höcker: »Ich war zutiefst beeindruckt von den Stücken, die im Endeffekt einen Improvisations-Charakter tragen, obwohl alles notenmäßig festgelegt ist. Deklamation und musikalische Sinngebung sind von äußerster Subtilität.« Das erste Lied *Blume*, in schwieriger Stimmlage, fordert den Sänger in einer Weise heraus, die ihn befriedigt, und er hat den Komponisten animiert, mehr für ihn zu schreiben. Er war

es ja auch, der schon 1968 auf Reimann einzuwirken suchte, daß er eine *Lear*-Oper komponiere. Damals fühlte er sich dieser Aufgabe noch nicht gewachsen. Als er aber dann drei größere Werke für den Sänger geschrieben hatte, *Ein Totentanz* (Premiere 1961 mit den Berliner Philharmonikern unter Werner Egk), die *Celan-Lieder für Bariton und Orchester*, die 1971 unter Hans Gierster beim Festakt zu Dürers 500. Geburtstag in Nürnberg uraufgeführt wurden, und das Requiem *Wolkenloses Christfest* (unter Hans Zender), war in ihm Zutrauen zur Opernkomposition gewachsen.

In diesem Kapitel habe ich nachzuzeichnen versucht, was Dietrich Fischer-Dieskau in den dreißig Jahren seiner Laufbahn für die Solo-Gesangskunst getan hat. Niemand kann ihm den Platz als erster deutscher Liedsänger unserer Tage streitig machen. Er besitzt Schönheit der Stimme als Instrument, eine immer wieder verblüffende Stimmtechnik und große Intelligenz, mit der er Sinn und Sprache eines Gedichtes durchdringt. Hinzu kommt eine schauspielerische Begabung zum Charakterzeichnen und die Fähigkeit, ein Publikum mit einem Text nachhaltig bekannt zu machen. Er erkennt die Intentionen eines Dichters und des Komponisten, erfaßt mit großer Sensitivität die Sprache und besitzt unnachahmliche Möglichkeit, Laute zu färben und sie in die Aussprache von Konsonanten einzubringen. Mit all diesem gibt er seinen Hörern mehr als alle vor ihm. Daß es ihm gelungen ist, diese Begabungen durch all die Jahre auf so hohem Stand zu halten, den vielen Anforderungen, die sein anstrengender Beruf mit sich bringt, gerecht zu werden und immer wieder frisch und neu der Musik zu begegnen – das alles läßt einen in ein Wort einstimmen, das ein französischer Kritiker über ihn gesagt hat: »Le Miracle Fischer-Dieskau!« – Fischer-Dieskau, das Wunder.

In Dietrich Fischer-Dieskau haben wir einen Sänger vor uns, der es nicht damit genug sein läßt, alljährlich eine Tournee mit zwar wohlstudiertem, aber altbekanntem Programm durch die großen Städte der Welt zu absolvieren. Er ist ein Künstler außerhalb jeder Norm, der in den mehr als dreißig Jahren seiner Karriere fast alle Lieder der bekannten und unzählige von unbekannteren Komponisten gesungen hat. Auch in Oper und Oratorium, in dramatischer und geistlicher Musik vom 18. Jahrhundert bis in unsere Tage hat er auf der Bühne und für die Schallplatte gesungen, was für seine Stimmlage geeignet ist. Die Diskographie am Ende dieses Buches führt über 500 Schallplattenaufnahmen mit Fischer-Dieskau auf, eine Zahl, die kein Sänger ernster Musik außer ihm vorzuweisen hat.

Aber das ist noch nicht alles. Ein so reger, interessierter Geist sucht sich über sein Berufsfeld hinaus – und sei es noch so weit gespannt – auch mit anderem zu beschäftigen.

Als Dietrich Fischer-Dieskau am 21. Juni 1978 die Ehrendoktorwürde der Universität Oxford verliehen wurde, hieß es in der Laudatio, Fischer-Dieskau sei ein Idol der Berliner und der beste Sänger der Welt. Er habe sich aber auch literarisch verdient gemacht. Der Redner sprach von Franz Schubert, »cuius vestigia insecutus librum doctissimum hic conscripsit«. Dieses Buch über die Lieder Franz Schuberts zeigt eine Seite von dem, was Dietrich Fischer-Dieskau über das Singen hinaus beschäftigt.

Schon immer hat der Sänger kleinere Aufsätze und Artikel verfaßt, die sicher eines Tages als Sammelband herauskommen und zeigen werden, wie weitgespannt Fischer-Dieskaus Interessen immer gewesen sind. Mein eigenes Archiv und die »Dietrich-Fischer-Dieskau-Gesellschaft« in München besitzen Texte, die zum Teil aus den allerersten Tagen seiner Laufbahn stammen. Aus vielem habe ich bereits in diesem Buch zitiert. Seine Aufsätze, zum Teil in Schallplatten-Begleitheften erschienen, tragen Titel wie: »Randnotizen zu einem Beethoven-Liederabend« (1965), »Der Podiumslöwe« (über Gustav Mahler) (1967), »Richard Strauss« (1969), »Goethe-Vertonungen« (1968), »Carl Loewe« (1970), »Die neudeutsche Schule« (1971), »Eichendorff-Vertonungen« (1974). Es scheint, als liebe es der Sänger, über die Komponisten zu schreiben, deren Werke er singt. Immer hat er sich intensiv mit den Kompositionen beschäftigt, mit der Wahl des vertonten Gedichts, mit diesem selbst und seinem Dichter. Bei Opernkompositionen zieht er Erkundigungen über das Theater der Uraufführung und seine technischen Möglichkeiten ein, informiert sich über das Orchester und die Sänger, für die das Werk einst geschrieben wurde und studiert das Textbuch und seine Geschichte bis ins kleinste. Er sucht Erfahrung und Eindrücke von Mitwirkenden und Zuschauern kennenzulernen, und so nimmt es nicht wunder, daß seine liebste Lektüre Briefe von Musikern und Dichtern sind. Er sagt, daraus könne er am meisten lernen, so gelange man zu den Quellen.

Seine Aufsätze haben auch andere Musiker beeinflußt. So half sein Beethoven-Artikel, dessen Lieder zu neuem Leben zu erwecken. Fischer-Dieskau ist der Ansicht, daß Beethovens zahlreiche Lieder nicht als Beiwerk zu seinem übrigen Schaffen gesehen werden sollten. »Tatsache dagegen ist, daß die recht zahlreichen Lieder an den wichtigsten, neuerungsträchtigen Stellen über das gesamte Schaffen verstreut zu finden sind ...« Beethoven komponierte mit *An die ferne Geliebte* den ersten Liederzyklus überhaupt, auch hat er als erster versucht, Wort und Musik so miteinander zu verknüpfen, wie es Franz Schubert in seinen Liedern in Vollendung gelang. Gemeinsam mit diesem Aufsatz über Beethovens Lieder haben natürlich die Schallplatten Fischer-Dieskaus dafür gesorgt, daß andere Sänger so herrliche Kompositionen wie *Adelaide, Ich liebe dich* und das fast Mozartsche *Neue Liebe, neues Leben* öfter auf ihr Programm setzen.

Ähnlich erging es auch den weniger bekannten Liedern von

Richard Strauss. Fischer-Dieskaus Schallplatte mit Strauss-Liedern liegt ein Essay bei, mit dem der Sänger energisch für den selten gesungenen *Krämerspiegel* eintritt. Das brachte Gerald Moore dazu, seinen Vortrag über Interpretation anhand dieses Werkes zu halten. Andere Künstler – so der Norweger Knut Skram – wurden dadurch ermuntert, den *Krämerspiegel* selber im Konzert und für eine Schallplatte zu singen. In diesem Aufsatz Fischer-Dieskaus finden wir ein Zitat aus den *Vier ernsten Gesängen* von Johannes Brahms, das dieser aus dem Alten Testament ausgewählt hat; es könnte wohl als Motto über Fischer-Dieskaus Leben stehen: »Daß nichts besser sei, denn daß der Mensch fröhlich sei in seiner Arbeit!« Die literarische Seite seines Lebens zeigt sich auch darin, daß er für viele Bücher von Freunden und Kollegen bereitwillig Einleitungen oder ein Vorwort schrieb, beispielsweise zu Veröffentlichungen von oder über Charles Panzéra, Fritz Busch, Jörg Demus, Gerald Moore, Aksel Schiøtz und Rudolf Kempe.

Hier wollen wir uns aber mit den vier Hauptveröffentlichungen Dietrich Fischer-Dieskaus beschäftigen. Es sind: »Texte deutscher Lieder, ein Handbuch«, München 1968, »Auf den Spuren der Schubert-Lieder, Werden, Wesen, Wirkung«, Wiesbaden 1971, »Wagner und Nietzsche, der Mystagoge und sein

Abtrünniger«, Stuttgart 1974, und »Robert Schumann, Wort
und Musik«, Stuttgart 1981. Das Buch über Schubert ist ins
Englische, Ungarische, Japanische, Französische und Tschechische übertragen; das Wagner-Nietzsche-Buch ist auf Englisch,
Französisch und Japanisch zu erhalten, das über Schumann
wird ins Französische und Japanische übersetzt.

Fischer-Dieskau schreibt reflektierend, mit großem abwechs-
lungsreichem Wortschatz. Man spürt in seiner Art zu schreiben,
daß er, durchdrungen von eigenem Wissen, dieses gerne weiter-
gibt und seinen Enthusiasmus anderen mitteilt. Er schreibt
nicht einfach über Musikwissenschaft, sondern er präsentiert
die Sicht eines erfahrenen praktischen Musikers, wenn er über
Komponisten schreibt, mit deren Werken er häufig vertrauter
ist als manch anderer Musiker heute. Seine Bücher haben vielen
Freude und neues Wissen vermittelt.

»Texte deutscher Lieder« wurde zu einem unentbehrlichen
Begleiter für die Freunde des Liedes. Hier findet sich der Wort-
laut von mehr als 750 Liedern, der übrigens gelegentlich vom
originalen Gedicht abweicht, weil immer wieder einmal Kom-
ponisten die Textvorlagen veränderten. Dieser Anthologie hat
Fischer-Dieskau einen Aufsatz vorangestellt mit dem Titel »Ein
Versuch über das Klavierlied deutscher Sprache«. Es ist ein
Überblick über die Entwicklung des Sololiedes seit 1736, von
Sperontes *Singende Muse an der Pleiße* bis zu Henzes *Neapolitani-
schen Gesängen.* Hier lernt man vieles über Fischer-Dieskaus Ein-

234

stellung zu Komponisten, für deren Lieder er sich ganz besonders eingesetzt hat, so über die Textwahl Schuberts: »In erster Linie mußte ihn ein Gedicht musikalisch anregen, und seine außerordentliche Fruchtbarkeit beim Liederkomponieren sollte den Betrachter nicht dazu verführen, ihn als einen Allesvertoner anzusehen. Einige hervorragende Gedichtvorwürfe haben ihn während seiner ganzen Schaffenszeit gefesselt; er vertonte sie in völlig verschiedenen Versionen, wie zum Beispiel Goethes *An den Mond* oder dessen bereits 1814 in zwei Fassungen vorliegende *Schäfers Klagelied*, das er später noch zweimal in Musik setzte. So verhält sich Schubert wesentlich anders als Beethoven, der in unermüdlichem Ringen die endgültige Form erzwingt.« Oder er schreibt über Robert Schumann, von dem er nicht glaubt, daß die allgemeine Ansicht »Schumann erreiche eine nahtlosere Verschmelzung von Stimme und Klavier« zu Recht besteht. Sein Aufsatz kommt zu der Feststellung: »Die unausweichlich eingetretene Erschöpfung trifft mit dem Ermatten der lyrischen Aussage zusammen« und er fährt fort: »Die Stimme des singenden Künstlers aber wird verantwortlich bleiben als ein Symbol, indem sie den direktesten Ausdruck des Übereinstimmens von Form und Inhalt, von Kern und Hülle repräsentiert. Sie könnte zum Gewissen bei der allgemeinen Gewichtsverlagerung in Richtung auf das Modisch-Ästhetische werden. Und solches auch in dieser Zeit, zu deren Offenbarung den Willen aufzubringen im Jahrhundert der Technik, Masse und Substanzebnung sicherlich anstrengend ist. Dem Interpreten als einer Art Brückenschläger zum kommenden Neuen, welchen Namens es sich auch immer bedienen mag, bleibt die herrliche Aufgabe, das bestehende Gedankengut der Meister durch untadelige Darstellung lebendig zu erhalten.« Und zum Abschluß heißt es: »Musik und Gedicht, sie haben einen gemeinsamen Bereich, aus dem sie schöpfen und in dem sie wirken, die Landschaft der Seele. Sie sind mächtig, Geahntes und Gefühltes in gedankliche Form zu bringen, in eine Sprache umzusetzen, die keine andere Kunstform sagbar machen kann. Die magische Kraft, welche der Musik wie dem poetischen Wort innewohnt, ist imstande, uns unaufhörlich zu verwandeln.«

In aller Kürze gibt dieser Aufsatz ein Resümee, was Fischer-

Dieskau unter seiner Kunst und seinem Beruf, unter Gesang, zu verstehen wünscht. Er ist stolz darauf, nicht zu jenen Sängern zu gehören, deren Stimme – wie der französische Kritiker Gérard Mannoni einmal schrieb – das Gehirn ersetzt. Schließlich – so Fischer-Dieskau – habe man es beim Lied mit dem geistigen Erzeugnis außerordentlich intelligenter Menschen zu tun, mit dem man nur zurechtkomme, wenn man die eigene Intelligenz dagegensetze.

Fischer-Dieskaus eingehende Beschäftigung mit Schuberts Liedern und seinem Werk, seine begeistert umjubelte Stellung als »Der Schubert-Sänger unserer Tage«, wie Gerald Moore ihn nannte, brachte es mit sich, daß er unendlich viel Literatur über Franz Schubert zusammengetragen hat. Es war fast eine natürliche Notwendigkeit, sein Wissen und seine Erfahrung zu einem Buch zu verarbeiten, als 1960 die Deutsche Grammophon dazu ansetzte, alle Lieder Schuberts für Männerstimme auf Schallplatte aufzunehmen. Trotz der vielen Konzertverpflichtungen, Opernengagements und Schallplattenaufnahmen hat Fischer-Dieskau die Zeit gefunden, sein Buch »Auf den Spuren der Schubert-Lieder« zu schreiben. Es ist mehr oder weniger ein nach der zeitlichen Entstehung der Lieder geordneter Überblick, wobei Fischer-Dieskau sie mit den Textdichtern, mit ihrer Zeit und ihrer Stellung in Schuberts Werk in Verbindung bringt. Lieder und Textdichter sind in einem ausführlichen Register aufgeführt, so daß es möglich wird, sich über jedes Schubert-Lied zu informieren. Das Buch wollte nie eine neue Biographie oder eine kritische Auseinandersetzung mit Schubert im musikwissenschaftlichen Sinne sein. Der Sänger versucht, einen biographischen Abriß von Schuberts Leben vor dem Hintergrund der Lieder zu geben. So erfährt man von Schuberts Zeit als Chorknabe, von seiner musikalischen Reife, von der politischen und geschichtlichen Lage der damaligen Zeit. Man wird über sein nicht sehr glückliches Familienleben informiert, liest von Schuberts Liebe, Enttäuschung und von seinem Freundeskreis sowie über seinen frühen Tod. All diese Ereignisse bringt Fischer-Dieskau in Verbindung zur Entstehung der Lieder, den ernsten und heiteren. Immer versucht der Sänger zu zeigen, wie sie ganz natürlich aus Schubert hervorströmten, was aber nicht heißen soll, daß er nur ein intuitiver Komponist war. Fischer-Dieskau zeigt auch, wie Schubert mit seinen Vertonungen gekämpft hat, wie er immer wieder eine neue Fassung eines Gedichtes versucht hat. Es ist, als habe er nicht gelebt, sondern nur komponiert. In seinem Buch zeigt der Sänger vor allem, wieviele unendlich schöne Schubert-Lieder es neben den allbekannten Herrlichkeiten gibt; er schreibt davon, wie wenige der unbekannteren Lieder in Konzerten gesungen werden, und er dankt den Schallplattenunternehmen, daß sie auch seltener zu hörende Lieder in ihr Programm aufnehmen. Er schreibt von großen Sängern, die für die Verbreitung der Lieder eingetreten sind, allen voran Johann Michael Vogl. Er schreibt von Julius Stockhausen, der als erster Schuberts Liederzyklen aufführte und der wohl der erste war, der Liederabende in der uns heute bekannten Form gab. Er erwähnt Raimund von Zur Mühlen und sagt über Jenny Lind, die »schwedische Nachtigall«, daß sie »sich von den Männertexten ebensowenig abschrecken ließ wie nach ihr noch viele Damen auf dem Konzertpodium. Zum Glück sind wir heute gegen diese Art der ›Hosenrollen‹-Besetzung im Konzert allergisch.« Er ermuntert Sängerinnen, etwas mehr Mut zu entwickeln und die – sicher zum Teil nicht so bekannten, deswegen aber nicht minder reizvollen – Lieder für Frauenstimme zu singen; von *Gretchen am Spinnrade* über die *Mignon-* und *Suleika-Lieder,* von Scotts *Gesängen* bis zu den etwas spröden Blumenliedern ist auch für Frauenstimmen bei Schubert noch mancher Schatz zu heben. Er schreibt auch mit Bewunderung von Interpreten unseres Jahrhunderts, von Elena Gerhardt, Karl Erb, Hans Hotter, Heinrich Rehkemper und Heinrich Schlusnus. Rehkemper habe vielleicht mehr das Wort, Schlusnus das Gesangliche betont, wie er gesprächsweise einmal erwähnte. Er selber bemühe sich in seinem Gesang um eine Ausgewogenheit zwischen beiden.

Im letzten Kapitel dieses Buches äußert Fischer-Dieskau Gedanken, die unter Musikern – aber nicht nur unter diesen – immer wieder laut werden: »Wir wollen ein Übergangsstadium zur Erweiterung des Kreises der Hörwilligen einleiten. Wir wollen nach Geräuschentfaltung zur Stille zurückfinden. Auch in der Popmentalität des Augenblicks wollen wir ein gut Teil

Im Garten

Sehnsucht entdecken, der weithin verschwundenen Ganzheit der Melodie, der melodischen Nicht-Dekadenz, wie sie sich Nietzsche wünschte, wieder näherzukommen. Selbst in der Verzerrung wollen wir bereit sein, noch einen Abglanz jener Seligkeit aufzufinden, die den Geist der Kunst am Leben zu halten fähig ist und die zu immer neuer Verwandlung aufruft.« Und er fragt: »Wird sich Mitteilung und Aussage dem anderen gegenüber wieder einstellen können? Wird Hörbares, Nachvollziehbares und deshalb Verstehbares im melodischen Gefüge wiederzufinden sein? Gerade Schubert läßt immer wieder erkennen, wie stark die Melodie in der Kunstmusik das Wesentliche des Erfindens bezeichnet. Wird die Theorie den Mut zu dem Bekenntnis ihrer Unfähigkeit aufbringen, einen Schaffensakt ohne Melos zu konstruieren?«

Derartige Gedanken enthüllen viel, und sie lassen erkennen, daß Fischer-Dieskau trotz all seinem Einsatz für die Kompositionen unserer Tage mit dem Herzen eigentlich bei der Musik des 19. Jahrhunderts ist. Das bestätigte er mir auch, als ich ihn fragte, wann er wohl am liebsten gelebt haben würde. Er wählte das 19. Jahrhundert mit der Begründung, ihn bedrückten die Leere und das Chaos, die diesem Jahrhundert gefolgt seien. Und doch schwingt in dem letzten Absatz seines Schubert-Buches auch Hoffnung mit, wenn er schreibt: »Eines nehmen wir für sicher: Wenn es auch künftig Hörer mit einem Gefühl für Künstlerisches geben wird – immer vorausgesetzt, es handele sich um eine Kommunikation zwischen Interpreten höchsten Ranges und ebensolchen Hörern –, dann wird die meisterliche Vertonung eines Gedichts ein unvergleichliches Erlebnis bleiben.«

Im Gespräch über sein drittes Buch, das die Beziehungen zwischen Nietzsche und Wagner zum Inhalt hat, erzählte mir Fischer-Dieskau, daß ihn die Person Nietzsches interessiere, seitdem er mit sechzehn Jahren ein Buch von Elisabeth Förster-Nietzsche über ihren Bruder gelesen habe. Ihn habe die Freundschaft und auch der Bruch zwischen Wagner und Nietzsche sehr interessiert, und er habe alles gelesen und gesammelt, was er über dieses Thema erreichen konnte. Das war natürlich lange, bevor er wußte, daß sein Beruf ihn einmal so nah mit

Wagner und dessen Bayreuther Welt in Verbindung bringen würde.

Friedrich Nietzsches Einfluß auf Literatur und Philosophie des 20. Jahrhunderts ist groß. In der angelsächsischen Welt ist er lange unterschätzt worden, zumal der heraufziehende Nationalsozialismus den Sinn der von Nietzsche geprägten Begriffe wie »Übermensch« und »Herrenvolk« entstellte und für seine Machtpolitik einsetzte. Aber Nietzsches Bruch mit Wagner allein hätte bereits Beweis genug sein müssen, daß Nietzsche sich von allem, was Wagner betraf, distanzierte. Und war für die Nationalsozialisten Wagner nicht gleichbedeutend mit »germanisch«, »edel«, »heroisch« und vor allem »arisch«?

Im Vorwort zu seinem Buch »Wagner und Nietzsche, der Mystagoge und sein Abtrünniger« schreibt Fischer-Dieskau: »Für den Verfasser sind Anziehungskraft und Wirkung Wagners auf Nietzsche eng verwoben mit den kompositorischen Ambitionen des Philosophen – einer Seite in Nietzsches Schaffen, die bisher nur wenig in das Bewußtsein der Leser seiner Schriften gedrungen ist. Es muß jedoch auch in der Wahrnehmung und Würdigung der Komponente ›Nietzsche als Musiker‹ begriffen werden, warum hier zwei gegensätzliche Individualitäten zueinander strebten, denen über ein kurzes Nahesein hinaus nur eine »Sternenfreundschaft« beschieden war.

Dieser spezifische Blickwinkel und der vertraute Umgang des Autors mit den musikalischen Äußerungen beider Meister mögen als Rechtfertigung dafür gelten, daß es ein Musiker ist, der sich an das Nachzeichnen ihres Doppelbildnisses gewagt hat.

Es ist vielleicht nicht allgemein bekannt, daß von Nietzsche eine stattliche Anzahl Kompositionen existiert, und zwar Instrumental- und Vokalmusik. Thomas Mann hat von Nietzsche gesagt: »Er war Musiker. Keine andere Kunst stand seinem Herzen so nahe.« Im »Grove«, dem bekannten englischen Musiklexikon, sind folgende Kompositionen Nietzsches angegeben: *Siebzehn Lieder* (1864), *Manfred-Meditation* (nach Byron) und *Une monodie à deux* für Klavier (1872), *Sylvesternacht* für Klavier, *Hymne an das Leben* für Chor und Orchester (1887) sowie andere Klavierstücke und Lieder. Übrigens hat Fischer-Dieskau die *Manfred-Meditation* – es handelt sich um eine vierhändige Klavierkomposition – zweimal öffentlich mit Aribert Reimann gespielt: In der Akademie der Künste in Berlin am 13. Mai 1975 und im August 1980 in Bamberg; bei diesen Konzerten sang er außerdem Lieder von Nietzsche, von Peter Gast, Liszt und Wagner.

Natürlich beschäftigen sich die meisten Bücher über Nietzsche mit seinen philosophischen Schriften. Fischer-Dieskau lag daran, zu zeigen, wie groß die psychologische Wirkung von Wagner, seiner Musik und seiner Umgebung auf den Jüngeren war, wie sehr Nietzsche überhaupt von Musik begeistert und erregt wurde. Die Freundschaft mit Wagner und seiner Familie, die Besuche in Tribschen am Vierwaldstättersee öffneten dem jungen Professor der klassischen Philologie in Basel neue Welten. Hier konnte er Musik ganz neu kennenlernen und mit einem Mann diskutieren, der seine anfängliche Begeisterung für Schopenhauer teilte; von ihm glaubten beide, daß er das Wesen der Musik verstünde. Damals schrieb Nietzsche an seinen Freund Rohde: »Was ich dort lerne und schaue, höre und verstehe, ist unbeschreiblich.«

Fischer-Dieskau führt für den Bruch zwischen Nietzsche und Wagner zwei Hauptgründe an: Wagners Arroganz und Nietzsches Minderwertigkeitsgefühle als musikalischer Dilettant. In einem Brief Wagners an Nietzsche heißt es: »... Sehen Sie, wie elend ich mich mit der Philologie abgefunden habe und wie gut es dagegen ist, daß Sie sich ungefähr ebenso mit der Musik abgefunden haben. Wären Sie Musiker geworden, so würden Sie ungefähr das sein, was ich geworden wäre, wenn ich mich auf die Philologie obstiniert hätte.« Und Cosima erzählte Felix Mottl 1886, daß sie einst versucht hätte, *Sylvesterglocken*, eine Komposition Nietzsches, zu spielen. Ihr damaliger Diener hörte dabei zu und sagte: »Schint mir nicht gut.« Darauf Cosima: »Ich gestehe, daß ich vor Lachen ... nicht weiterspielen konnte.«

Der Kult um Wagner ließ Nietzsches Abscheu gegen diese Welt immer größer werden, und Wagners und Cosimas Einstellung, die aus dem Zitierten spricht, hat sicher zur Entfremdung zwischen Wagner und Nietzsche beigetragen. Aus Fischer-Dieskaus Worten ist zu entnehmen, daß seine Sympathien bei dem

Philosophen sind: »Verliebte, gelangweilte, unmusikalische Patronatsherren und -damen mischten sich mit den reichen Müßiggängern Europas, als handele es sich in Bayreuth um ein Sportfest. In Nietzsches Augen war lediglich ein weiterer Vorwand für den Müßiggang neben den alten Vorwänden entdeckt, und in der durch ihre geheime Sexualität überredenden Musik Wagners schien ihm ein Bindemittel für eine Gesellschaft hergestellt, in der jedermann ausschließlich seinem Pläsier nachging. Die Menschen, auf die es ankam, wurden inmitten der eleganten Toiletten und Brillanten kaum bemerkt.«

Fischer-Dieskau zeigt, wie Nietzsche immer mehr von Wagner abrückt. Seine Arroganz, seine Schauspielerei, sein Narzißmus, der Antisemitismus, seine Rohheit und sein vulgäres Benehmen – all das stieß Nietzsche immer mehr ab. Der »Abtrünnige« wies den »Mystagogen«, den »frommen Verführer« zurück. Fischer-Dieskau schreibt, daß Nietzsche sich nach den musikalischen und persönlichen Erfahrungen mit Wagner von der Romantik, dem Dionysischen, Idealistischen immer mehr abwandte, weil er es als negativ im Leben und in der Musik betrachtete. Der große Anti-Wagner-Essay, »Der Fall Wagner« (1888), zählt auf, was Nietzsche in Wagners Musik vermißt: ». . . la gaya scienza; die leichten Füße; Witz, Feuer, Anmut; die große Logik; den Tanz der Sterne; die übermütige Geistigkeit; die Lichtschauder des Südens; das glatte Meer – Vollkommenheit . . .« und schon vorher sagt Nietzsche in diesem Aufsatz über Wagner: »Er macht Alles krank, woran er rührt, – er hat die Musik krank gemacht –«

Fischer-Dieskau stellt in seinem Buch nie den Wert von Wagners Musik in Frage, die namentlich für Sänger immer wieder neue Herausforderung bedeutet. Er macht aber die Seiten an Wagners Charakter deutlich, die wohl auch Nietzsche am meisten irritiert haben. Der Sänger schreibt: »Wagners Deutschtum, das in Wahrheit der nationalen Diktatur der dreißiger und vierziger Jahre musikalische Überredungsakzente lieferte, seine chauvinistische Seite, konnte Nietzsche nicht akzeptieren.« Und er weist auf den Untertitel des *Parsifal* hin und bezeichnet das Wort »Bühnenweihfestspiel« als bombastischen Untertitel.

Im Gespräch aber betont der Sänger immer wieder, daß

Mit Julia Varady und Heinrich Böll

Wagner als Mensch getrennt von seiner Musik zu beurteilen sei. »Ob Wagner ein angenehmer Mensch gewesen ist oder nicht, sollte nur seine Biographen interessieren. Wagners Begabung, Charaktere darzustellen, hatte nicht ihresgleichen«, fügt Fischer-Dieskau hinzu, und das allein hätte ihn schon zu dem musikalischen Phänomen gemacht, das er zweifellos war.

Wie in seinem Schubert-Buch, sind stark pessimistische Züge auch in dem Buch über Wagner und Nietzsche zu finden. Fischer-Dieskau bedauert den Sieg der anti-klassischen Kräfte und glaubt, daß dadurch der Weg zur Verbrauchs-Musik frei wurde, in der der normale Sterbliche zu leicht alle Art von Musik über sich ergehen lassen könne. Fischer-Dieskau schreibt: »Zugleich warnte er vor der Gefahr heraufkommenden Musikkonsums. Sein Unbehagen vor den zukünftigen Pflegern Wagnerschen Kunstgutes mischte sich mit der Sorge vor einer allgemeinen Routine der Musikausübung. Folgerichtig erkannte er schon in der ersten ›Unzeitgemäßen Betrachtung‹ in der Pflege der Klassiker ein mögliches Alibi für Bildungsphilister und deklarierte es als Gefährlichkeit, sich von Zeit zu Zeit einmal an ihren Werken zu erbauen, sich also jenen matten und egoistischen Regungen zu überlassen, die unsere Konzertsäle und Theaterräume jedem Bezahlenden versprechen.« Und er schließt:»Nietzsche beklagte, daß die Musik durch Wagner ihren bejahenden Charakter verloren habe. Indes erlebte er erst die Anfänge solchen Verlustes.«

Das Buch wurde nach seinem Erscheinen häufig besprochen; es machte auch deshalb größeres Aufsehen, weil es in der »Frankfurter Allgemeinen Zeitung« in Fortsetzungen erschien. So fragte Joachim Kaiser in der »Süddeutschen Zeitung«, weshalb Fischer-Dieskau dieses Buch wohl geschrieben habe. Er meint, das hänge mit dem angeborenen Bedürfnis des Sängers zusammen, Menschen belehren zu wollen – daran mag wohl etwas Wahres sein. In den Zuschriften und Kritiken wurde immer wieder anerkannt, wie gut es Fischer-Dieskau gelungen sei, die Charaktere von Wagner und Nietzsche zu schildern. Doch muß sich wohl jeder Schriftsteller damit abfinden, daß andere glauben, sie hätten es »anders« geschrieben, wenn sie die Zeit gehabt hätten ...

Mit seinen Büchern wollte Dietrich Fischer-Dieskau etwas erreichen. Das Schubert-Buch sollte helfen, die vielen unbekannten Lieder des Komponisten der Vergessenheit zu entreißen und ihre Entstehung zu beschreiben. Mit dem Wagner-Nietzsche-Buch wollte er die Beziehung zweier Großer unserer Kulturepoche aus seiner Sicht beschreiben, und in seinem neuesten Buch über das Vokalwerk Robert Schumanns ging es ihm darum, aus der Wahl der Gedichte und aus der Art ihrer Vertonung Rückschlüsse auf das Leben und Werk des Komponisten zu ziehen. Er schreibt: »Robert Schumann gehört zu jenen Gestalten der Kulturgeschichte, die sich objektiver Sicht zu entziehen scheinen. Zeitgeistige Moden und Vorlieben haben das Bild Schumanns emotional oder auch national verzeichnet, noch häufiger aber vorurteilsvoll unterschätzt. In all der Zeit seit seinem Tode ließ sich eigentlich so recht kein Sockel finden, auf den er als gesichertes Monument seiner selbst hätte gestellt werden können – und das spricht für ihn. So mag es auch nicht verwundern, daß sich – der ergiebigen Hinterlassenschaft an Tagebüchern und Schriften zum Trotz – auch bedeutende neuere Arbeiten über die musikalische Ästhetik des 19. Jahrhunderts und damit über deren Angelpunkt »Programm oder nicht« an Schumann vorbeidrücken. Um so mehr muß über Fragen nachgedacht werden, die Schumann aufgibt und die er erst dann selbst schlüssig beantwortet, wenn seine Musik richtig gelesen und bewertet wird.« Über Schumanns Vertonung von Gedichten schreibt der Sänger: »Es ging ihm darum, das Gedicht als Ganzes zu erfassen und sich nicht streng an den Ablauf der Worte zu binden. Immer dann, wenn er in der Ballade oder im Melodram an begriffliches Buchstabieren geriet, kam es zu formwidrigen Aufzählungen von Themen. Seine anfängliche Zurückhaltung, für die menschliche Stimme zu schreiben, konnte Schumann nur durch allmähliche Abgrenzung dessen überwinden, was er als Forderung an eine Liedkomposition in einer Besprechung von Werken Burgmüllers 1839 so formulierte: ›Poetische Auffassung, belebtes Detail, glückliches Verhältnis des Gesanges zum Instrument, überall Wahl und Einsicht und warmes Leben.‹ Hier wurde durch Aussonderung ein Ideal klar umrissen. Danach konnte das Hinzutreten des vokalen Elements als Öffnung neuer Bereiche der Phantasie empfunden werden.« Und Fischer-Dieskau beschließt sein Schumann-Buch mit dem Resümee: »Schumanns Beitrag zur Auseinandersetzung zwischen Wort und Ton, wie sie in der Musikgeschichte kontinuierlich präsent ist, stellt sich im frühen Bekennertum ebenso wie in der späten Distanziertheit als das verdeutlichende Licht heraus, mit dem seine Musik den Text umgab und bewußt auf das mit Worten Gesagte oder auch Verschwiegene reagierte. Schon als die *Kreisleriana* entstanden, hatte die Freude über das Gelingen ihren Ausdruck in der Feststellung gefunden, die Musik klinge ›sprachvoll aus dem Herzen‹. In der Tat gab Schumann seinen Tönen ihr eigenes Sprachwesen und leistete damit einen unvergleichlichen Beitrag zur Vielschichtigkeit der Äußerung des Geistes.«

Zur Charakterisierung des Buches seien einige Stimmen zitiert; Klaus Geitel schreibt in »Die Welt«: » ›Dein Erdenpensum schaff!‹ In Pfitzners ›Palestrina‹, in einer der visionskräftigsten Szenen der spätromantischen Oper (Dietrich Fischer-Dieskau ist immer wieder in ihr aufgetreten und hat durch seine vergleichlich eindringliche Gestaltung zu höchster Wirkkraft verholfen), nehmen die Erscheinungen der großen Meister der Musik von einst ihren zögernden Nachfahren entschieden in die Pflicht, es ihnen gleichzutun. Sie fordern singend die moralische Verpflichtung, nicht müßig zu gehen, sondern bis zuletzt einzuhalten.

Etwas von ihrem unerbittlichen Mahnruf an Palestrina, sein Erdenpensum zu erfüllen, muß wohl auch Dietrich Fischer-Dieskau in den Ohren klingen und ihn zu dieser immer wieder staunenerregenden und imponierenden Lebensleistung anstacheln, als deren jüngste Frucht nun sein Robert-Schumann-Buch erscheint.

Dabei kann sich Fischer-Dieskau über mangelnde Beschäftigung auch ohne seine schriftstellerische Tätigkeit ganz gewiß nicht beklagen. Man rätselt, fasziniert von soviel ruhig-souveräner Aktivität, wie es ihm überhaupt gelingt, dieser Vielfalt von Verpflichtungen unverhetzt Herr zu werden, ohne dabei nachweislich je außer Atem zu kommen. Auch sein neues Buch ist wieder Zeichen einer Stetigkeit und eines Fleißes, um die allein schon man Fischer-Dieskau beneiden kann.

Eine neue Schumann-Biographie hat Fischer-Dieskau nun allerdings mit seinem Buch nicht geschrieben. Aber er hat sie auch gar nicht schreiben wollen. In seiner Betrachtung von ›Wort und Musik‹ im Werk Schumanns wendet er sich ausschließlich dem Vokalwerk zu, natürlich mit besonderem Augenmerk auf das Liedschaffen (wie könnte es anders sein), aber er schließt auch Oper und Oratorium der Spätzeit nachdrücklich ein. Zentralteil der Arbeit ist dabei so etwas wie ein ›Catalogue raisonné‹ des Schumannschen Liedschaffens, sich gründend auf eigene wie fremde Forschung. Es macht denn auch die höchste Freude bei der Lektüre aus, sie von den Schallplatten begleiten zu lassen, auf denen Fischer-Dieskau und der kongeniale Christoph Eschenbach am Klavier einen Großteil des Liedschaffens von Schumann eingespielt haben. Den Reichtum des Buches verstärkt zusätzlich der seiner gesungenen Interpretation – wie auch umgekehrt. Fischer-Dieskaus Buch ist nun einmal Hörern wie Lesern gleichzeitig zugedacht, und das ist gut so.«

Walther Kaempfer schreibt über das Schumann-Buch in »Der Tagesspiegel, Berlin«: »Welche Voraussetzungen ein Sänger als Interpret von Wort und Ton in Lied und Oper zu erfüllen hat, das ist am Beispiel Dietrich Fischer-Dieskaus zu erfahren. Keiner dringt wie er in die Tiefen der klassischen und romantischen Dichtungen vor, die den Komponisten zur Schöpfung seiner Klanggebilde inspirierten.

Es gilt hier, eine neue Arbeit des vielseitigen Sängers anzuzeigen, der bereits in ausführlichen Analysen sich mit dem Liedschaffen Franz Schuberts beschäftigt und einen fesselnden Essay über das problematische Freundschaftsverhältnis Wagner-Nietzsche publiziert hat. Die seltene Personalunion des Liedersängers, Opernbaritons und Schriftstellers erweckt unsere Bewunderung schon für die Arbeitsleistung des vielbeschäftigten Künstlers. Seine neue eingehende und umfangreiche Betrachtung der Vokalwerke Robert Schumanns ist neben der ästhetischen Würdigung und Deutung auch insofern von hohem pädagogischem Wert, als der Autor seine Erfahrungen in der Interpretation der einzelnen bekannten und weniger bekannten Gesänge mitzuteilen sich angelegen sein läßt.«

Und R. Federhofer-Königs schreibt in der »Neuen Zürcher Zeitung«: »Schumanns Ausspruch ›Einen Kranz von Musik um ein wahres Dichterhaupt schlingen‹ wählt Fischer-Dieskau nicht nur als Überschrift für seine Einleitung, sondern zum Leitfaden überhaupt, wie denn auch alle Abschnitte mit Zitaten (aus Liedern, Briefen oder eigenen Aussagen) versehen sind. Sowohl Solo- und Chorlieder als auch die umfangreichen Gesangskompositionen mit Instrumentalbegleitung oder großem Orchester finden eingehend Behandlung. Der jeweilige Textdichter wird mit einer bebilderten Kurzbiographie vorgestellt, eine willkommene Handreichung für den Leser, der auch die knappen Inhaltsangaben sowie Hinweise auf Entstehungsgeschichte und Kompositionsanlaß dankbar entgegennimmt. Ein Vergleich zu vorangegangenen oder nachfolgenden Vertonungen bei gleicher Textvorlage, von Haydn, Beethoven, Schubert,

Mendelssohn, Brahms, Wolf sowie Pfitzner, aber auch von Loewe, Marschner und Mahler stellt Querverbindungen her, verhindert isolierte Betrachtung und ermöglicht kritische Zuordnung in die Wertskala.«

Häufig wird bedauert, daß Fischer-Dieskau nicht ein Buch über Liedinterpretation geschrieben hat. In seinem Schubert-Buch nimmt er zu diesem Problem Stellung. Er erwähnt das ausgezeichnete Buch von Hans-Joachim Moser »Das deutsche Lied seit Mozart« und fährt fort: »Bei den Interpretationshinweisen, die er im ›Sängerstudio‹ dem Studierenden mit auf den Weg gibt, ist die Gefahr der Mißverständlichkeit nicht ausgeschlossen, was uns auch dazu veranlaßte, hier weitgehend auf derartige Vortragswünsche oder Hinweise zu verzichten. Weder die Schallplatte noch das gedruckte Wort können ein individuell auf den lernenden Sänger eingehendes Studium unter der Überwachung des Lehrers oder des Begleiters ersetzen.« Daran hat sich der Sänger bis heute gehalten. 1980 hat er seinen ersten Meisterkurs für junge Lieder-Sänger gegeben; ein Lehrbuch über Interpretation aber beabsichtigt er nicht zu schreiben.

Als Dirigent

Man interessiert sich für die Memoiren von Musikern, man freut sich, wenn berühmte Künstler zum Beispiel als Gäste bei einer Silvesteraufführung der *Fledermaus* auftreten, wenn sie aber anfangen, zwei künstlerische Karrieren nebeneinander herlaufen zu lassen, betrachtet man das mit Argwohn. Leonard Bernstein, Daniel Barenboim, Peter Ustinov, Placido Domingo, Sherill Milnes und seit neuestem Peter Schreier haben sich dafür Kritik eingehandelt. Als Fischer-Dieskau auf dem Dirigentenpodium erschien und als es gar nicht nur nach einem gelegentlichen »Hobby« aussah, war man dagegen. Einen hervorragenden Sänger gegen einen möglicherweise durchschnittlichen Dirigenten einzuhandeln – das wäre ein Verlust, den sich die musikalische Welt nicht gut leisten kann. Aber er war nicht durchschnittlich! Überall hörte man, er dirigiere mit der Sensibilität für Nuancen und für Interpretation, die man von seinem Singen so gut kenne.

Für Fischer-Dieskau ist das Dirigieren eine andere Art, Musik zu machen. Wie das Schreiben von Büchern bedeutet es für ihn, etwas ganz neu anzupacken, mit dem Medium zu experimentieren. Ich glaube aber nicht, daß er je ernsthaft daran gedacht hat, das Singen zugunsten des Dirigierens aufzugeben.

Mit Georg Solti ist Fischer-Dieskau der Ansicht, daß Wilhelm Furtwängler den größten Einfluß auf das heutige Dirigieren gehabt hat. Seine Schallplatten, namentlich die Schumann-Aufnahmen, hütet er als einen kostbaren Schatz. Seit ihrer ersten gemeinsamen Aufführung von Mahlers *Liedern eines fahrenden Gesellen* ist Wilhelm Furtwängler so etwas wie eine Vaterfigur für den Sänger. Die Erinnerung an seine ruhige Autorität am Pult, das Fehlen jeglicher pathetischer Gesten, seine Forderung nach Natürlichkeit versuchte Fischer-Dieskau in das eigene Dirigieren einzubringen; bei Furtwängler habe er immer das Gefühl gehabt, die Musik atme. Übrigens berichtet Elisabeth Furtwängler, daß der Dirigent in dem Sänger so etwas wie einen interpretatorischen Fortsetzer sah.

Wie glücklich der Sänger über das Dirigieren war, spricht aus der Eintragung in sein Konzert-Tagebuch: »Erstes Dirigieren« (dreimal unterstrichen). Es fand am 16. Oktober 1973 statt; Fischer-Dieskau dirigierte die Camerata academica Salzburg. Auf

Selbstbildnis 1983

dem Programm standen die Symphonien 22, 94 und 104 von Joseph Haydn sowie sein c-moll-Cellokonzert, bei dem Wolfgang Böttcher, damals erster Cellist bei den Berliner Philharmonikern, den Solo-Part spielte. Aus den Kritiken ist zu entnehmen, daß auch die Rezensenten bereit waren, den Sänger als Dirigenten ernst zu nehmen. So las man in der »Welt«, daß man nach anfänglicher Nervosität den Eindruck gehabt habe, er dirigiere fast lässig, elegant, als wenn er nie etwas anderes getan hätte. Fischer-Dieskau wurde eingeladen, zwei weitere Konzerte mit der Camerata academica zu leiten. Im Herbst 1973 dirigierte er das Scottish National Orchestra mit einem Schumann-Programm in Edinburgh und Glasgow. Mich erfüllten gemischte Gefühle, als ich während des ganzen Abends nur Fischer-Dieskaus Rücken zu sehen bekam und keinen einzigen Ton von ihm hörte; hatte ich ihn doch nun während 25 Jahren in diesen Räumen immer von vorne, singend, erlebt. Auch mir schien, daß er zunächst nervös war, was sich aber im Lauf des Abends legte, so daß es eine leichte und professionell wirkende Aufführung wurde, was auch die Kritiker überraschte. Und Ende des Jahres dirigierte der Sänger drei Konzerte mit dem English Chamber Orchestra, bei denen Daniel Barenboim als Pianist mitwirkte. 1974 und 1976 gab er zwei Tourneen mit je sechs Konzerten als Dirigent in Israel und in Amerika und arbeitete mit den Bamberger Symphonikern zusammen.

Eine ansehnliche Zahl von Schallplatten hat Fischer-Dieskau als Dirigent eingespielt. Er hat damit einen interessanten Beitrag zur Vielfarbigkeit der Schallplattenindustrie geleistet, auf den er mit Grund stolz sein kann. Die Rezensionen beweisen, daß man ihn als Dirigenten ernst nahm und ihn mit höchsten Ansprüchen gemessen hat.

Fischer-Dieskau hat sich aber vom Dirigieren zurückgezogen. Es scheint ihm nicht möglich, zwei so anstrengende Berufe nebeneinander ganz auszufüllen. Wenn es ihn auch ungeheuer fasziniert hat, eine zwingende Notwendigkeit bedeutete ihm das Dirigieren nicht.

Singen, schreiben, dirigieren – ist das für einen Menschen nicht mehr als genug? Wie ich schon andeutete, hat der Sänger darüber hinaus auch ein großes Interesse an bildender Kunst, und zwar als Sammler und als Maler. Seit dem Zeichenunterricht bei dem Vater seines ersten Klavierlehrers hat er am Malen festgehalten. Immer wieder konnte er sich dabei von den Anstrengungen des Sänger-Berufes ausruhen und entspannen. 1980 machte der Kunstverein in Bamberg eine Ausstellung »Künstlerische Doppelbegabungen von E. T. A. Hoffmann bis Dietrich Fischer-Dieskau«. Der Sänger war mit 43 Bildern in dieser Ausstellung vertreten, die auch Arbeiten von Paul Hindemith, Hermann Hesse, Günther Grass, Federico Fellini, Friedrich Dürrenmatt und Ernst Křenek zeigte. In dem Ausstellungskatalog ist in der Einleitung von John Russell zu lesen: »In der Musik kann er alles tun und zu allem werden: was Wunder, daß er sich malend erst noch für ein Idiom zu entscheiden hat.« Fünfzig Bilder flogen 1983 nach Japan zu Ausstellungen in acht Städten. Stil und Technik sind bei Fischer-Dieskaus Malen nicht festgelegt. Es gibt Ölgemälde wie »Selbstgespräch«, Kreidestudien (Jörg Demus), Federzeichnungen, Bleistiftskizzen und Aquarelle. Wie in der Musik setzt Dietrich Fischer-Dieskau sich auch beim Malen Ziele, die vielfältig und aufregend sind. Auch hier zeigt er, wie er sich mit dem Medium auseinandersetzt, wie er es durchforscht und durchdenkt, wie er Vergangenes und Gegenwärtiges zu erkennen sucht. Auch bei dieser Beschäftigung empfindet er Glück. Glück aber ist Gnade, und diese findet man, wenn man anderen Freude bereitet.

Dieses Buch habe ich geschrieben, um zu schildern, was Dietrich Fischer-Dieskau, der größte Bariton unserer Tage, bis heute geleistet hat.

Viele haben über ihn geschrieben, ihn mit Lob und mit Kritik überhäuft. Er hat gelernt, all dem gegenüber gelassen zu bleiben. »Nichts darf einen Musiker vom Weg abbringen, den er vor sich sieht.«

Seit vielen Jahren beschließe ich meine Vorträge über »Die Kunst von Dietrich Fischer-Dieskau« mit einem Zitat aus einer Besprechung, die John Amis vor Jahren nach einem Konzert des Sängers in »The Scotsman« geschrieben hat. Ich möchte es auch an das Ende dieses Buches stellen, denn seine Worte geben meine Gedanken wieder:

»Das Schicksal gibt dem einen eine schöne Stimme, dem anderen musikalische Beherrschung der Gesangskunst und manche – es läßt sich nicht leugnen – bekommen weder das eine noch das andere. Dietrich Fischer-Dieskau ist beides verliehen. Das Ergebnis ist ein Wunder, mehr kann man darüber nicht sagen. Wenn man ein paar Superlative geschrieben und das Programm geschildert hat, bleibt einem als Kritiker nach einem solchen Konzert nur noch, ›finis‹ unter die Besprechung zu setzen, nach Hause zu gehen und dem Himmel zu danken, daß man das erleben durfte.«

Dank

Es ist unmöglich, allen zu danken, die mir geholfen haben. Für die Überlassung unzähliger Dokumente, Tagebücher, Briefe und Fotografien danke ich Dietrich Fischer-Dieskau und seinem Sekretär, Diether Warneck sowie F. Axel Mehrle von der Dietrich-Fischer-Dieskau-Gesellschaft in München. Gerald Moore bin ich für sein Interesse und das Vorwort zu diesem Buch zu großem Dank verpflichtet. Auch schulde ich vielen Musikern, Kritikern, Freunden und Kollegen Dank, die mit unendlicher Geduld all meine Fragen beantwortet haben, vor allem Dame Janet Baker, Leonard Bernstein, Lotte Buckmann, Jörg Demus, Gottfried von Einem, Mathias Fischer-Dieskau, dem Earl of Harewood, Ernest Hirschbach, Hans Hotter, Herbert von Karajan, William Mann, Karl-Heinz Meyer, Gerald Moore, Alec Robertson, Wolfgang Sawallisch, Desmond Shawe Taylor und Sir Georg Solti und vielen, vielen anderen. Den Erben Benjamin Brittens danke ich für die Erlaubnis, aus Briefen Brittens zu zitieren. Ebenfalls danke ich verschiedenen deutschen und britischen Universitätsbibliotheken für ihre Hilfe, namentlich Derek Bell von der City of Bradford Library.

Zum Schluß sei Dietrich und Julia Fischer-Dieskau für ihre Gastfreundschaft in Berlin und München gedankt und meiner Frau, die meinen Respekt und meine Bewunderung für den großen Sänger immer geteilt hat.

Kenneth S. Whitton
Leeds and Bradford   August 1980

Anhang

Abraham, G. (ed.): Schumann: A Symposium, Oxford 1952

Anderson, E. (ed.): The Letters of Mozart and his Family. 2 Vols., London 1966

Bacharach, A. L. (ed.): The New Musical Companion, London 1957

Barford, P.: Mahler. Symphonies and Songs, London 1970

Batley, E. M.: A Preface to »The Magic Flute«, London 1969

Blom, E. (ed.): Mozart's Letters, West Drayton 1956

Blyth, A. (ed.): Opera on Record, London 1979

Brophy, B.: Mozart the Dramatist, London 1964

Brown, M. J. E.: Schubert: A Critical Biography, London 1958
Deutsch: Schubert, Wiesbaden 1969

Brown, M. J. E.: Essays on Schubert, London 1966

Budden, J.: The Operas of Verdi. 2 Vols., London 1973

Capell, R.: Schubert's Songs, London 1957

Chailley, J.: La flûte enchantée, opéra maçonnique, Paris 1968

Cooper, M.: Gluck, London 1935

Cottrell, A. P.: Wilhelm Müllers Lyrical Song Cycles, Chapel Hill 1970

Culshaw, J.: Ring Resounding, London 1967

Daiber, H.: Deutsches Theater seit 1945, Stuttgart 1976

Del Mar, N.: Richard Strauss, 3 Vols., London 1962/69/72

Demus, J., Höcker, K., Lewinski W. E. v., Oehlmann, W.: Dietrich Fischer-Dieskau, Berlin 1966

Demus, J.: Abenteuer der Interpretation, Wiesbaden 1976

Deutsch, O. E.: Schubert: A Documentary Biography, London 1946
Deutsch: Franz Schubert. Die Dokumente seines Lebens und Schaffens I/III München-Leipzig 1913

Deutsch, O. E.: Schubert: Thematic Catalogue of his Works in chronological Order, London 1951

Dickinson, A. E. F.: The Art of J. S. Bach, London 1936

Dickinson, A. E. F.: The Music of Berlioz, London 1972

Feil, A.: Franz Schubert, Stuttgart 1975

257

Fischer-Dieskau, D.: Auf den Spuren der Schubert-Lieder: Werden-Wesen-Wirkung, Wiesbaden 1971
Englisch: Schubert: A Biographical Study of his Songs. Translated by Kenneth S. Whitton, London 1976

Fischer-Dieskau, D.: Texte deutscher Lieder: Ein Handbuch, München 1968
Englisch: The Fischer-Dieskau-Book of Lieder, London 1976

Fischer-Dieskau, D.: Wagner und Nietzsche: Der Mystagoge und sein Abtrünniger, Stuttgart 1974
Englisch: Wagner and Nietzsche, London 1978

Fischer-Dieskau, D.: Schumann, Wort und Musik. Das Vokalwerk, Stuttgart 1981

Fischer-Fabian, S.: Die ersten Deutschen, München 1975

Florent, F.: Dietrich Fischer-Dieskau, in: »Opéra« No. 7, Juin 1967

Gál, H.: Johannes Brahms, Frankfurt 1963

Garten, H. F.: Wagner, the Dramatist, London 1977

Gay, P.: Weimar Culture, London 1969
Deutsch: Die Republik der Außenseiter. Geist und Kultur der Weimarer Zeit 1918–1933, Frankfurt 1970

Georgiades, T.: Schubert. Musik und Lyrik, Göttingen 1967

Gerhardt, E.: Recital, London 1953

Gobbi, T.: Adrian Boult Lecture, in: »Recorded Sound«, Jan. 1980

Godwin, J.: The Layers of Meaning in The Magic Flute, in: »The Musical Quarterly«, Oct. 1979

Goldschmidt, H.: Franz Schubert, Leipzig 1976

Hammelmann, H. A.: Hofmannsthal, London 1957

Hermand, J. und F. Trommler: Die Kultur der Weimarer Republik, München 1978

Herzfeld, F.: Dietrich Fischer-Dieskau, Berlin 1958

Hughes, R.: Haydn, London 1950/1974

Illing, R.: A Dictionary of Music, London 1950

Jacobson, B.: The Music of Johannes Brahms, London 1977

Kaufmann, W.: Nietzsche-Philosopher, Psychologist, Anti-Christ, Princeton 1950
Deutsch: Nietzsche: Philosoph, Psychologe, Antichrist, Darmstadt 1982

Kendall, A.: Benjamin Britten, London 1973

Kermann, J.: An die ferne Geliebte, in: »Beethoven Studies«, 1974

Larvin, J.: Nietzsche, London 1971

Lehmann, L.: Eighteen Song Cycles, London 1971

Mann, W.: The Operas of Mozart, London 1977

Mellers, W.: François Couperin and the French Classical Tradition, London 1950

Mitchell, D.: Gustav Mahler: The Wunderhorn Years, London 1975

Moore, G.: The Unashamed Accompanist, London 1943/1959/1984
Deutsch: Freimütige Bekenntnisse eines Begleiters, München 1961

Moore, G.: Am I too loud?, London 1962
Deutsch: Bin ich zu laut?, Tübingen 1963

Moore, G.: The Schubert Song Cycles, London 1975
Deutsch: Schuberts Liederzyklen, Tübingen 1975

Moore, G.: Farewell Recital, London 1978 .
Deutsch: Abschiedskonzert, Tübingen 1978

Moser, J. J.: Das deutsche Lied seit Mozart, I/II, Berlin 1937

Newman, E.: Richard Strauss, London 1908

Newman, E.: Testament of Music, London 1962

Newman, E.: Wagner. Man and Artist, London 1963

Osborne, C.: The Complete Operas of Mozart, London 1978

Osborne, C.: W. H. Auden, London 1980

Pahlen, K.: Great Singers, London 1961
Deutsch: Große Sänger unserer Zeit, Gütersloh/Wien 1971

Pasley, M. (ed.): Germany. A Companion to German Studies, London 1972

Pleasants, H.: The Great Singers, London 1967

Plunket Greene, H.: Interpretation in Song, London 1913

Porter, A.: Music of three Seasons (1974–1977), London 1979

Porter, E.: Schubert's Song Technique, London 1961

Prawer, S. S.: The Penguin Book of Lieder, London 1964

Prawy, M.: The Vienna Opera, London 1970
Deutsch: Die Wiener Oper, Wien, München, Zürich 1969

Robertson, A.: Bach, London 1977

Robinson, G. Karajan, London 1975
Deutsch: Herbert von Karajan, Rüschlikon, Stuttgart, Wien 1981

Rosenfeld, P.: Musical Impressions, London 1970

Rosenthal, H.: Great Singers of Today, London 1966

Rosenthal, H.: Two Centuries of Opera at Covent Garden, London 1958

Sams, E.: The Songs of Robert Schumann, London 1975

Schiøtz, A.: The Singer and his Art, London 1970

Schonberg, H. C.: Lives of Great Composers, London 1971
Deutsch: Die großen Komponisten: Ihr Leben und Werk, Königstein 1983

Schweitzer, A.: J. S. Bach, London 1923. Dt.: Bach, Leipzig 1922

Shaw, G. B.: Music in London, London 1932

Shaw, G. B.: GBS on Music, London 1962

Solomon, M.: Beethoven, London 1977
Deutsch: Beethoven, München 1979

Stassinopoulos, A.: Maria: Beyond the Callas Legend, London 1980
Deutsch: Die Callas, Hamburg 1981

Steane, J. B.: The Grand Tradition, London 1974

Stein, J.: Poem and Music in the German Lied, Harvard 1971

Stern, J. P.: A Study of Nietzsche, Cambridge 1979
Deutsch: Nietzsche, die Moralität der äußersten Anstrengung, Köln 1982

Sullivan, J. W. N.: Beethoven, London 1927

Taylor, R.: German Music in: Germany – A Companion to German Studies, London 1972

Terry, C. S.: Bach. A Biography, Oxford 1928
Deutsch: Joh. Seb. Bach – eine Biographie mit einem Geleitwort von Karl Straube, Leipzig 1929

Toland, J.: Adolf Hitler, London 1976

Tovey, Sir D. F.: Essays in Musical Analysis, 6 Vols., Oxford 1935/39

Toye, F.: Verdi: His Life and Works, London 1931

Turing, P.: New Bayreuth, Sudbury 1969

Tyson, A. (ed.): Beethoven Studies, Oxford 1974 et. al.

Walker, A. (ed.): Robert Schumann: The Man and his Music, London 1972

Walker, A.: Franz Liszt, London 1970

Walker, F.: Hugo Wolf, London 1951
Deutsch: Hugo Wolf, Graz, Wien, Köln 1953

Walsh, S.: The Lieder of Schumann, London 1971

Walter, B.: Themes and Variations, London 1946
Deutsch: Thema und Variationen, Stockholm 1947

Weaver, W. and Chusid, M.: The Verdi Companion, New York 1979

Whittacker, W. G.: The Cantatas of Johann Sebastian Bach, Sacred and Secular, 2 Vols., London 1959

Woolridge, D.: From the Steeples to the Mountains, New York 1974

Young, P.: The Bachs 1500–1850, London 1970

Bilder ohne Bildnachweis stammen aus dem
Archiv von Dietrich Fischer-Dieskau

Reihenfolge der Angaben:
Komponist, weitere Interpreten, Aufnahmejahr, Schallplattenfirma.
Der Firma Max Hieber, München, danken wir für
die Überlassung der Diskographie.

ADAM, ADOLPHE: *Vernimm, o Welt, gekommen ist die Stunde* – Klavier: Jörg Demus – 1970 – DG

ANNA AMALIA VON SACHSEN-WEIMAR: *Goethe-Lieder.* Auf dem Land und in der Stadt. Sie scheinen zu spielen – Klavier: Jörg Demus – 1972 – DG

APOSTEL, HANS-ERICH: *Nacht*, op. 3 Nr. 4 – Klavier: Aribert Reimann – 1974 – EMI

ARNIM, BETTINA VON: *Goethe-Lieder.* O schaudre nicht – Klavier: Jörg Demus – 1972 – DG

BACH, CARL PHILIPP EMANUEL: *Oden, Psalmen und Lieder.* Über die Finsternis. Kurz vor dem Tode – Klavier: Jörg Demus – 1969 – DG

BACH, JOHANN CHRISTIAN: *Ah, lamenta oh bella Irene* – Klavier: Gerald Moore – 1960 – EMI

BACH, JOHANN SEBASTIAN: *Johannes-Passion*, BWV 245 (Christus) – Grümmer, Ludwig, Wunderlich, Traxel, Kohn, Otto, Schäfertöns. Chor der St. Hedwigs-Kathedrale Berlin. Berliner Sinfoniker. Dirigent: Karl Forster – 1961 – EMI/L

BACH, JOHANN SEBASTIAN: *Johannes-Passion*, BWV 245 – Auger, Hamari, Schreier, Huttenlocher. Dirigent: Helmuth Rilling – 1984 – CBS

BACH, JOHANN SEBASTIAN: *Matthäus-Passion*, BWV 244 (Christus) – Trötschel, Eustrati, Kuß. Chor und Orchester des Berliner Rundfunks. Dirigent: Fritz Lehmann – 1949 – Vox

BACH, JOHANN SEBASTIAN: *Matthäus-Passion*, BWV 244 (Christus) – Dermota, Grümmer, Höffgen, Edelmann. Wiener Singverein. Wiener Sängerknaben. Wiener Philharmoniker. Dirigent: Wilhelm Furtwängler – Live-Mitschnitt 1954 – Furtwängler Ed./L

BACH, JOHANN SEBASTIAN: *Matthäus-Passion*, BWV 244 (Christus) – Seefried, Fahberg, Töpper, Haefliger, Engen, Proebstl. Münchener Bach-Chor. Münchener Bach-Orchester. Münchener Chorknaben. Dirigent: Karl Richter – 1958 – DG/L

BACH, JOHANN SEBASTIAN: *Matthäus-Passion*, BWV 244 (Christus) – Schwarzkopf, Ludwig, Baker, Watts, Gedda, Pears, Brown, Case,

Kraus, Evans, Berry. Philharmonia Chor London. Philharmonia Orchestra London. Knabenchor der Hampstead Parish Church. Dirigent: Otto Klemperer – 1961 – EMI/L

BACH, JOHANN SEBASTIAN: *Matthäus-Passion*, BWV 244 (Christus) – Janowitz, Ludwig, Schreier, Berry. Wiener Singverein. Chor der Deutschen Oper Berlin. Berliner Philharmoniker. Dirigent: Herbert von Karajan – 1972 – DG/L

BACH, JOHANN SEBASTIAN: *Matthäus-Passion*, BWV 244 (Christus) – Mathis, Baker, Schreier, Salminen. Münchener Bach-Chor. Regensburger Domspatzen. Münchener Bach-Orchester. Dirigent: Karl Richter – 1979 – DG/L

BACH, JOHANN SEBASTIAN: *Messe in h-moll*, BWV 232 – Stader, Töpper, Haefliger, Engen. Münchener Bach-Chor. Münchener Bach-Orchester. Dirigent: Karl Richter – 1961 – DG/L

BACH, JOHANN SEBASTIAN: *Weihnachtsoratorium*, BWV 248 – Giebel, Höffgen, Traxel. Thomanerchor und Gewandhausorchester Leipzig. Dirigent: Kurt Thomas – 1958 – EMI/L

BACH, JOHANN SEBASTIAN: *Weihnachtsoratorium*, BWV 248 – Kings College Choir Cambridge. Academy of St. Martin-in-the-Fields. Dirigent: Philip Ledger – 1976 – EMI/L

BACH, JOHANN SEBASTIAN: *Oster-Oratorium*, BWV 249 (Kommt eilet und laufet) – Zylis-Gara, Johnson, Altmeyer. Süddeutscher Madrigalchor. Südwestdeutsches Kammerorchester. Dirigent: Wolfgang Gönnenwein – 1964 – EMI

BACH, JOHANN SEBASTIAN: *Himmelfahrts-Oratorium*, BWV 11 (Lobet Gott in seinen Reichen). *Sie werden euch in den Bann tun*, BWV 44 – Mathis, Reynolds, Schreier. Münchener Bach-Chor. Münchener Bach-Orchester. Dirigent: Karl Richter – 1977 – DG/L

BACH, JOHANN SEBASTIAN: *Magnificat D-Dur*, BWV 243 – Stader, Töpper, Haefliger. Münchener Bach-Chor. Münchener Bach-Orchester. Dirigent: Karl Richter – 1961 – DG/L

BACH, JOHANN SEBASTIAN: *Messen, Motetten, Lieder* (Reihe Bach-Gesamtausgabe). *Messe in h-moll*, BWV 232 – Stader, Töpper, Haefliger, Engen. Münchener Bach-Chor. Münchener Bach-Orchester. Dirigent: Karl Richter – DG

BACH, JOHANN SEBASTIAN: *Magnificat*, BWV 243 (Reihe Bach-Gesamtausgabe) – Stader, Töpper, Haefliger. Münchener Bach-Chor. Münchener Bach-Orchester. Dirigent: Karl Richter – 1961 – DG

BACH, JOHANN SEBASTIAN: *Kantaten I* (Reihe Bach-Gesamtausgabe). Nun komm, der Heiden Heiland, BWV 61. Christum wir sollen loben schon, BWV 121. Sehet, welch eine Liebe, BWV 64. Gott, wie dein

Name, so ist auch dein Ruhm, BWV 171. Wie schön leuchtet der Morgenstern, BWV 1. Christ lag in Todesbanden, BWV 4. Bleib bei uns, denn es will Abend werden, BWV 6. Der Friede sei mit dir, BWV 158. Halt im Gedächtnis Jesum Christ, BWV 67. Du Hirte Israel, höre, BWV 104. Lobet Gott in seinen Reichen, BWV 11. Sie werden euch in den Bann tun, BWV 44 – Mathis, Schädle, Reynolds, Töpper, Haefliger, Schreier, Adam. Münchener Bach-Chor. Münchener Bach-Orchester. Dirigent: Karl Richter – 1957–1977 – DG

BACH, JOHANN SEBASTIAN: *Kantaten II* (Reihe Bach-Gesamtausgabe). O ewiges Feuer, o Ursprung der Liebe, BWV 34. Also hat Gott die Welt geliebt, BWV 68. Er rufet seinen Schafen mit Namen, BWV 175. Gelobet sei der Herr, mein Gott, BWV 129. Brich dem Hungrigen dein Brot, BWV 39. Ich hatte viel Bekümmernis, BWV 21. Wer nur den lieben Gott läßt walten, BWV 93. Ich will den Kreuzstab gerne tragen, BWV 56 – Mathis, Reynolds, Töpper, Haefliger, Schreier, Adam, Engen, Moll. Münchener Bach-Chor. Münchener Bach-Orchester. Dirigent Karl Richter – 1957–1977 – DG

BACH, JOHANN SEBASTIAN: *Kantaten (Advent und Weihnachten)*. Nun kommt der Heiden Heiland, BWV 61. Christen ätzet diesen Tag, BWV 63. Christum wir sollen loben schon, BWV 121. Sehet, welch eine Liebe, BWV 64. Gottlob, nun geht das Jahr zu Ende, BWV 28. Gott, wie dein Name, so ist auch dein Ruhm, BWV 171. Ach Gott, wie manches Herzeleid, BWV 58. Meine Seufzer, meine Tränen, BWV 13. Ich habe genug, BWV 82 – Mathis, Reynolds, Schreier. Münchener Bach-Chor. Münchener Bach-Orchester. Dirigent: Karl Richter – 1970–1972 – DG/L

BACH, JOHANN SEBASTIAN: *Kantaten (Ostern)*. Ich hab' in Gottes Herz und Sinn, BWV 92. Wie schön leuchtet der Morgenstern, BWV 1. Christ lag in Todesbanden, BWV 4. Bleib' bei uns Herr, BWV 6. Der Friede sei mit Dir, BWV 158. Halt' im Gedächtnis Jesum Christ, BWV 67. Du Hirte Israel, BWV 104. Bisher habt ihr nichts gebeten, BWV 87 – Mathis, Reynolds, Schreier. Münchener Bach-Chor. Münchener Bach-Orchester. Dirigent: Karl Richter – 1977 – DG/L

BACH, JOHANN SEBASTIAN: *Kantaten (Himmelfahrt, Pfingsten, Trinitatis)*. Lobet Gott, BWV 11. Sie werden euch (1. Komp.), BWV 44. O ewiges Feuer, BWV 34. Also hat Gott, BWV 68. Er rufet seinen Schafen, BWV 175. Gelobet sei der Herr, BWV 129. Brich dem Hungrigen dein Brot, BWV 39. Ach Herr, mich armen Sünder, BWV 135. Ein ungefärbt Gemüte, BWV 24. Freue dich, BWV 30. Wer nur den lieben Gott, BWV 93 – Mathis, Reynolds, Schreier, Münchener Bach-Chor. Münchener Bach-Orchester. Dirigent: Karl Richter – 1977 – DG/L

Bach, Johann Sebastian: *Kantaten (Sonntage nach Trinitatis, Vol. I)*. Es ist das Heil, BWV 9. Es wartet alles auf dich, BWV 187. Wo Gott der Herr, BWV 178. Herr, gehe nicht, BWV 105. Herr, deine Augen, BWV 102. Siehe zu, daß deine Gottesfurcht, BWV 179. Lobet den Herrn, den mächtigen König, BWV 137. Allein zu Dir, BWV 33. Wer Dank opfert, BWV 17. Was Gott tut (3. Komp.), BWV 100. Wer weiß, wie nahe, BWV 27 – Mathis, Hamari, Schreier. Münchener Bach-Chor. Münchener Bach-Orchester. Dirigent: Karl Richter – 1974–1977 – DG/L

Bach, Johann Sebastian: *Kantaten (Sonntage nach Trinitatis Vol. II)*. Herr Christ, der ein'ge, BWV 96. Wo soll ich fliehen hin, BWV 5. Schmücke dich, BWV 180. Aus tiefer Not, BWV 38. Mache dich, mein Geist, BWV 115. Wohl dem, der sich, BWV 139. Ach wie flüchtig, BWV 26. Du Friedensfürst, BWV 116. Wachet, betet, BWV 70. Ein feste Burg, BWV 80. Wachet auf, ruft uns die Stimme, BWV 140. Herr Gott, dich loben alle wir, BWV 130 – Mathis, Schmidt, Schreier. Münchener Bach-Chor. Münchener Bach-Orchester. Dirigent: Karl Richter – 1957–1978 – DG/L

Bach, Johann Sebastian: *Christ lag in Todesbanden*, BWV 4. *Wie schön leuchtet der Morgenstern*, BWV 1 – Mathis, Haefliger. Münchener Bach-Chor. Münchener Bach-Orchester. Dirigent: Karl Richter – 1968 – DG/L

Bach, Johann Sebastian: *Christ lag in Todesbanden*, BWV 4 – Chor der Hochschule für Musik, Frankfurt a. M. Orchester des Bach-Festes Göttingen 1950. Dirigent: Fritz Lehmann – 1950 – DG

Bach, Johann Sebastian: *Ich will den Kreuzstab gerne tragen*, BWV 56. *Ich habe genug*, BWV 82 – Berliner Motettenchor. Berliner Kammerorchester. Dirigent: Karl Ristenpart – 1951 – DG

Bach, Johann Sebastian: *Ich will den Kreuzstab gerne tragen*, BWV 56 – Festival Strings Lucerne. Dirigent: Rudolf Baumgartner – 1963 – DG/L

Bach, Johann Sebastian: *Ich will den Kreuzstab gerne tragen*, BWV 56. *Ich habe genug*, BWV 82 – Münchener Bach-Chor. Münchener Bach-Orchester. Dirigent: Karl Richter – 1969 – DG/L

Bach, Johann Sebastian: *Ich will den Kreuzstab gerne tragen*, BWV 56 – Gächinger Kantorei Stuttgart. Bach-Collegium Stuttgart. Dirigent: Helmuth Rilling – 1983 – disco center/L

Bach, Johann Sebastian: *Ich habe genug*, BWV 82 – Bach-Collegium Stuttgart. Dirigent: Helmuth Rilling – 1983 – disco center/L

Bach, Johann Sebastian: *Arien aus Kantaten*. Herr, so du willst, BWV 73. Doch weichet, ihr tollen, vergeblichen Sorgen, BWV 8. Der Friede sei mit dir, BWV 158. Ächzen und erbärmlich weinen, BWV 13. Ich

halte meinen Jesum feste, BWV 157. Es ist vollbracht, BWV 159 –
Chor der St.-Hedwigs-Kathedrale Berlin. Berliner Philharmoniker. Dirigent: Karl Forster – 1958 – EMI

BACH, JOHANN SEBASTIAN: *Was mir behagt, ist nur die muntre Jagd*, BWV
208 – Kupper, Köth, Wunderlich. Mitglieder des Chores der St.-Hed-
wigs-Kathedrale, Berlin. Berliner Sinfoniker. Dirigent: Karl Forster –
1961 – EMI

BACH, JOHANN SEBASTIAN: *Schweigt stille, plaudert nicht*, BWV 211. *Mer
hahn en neue Oberkeet*, BWV 212 – Otto, Traxel. Berliner Philharmoniker. Dirigent: Karl Forster – 1960 – EMI/L

BACH, JOHANN SEBASTIAN: *Kaffee-Kantate*. Schweigt stille, plaudert
nicht, BWV 211. *Bauern-Kantate*. Mer hahn en neue Oberkeet, BWV
212 – Varady, Baldin. The Academy of St. Martin in-the-Fields. Dirigent: Neville Marriner – 1981 – Philips/L

BACH, JOHANN SEBASTIAN: *Wie schön leuchtet der Morgenstern*, BWV 1.
Christ lag in Todesbanden, BWV 4 – Mathis, Haefliger. Münchener Bach-
Chor. Münchener Bach-Orchester. Dirigent: Karl Richter – 1977 –
DG/L

BACH, JOHANN SEBASTIAN: *Ich hatte viel Bekümmernis*, BWV 21 – Mathis,
Haefliger. Münchener Bach-Chor. Münchener Bach-Orchester. Dirigent: Karl Richter – 1969 – DG/L

BACH, JOHANN SEBASTIAN: *Ich hab in Gottes Herz*, BWV 92 – Mathis,
Reynolds, Schreier. Münchener Bach-Chor. Münchener Bach-Orchester. Dirigent: Karl Richter – 1973 – DG

BACH, JOHANN SEBASTIAN: *Meine Seel erhebt den Herren*, BWV 10. *Ach
Herr, mich armen Sünder*, BWV 135. *Ein ungefärbt Gemüte*, BWV 24 –
Mathis, Reynolds, Schreier. Münchener Bach-Chor. Münchener
Bach-Orchester. Dirigent: Karl Richter – DG

BACH, JOHANN SEBASTIAN: *Ein feste Burg*, BWV 80. *Wachet auf*, BWV
140 – Mathis, Schmidt, Schreier. Münchener Bach-Chor. Münchener
Bach-Orchester. Dirigent: Karl Richter – 1978 – DG/L

BACH, JOHANN SEBASTIAN: *Also hat Gott die Welt geliebt*, BWV 68. *Er rufet
seinen Schafen*, BWV 175. *O ewiges Feuer*, BWV 34 – Mathis, Reynolds,
Schreier. Münchener Bach-Chor. Münchener Bach-Orchester. Dirigent: Karl Richter – 1975 – DG/L

BACH, JOHANN SEBASTIAN: *Amore traditore*, BWV 213. Cupido, du Verrä-
ter – Cembalo: Edith Picht-Axenfeld. Continuo: Irmgard Poppen –
1960 – EMI

BARBER, SAMUEL: *Dover Beach*, op. 3 – Juilliard Quartett – 1967 – CBS

BARTÓK, BÉLA: *Herzog Blaubarts Burg*, op. 11 – Töpper. Radio-Sinfonie-
Orchester Berlin. Dirigent: Ferenc Fricsay – 1958 – DG

Bartók, Béla: *Herzog Blaubarts Burg,* op. 11 – Varady. Bayerisches Staatsorchester. Dirigent: Wolfgang Sawallisch – 1979 – DG/L

Bartók, Béla: *Im Tale,* op. 15/5 – Klavier: Hermann Reutter – 1970 – EMI

Beck, Reinhold: *Herbst* – Klavier: Aribert Reimann – 1974 – EMI

Beethoven, Ludwig van: *Lieder,* Vol. I und II. Erste Folge: Mailied. Marmotte. Neue Liebe, neues Leben. Aus Goethes Faust. Wonne der Wehmut. Sehnsucht. Mit einem gemalten Band. In questa tomba oscura. Ich liebe dich. Andenken. An die Hoffnung. Der Kuß. Adelaide. Zweite Folge: Bitten. Die Liebe des Nächsten. Vom Tode. Die Ehre Gottes aus der Natur. Gottes Macht und Vorsehung. Bußlied. Der Wachtelschlag. Der Zufriedene. Ohne Liebe lebe, wer da kann. Das Liedchen von der Ruhe. Lied aus der Ferne. Abendlied. L'amante impatiente (Stille Frage/Liebesungeduld). Resignation. Sehnsucht – Klavier: Hertha Klust – 1954 – EMI

Beethoven, Ludwig van: *Lieder* – Klavier: Hartmut Höll – 1982, 1984 – EMI

Beethoven, Ludwig van: *An die ferne Geliebte,* op. 98 – Klavier: Gerald Moore – 1951 – EMI

Beethoven, Ludwig van: *Lieder.* Adelaide. An die ferne Geliebte. Andenken. Das Glück der Freundschaft. In questa tomba oscura. Ruf vom Berge u. a. – Klavier: Jörg Demus – 1966 – DG/L

Beethoven, Ludwig van: *Lieder.* Oh! Would I were but that sweet Linnet. He promised me at parting. They bid me slight my Dermot dear. The dream – De los Angeles. Klavier: Gerald Moore. Violine: Edward Drolc. Violoncello: Irmgard Poppen – 1960 – EMI

Beethoven, Ludwig van: *Schottische Lieder und Volkslieder.* Horch auf, mein Liebchen. Canzonette Veneziana. O köstliche Zeit. Trinklied. Die treue Johnie. Kommt, schließt mit mir einen frohen Kreis – Violine: Helmut Heller. Violoncello: Irmgard Poppen. Klavier: Karl Engel. Flöte: Aurèle Nicolet – 1961 – DG

Beethoven, Ludwig van: *Lieder.* An die ferne Geliebte. Adelaide. Andenken. Zärtliche Liebe. Italienische Liebeslieder. Sechs Lieder nach Gellert, op. 48. Lieder nach Gedichten von Goethe. Volksliedbearbeitungen (Schottisch, Irisch, Walisisch) – Mathis, Hamari, Young. Klavier: Jörg Demus, Karl Engel. Violine: Andreas Röhn. Violoncello: Georg Donderer – 1966/1970 – DG

Beethoven, Ludwig van: *Goethe-Lieder.* Mit Mädchen sich vertragen – Klavier: Jörg Demus – 1972 – DG

Beethoven, Ludwig van: *Fidelio,* op. 72 (Don Pizarro) – Rysanek, Seefried, Haefliger, Frick, Engen, Lenz. Chor der Bayerischen Staatsoper. Orchester der Bayerischen Staatsoper. Dirigent: Ferenc Fricsay – 1957 – DG/L

BEETHOVEN, LUDWIG VAN: *Fidelio*, op. 72 (Minister) – Janowitz, Popp, Sotin, Kollo u. a. Chor der Wiener Staatsoper. Wiener Philharmoniker. Dirigent: Leonard Bernstein – 1978 – DG/L

BEETHOVEN, LUDWIG VAN: *Sinfonie Nr. 9*, d-moll, op. 125 – Seefried, Forrester, Haefliger. Chor der St.-Hedwigs-Kathedrale Berlin. Berliner Philharmoniker. Dirigent: Ferenc Fricsay – 1958 – DG/L

BERG, ALBAN: *Lieder*, op. 2 Nr. 1-4 – Klavier: Aribert Reimann – 1970 – DG

BERG, ALBAN: *Lulu* (Dr. Schön) – Lear, Johnson, Grobe. Orchester der Deutschen Oper Berlin. Dirigent: Karl Böhm – 1968 – DG/L

BERG, ALBAN: *Wozzeck* (Titelpartie) – Lear, Wunderlich, Kohn, Melchert, Stolze. Chor der Deutschen Oper Berlin. Orchester der Deutschen Oper Berlin. Dirigent: Karl Böhm – 1965 – DG/L

BERLIOZ, HECTOR: *Harold in Italien*. Sinfonie mit obligater Bratsche, op. 16 – Viola: Josef Suk. Tschechische Philharmonie Prag. Dirigent: Dietrich Fischer-Dieskau – 1976 – Supraphon

BERLIOZ, HECTOR: *Béatrice et Bénédict*. Komische Oper nach Shakespeare – Minton, Cotrubas, Domingo. Chœur et Orchestre de Paris. Dirigent: Daniel Barenboim – 1979–1981 – DG/L

BERLIOZ, HECTOR: *Fausts Verdammnis*, op. 24 (La Damnation de Faust) (Méphistophélès) Gesamtaufnahme in französischer Sprache – Minton, Domingo, Bastin. Chor und Orchestre de Paris. Dirigent: Daniel Barenboim – 1978 – DG/L

BERLIOZ, HECTOR: *Auf den Lagunen*. Lieder op. 7/4 – Klavier: Aribert Reimann – 1974 – EMI

BERLIOZ, HECTOR: *Le Trébuchet*, op. 13/3 – De los Angeles. Klavier: Gerald Moore – 1960 – EMI

BIZET, GEORGES: *Carmen*. Arie des Escamillo: Euren Toast . . . Auf in den Kampf – Radio-Sinfonie-Orchester Berlin. Dirigent: Ferenc Fricsay – 1961 – DG

BIZET, GEORGES: *Die Perlenfischer*. Rezitativ und Arie des Zurga – Radio-Sinfonie-Orchester Berlin. Dirigent: Ferenc Fricsay – 1961 – DG

BLACHER, BORIS: *Aprèslude*, op. 57 (nach Gottfried Benn). Gedicht, Worte – Klavier: Hermann Reutter – 1970 – EMI

BLACHER, BORIS: *Drei Psalmen*. Psalm 142: Ich schreie zum Herrn. Psalm 141: Herr, ich rufe zu dir. Psalm 121: Ich hebe meine Augen auf – Klavier: Aribert Reimann – 1961 – EMI

BRAHMS, JOHANNES: *Ein deutsches Requiem*, op. 45 – Schwarzkopf. Philharmonia Chor. Philharmonia Orchestra London. Dirigent: Otto Klemperer – 1961 – EMI/L

BRAHMS, JOHANNES: *Ein deutsches Requiem*, op. 45 – Grümmer. Chor der
St.-Hedwigs-Kathedrale Berlin. Chorleitung: Karl Forster. Berliner
Philharmoniker. Dirigent: Rudolf Kempe – 1955 – EMI
BRAHMS, JOHANNES: *Ein deutsches Requiem*, op. 45 – Mathis. Edinburgh-
Festival-Chor. Philharmonia Orchestra London. Dirigent: Daniel Barenboim – 1972 – DG/L
BRAHMS, JOHANNES: *Sinfonie Nr. 4, e-moll*, op. 98 – Tschechische Phil-
harmonie Prag. Dirigent: Dietrich Fischer-Dieskau – 1976 – Supra-
phon
BRAHMS, JOHANNES: *Lieder und Duette des jungen Brahms:* An die Äolsharfe. Der Frühling. Wie die Wolke nach der Sonne. Treue Liebe. Heimkehr. Juchhee. Nachwirkung. Mondnacht. Ein Sonett. Ständchen. Vor
dem Fenster. Scheiden und Meiden. Gang zum Liebsten. Vom ver-
wundeten Knaben. Murray's Ermordung. Sehnsucht. Volkslied. Vier
Duette: Die Nonne und der Ritter / Vor der Tür / Es rauschet das
Wasser / Der Jäger und sein Liebchen – Meyer. Klavier: Jörg Demus –
1967 – DG
BRAHMS, JOHANNES: *Lieder*, op. 94/3, 5 / op. 95/2, 7 / op. 85/6, 1, 2, 4 / op.
69/7 / op. 70 / op. 71 / op. 72 / op. 107/4 / Vier ernste Gesänge / op. 69/5, 3
/ op. 105/5 / op. 106 / op. 107/2, 1 / op. 97/6 / op. 105/1, 4, 3 / op. 97/1, 2, 3,
5 / op. 59/7 / op. 63 / op. 95/3 / op. 96/3 / op. 59/8, 1, 4, 6 / op. 57/7 / op. 58/
op. 59/2, 3 / op. 57/4, 8, 5, 6 / op. 48/1 / op. 49 / op. 57/2, 3 / op. 48/2, 5, 6, 7
/ op. 19/5 / op. 43 / op. 46 / op. 47 / op. 7/4, 6 / op. 14 / op. 19/2 / op. 6/3, 4, 5
/ op. 7/2, 3 / op. 19/1 / op. 3/2, 3, 5, 6 / op. 96/1, 2, 4 – Klavier: Gerald
Moore, Daniel Barenboim, Wolfgang Sawallisch – 1970/1971, 1972/
1973 – EMI
BRAHMS, JOHANNES: *Lieder*. Sommerabend. Mondenschein. Es liebt sich
so lieblich. Meerfahrt. Es schauen die Blumen. Der Tod das ist die
kühle Nacht – Klavier: Jörg Demus – 1957 – DG
BRAHMS, JOHANNES: *Von ewiger Liebe*. Meine Liebe ist grün. Heimkehr.
Dein blaues Auge. Wir wandelten. Serenade. Eine gute, gute Nacht.
Der Gang zum Liebchen. Ein Sonett. Minnelied. Sonntag. Ständchen.
Die Mainacht. Botschaft. Geheimes. Salamander. Komm bald. In
Waldeinsamkeit. Mein wundes Herz verlangt. Es träumte mir. Von
ewiger Liebe – Klavier: Karl Engel – 1957 – EMI
BRAHMS, JOHANNES: *Ein Johannes Brahms-Liederabend.* Mit vierzig Jahren.
Steig auf, geliebter Schatten. Mein Herz ist schwer. Kein Haus – keine
Heimat. Herbstgefühl. Alte Liebe. Abenddämmerung. O wüßt ich
doch den Weg zurück. Auf dem Kirchhofe. Verzogen. Regenlied.
Nachklang. Frühlingslied. Auf dem See. Feldeinsamkeit – Klavier:
Jörg Demus – 1958 – DG

BRAHMS, JOHANNES: *Sämtliche Volkslieder* – Schwarzkopf. Klavier: Gerald Moore – 1965 – EMI

BRAHMS, JOHANNES: *Die schöne Magelone*, op. 33. 15 Romanzen nach Tieck – Klavier: Jörg Demus – 1957

BRAHMS, JOHANNES: *Die schöne Magelone*, op. 33 – Klavier: Svjatoslav Richter – 1970 – EMI/L

BRAHMS, JOHANNES: *Die schöne Magelone*, op. 33 – Klavier: Daniel Barenboim

BRAHMS, JOHANNES: *Vier ernste Gesänge*, op. 121 – Klavier: Hertha Klust – 1949 – DG

BRAHMS, JOHANNES: *Vier ernste Gesänge*, op. 121 – Klavier: Jörg Demus – 1958 – DG

BRAHMS, JOHANNES: *Vier ernste Gesänge*, op. 121 – Klavier: Daniel Barenboim – 1972 – DG/L

BRAHMS, JOHANNES: *Vier ernste Gesänge*, op. 121 – Klavier: Wolfgang Sawallisch – EMI

BRAHMS, JOHANNES: *Lieder* aus op. 32. Wie rafft ich mich auf in der Nacht. Nicht mehr zu dir zu gehen. Ich schleich umher betrübt und stumm. Der Strom, der neben mir verrauschte. Du sprichst, daß ich mich täuschte. Wehe, so willst du mich wieder. Wie bist du meine Königin – Klavier: Hertha Klust – 1955 – EMI

BRAHMS, JOHANNES: *Vier Duette für Alt und Bariton*, op. 28 – Baker. Klavier: Daniel Barenboim – 1969 – EMI

BRAHMS, JOHANNES: *Liebesliederwalzer*, op. 52 und 65. *Lieder*, op. 64 – Mathis, Fassbaender, Schreier. Klavier: Karl Engel und Wolfgang Sawallisch – 1981 – DG/L

BRAHMS, JOHANNES: *Lieder*. Gesänge, op. 3, 6, 7. Mondnacht. Lieder und Romanzen, op. 14. Gedichte, op. 19. Lieder und Gesänge, op. 32. »Magelone«-Romanzen, op. 33. Regenlied. Gesänge, opp. 43, 46. Lieder, opp. 47–49. Lieder und Gesänge, opp. 57–59, 63. Ophelia-Lieder. Gesänge, opp. 69–72. Romanzen und Lieder, op. 84. Lieder, opp. 94 bis 97, 105–107. Acht Zigeunerlieder, op. 103. Vier ernste Gesänge, op. 121 – Norman. Klavier: Daniel Barenboim – 1972, 1981 – DG/L

BRAHMS, JOHANNES: *Vokalensembles*. Duette und Quartette – Mathis, Fassbaender, Schreier. Klavier: Karl Engel und Wolfgang Sawallisch – 1981/1982 – DG/L

BRITTEN, BENJAMIN: *War Requiem*, op. 66 – Wischnewskaja, Pears. Bach-Chor. Highgate School Chor London. London Symphony Orchestra. Melos Ensemble. Dirigent: Benjamin Britten – 1963 – Decca/L

BRITTEN, BENJAMIN: *Cantata Misericordium*, op. 69 – Pears. London Symphony Orchestra. Dirigent: Benjamin Britten – 1963 – Decca/L

Britten, Benjamin: *Songs and Proverbs by William Blake* – Klavier: Benjamin Britten – 1965 – Decca

Britten, Benjamin: *Excerpt, The Tyger* – Klavier: Benjamin Britten – 1965 – Decca

Busch, Adolf: *Lieder,* op. 3. Nun die Schatten dunkeln. Wonne der Wehmut. Aus den Himmelsaugen – Viola: Rudolf Nel. Klavier: Jörg Demus – 1964 – DG

Busoni, Ferruccio: *Vier Lieder nach Gedichten von Goethe.* Lied des Unmuts. Zigeunerlied. Schlechter Trost. Lied des Mephistopheles – Klavier: Jörg Demus – 1964 – DG

Busoni, Ferruccio: *Doktor Faust* (Titelpartie) – Hillebrecht, Cochrane, Kohn, de Ridder. Chor des Bayerischen Rundfunks. Sinfonieorchester des Bayerischen Rundfunks. Dirigent: Ferdinand Leitner – 1969 – DG/L

Buxtehude, Dietrich: *Fünf geistliche Kantaten.* Herr, nun lässest du deinen Diener. Quemadmodum desiderat cervus. Lobe den Herrn, meine Seele. Ich bin eine Blume zu Saron. Ich suche des Nachts – Krebs. Kammerensemble Carl Gorvin. Dirigent: Carl Gorvin – 1957 – DG

Cimarosa, Domenico: *Die heimliche Ehe* (Il Matrimonio Segreto) (Geronimo) – Auger, Varady, Hamari, Davies, Rinaldi. English Chamber Orchestra. Dirigent: Daniel Barenboim – 1975/1976 – DG/L

Cimarosa, Domenico: *Die heimliche Ehe* (Il Matrimonio Segreto) (Geronimo). Großer Querschnitt – Auger, Hamari, Varady, Davies. English Chamber Orchestra. Dirigent: Daniel Barenboim – DG

Clérambault, Louis-Nicolas: *Orphée.* Kantate für Solo, Flöte und B. c. – Flöte: Aurèle Nicolet. Violine: Koji Toyoda. Cembalo: Edith Picht-Axenfeld. Violoncello: Georg Doderer. Kontrabaß: Hans Nowak – 1969 – EMI/L

Cornelius, Peter: *Sechs Weihnachtslieder,* op. 8. Christbaum. Die Hirten. Die Könige. Simeon. Christus der Kinderfreund. Christkind – Klavier: Gerald Moore – 1966 – EMI

Cornelius, Peter: *Duette* – Baker. Klavier: Daniel Barenboim – 1969 – EMI

Cornelius, Peter: *Lieder,* op. 4/2 / op. 3 / op. 5/2, 3 / op. 2/2, 6 – Klavier: Hermann Reutter – 1970 – DG

Cornelius, Peter: *Liebe ohne Heimat. Sonnenuntergang* – Klavier: Aribert Reimann – 1974 – EMI

Cornelius, Peter: *Vater unser,* op. 2/3 – Klavier: Jörg Demus – 1970 – DG

Couperin, François: *Lecons des Ténèbres pour le Mercredi.* Kantate – Cembalo: Edith Picht-Axenfeld. Violoncello: Irmgard Poppen – 1963 – EMI

DEBUSSY, CLAUDE: *Trois Ballades de François Villon.* – Orchestre de Paris. Dirigent: Daniel Barenboim – 1979 – DG

DEBUSSY, CLAUDE: *Trois ballades de François Villon.* – Klavier: Karl Engel. Flöte: Aurèle Nicolet – 1959 – DG

DEBUSSY, CLAUDE: *Chanson de France.* Nr. 1 Le temps à laissié son manteau. Nr. 3 Pour ce que plaisance est morte – Klavier: Hermann Reutter – 1975 – EMI

DEBUSSY, CLAUDE: *L'Enfant Prodigue.* Der verlorene Sohn (Siméon) – Norman, Carreras. Radio-Sinfonie-Orchester Stuttgart. Dirigent: Gary Bertini – 1981 – Orfeo/L

DESSAU, PAUL: *Noch bin ich eine Stadt. Such nicht mehr, Frau* (Brecht) – Klavier: Aribert Reimann – 1974 – EMI

DVOŘÁK, ANTONIN: Aus den *Biblischen Liedern,* op. 99. Rings um den Herrn sind Wolken und Dunkel. Gott erhöre mein inniges Flehen. Gott ist mein Hirte. An den Wassern von Babylon saßen wir. Wende dich zu mir. Singet ein neues Lied – Klavier: Jörg Demus – 1960 – DG

DVOŘÁK, ANTONIN: *Möglichkeit,* op. 38/1. *Der Apfel,* op. 38/2 – De los Angeles. Klavier: Gerald Moore – 1966 – EMI

EINEM, GOTTFRIED VON: *An die Nachgeborenen.* Kantate – Hamari. Wiener Singverein. Wiener Sinfoniker. Dirigent: Carlo Maria Giulini – 1975 – DG

EINEM, GOTTFRIED VON: *Lieder,* op. 8 Nr. 2,4. In der Fremde. Ein junger Dichter denkt an die Geliebte – Klavier: Aribert Reimann – 1974 – EMI

EINEM, GOTTFRIED VON: *Lieder,* op. 43 Nr. 1–7. Zyklus: »Leb wohl, Frau Welt« (Hesse) – Klavier: Karl Engel – 1977 – DG

EISLER, HANNS: *An die Hoffnung. In der Frühe. Spruch 1939* – Klavier: Aribert Reimann – 1974 – EMI

EULENBURG, ERNST: *Liebessehnsucht* – Klavier: Aribert Reimann – 1974 – EMI

FAURÉ, GABRIEL: *Requiem,* op. 48 – De los Angeles. Choeurs Elisabeth Brasseur. Orchestre de la Société des Concerts du Conservatoire Paris. Dirigent: André Cluytens – 1963 – EMI/L

FAURÉ, GABRIEL: *Requiem,* op. 48 – Armstrong. Edinburgh-Festival-Chor. Orchestre de Paris. Dirigent: Daniel Barenboim – 1974 – EMI

FAURÉ, GABRIEL: *La bonne Chanson,* op. 61 (Verlaine) – Klavier: Gerald Moore – 1958 – EMI

FAURÉ, GABRIEL: *La bonne Chanson,* op. 61 – Klavier: Wolfgang Sawallisch – 1975 – RCA/L

FAURÉ, GABRIEL: *Pleurs d'or,* op. 72 – De los Angeles. Klavier: Gerald Moore – 1960 – EMI

FISCHER-DIESKAU, DIETRICH: *Erzähltes Leben*. Ein Selbstportrait – 1961 – DG

FORTNER, WOLFGANG: *Die Schöpfung* – Sinfonieorchester des Norddeutschen Rundfunks. Dirigent: Hans Schmidt-Isserstedt – 1957 – DG

FORTNER, WOLFGANG: *Vier Gesänge nach Worten von Hölderlin*. An die Parzen. Hyperions Schicksalslied. Abbitte. Geh unter schöne Sonne – Klavier: Hermann Reutter – 1961 – EMI

FORTNER, WOLFGANG: *Lieder*. Abbitte. Hyperions Schicksalslied. Lied vom Weidenbaum – Klavier: Hermann Reutter – 1970 – EMI

FRANZ, ROBERT: *Lieder*. Auf dem Meere, op. 5/3. Wie des Mondes Abbild, op. 6/2. Gewitternacht, op. 8/6. Bitte, op. 9/3. Für Musik, op. 10/1. Abends, op. 16/4. Auf dem Meere, op. 26/6. Wonne der Wehmut, op. 33/1. Mailied, op. 33/3. Auf dem Meere, op. 36/1 – Klavier: Aribert Reimann – 1974 – EMI

GIORDANO, UMBERTO: *André Chénier*. Als Feind des Vaterlandes (Szene des Gérard) – Radio-Sinfonie-Orchester Berlin. Dirigent: Ferenc Fricsay – 1961 – DG

GLUCK, CHRISTOPH WILLIBALD: *Iphigenie auf Tauris* (Thoas) – Lorengar, Grönroos, Bonisolli. Chor des Bayerischen Rundfunks. Münchener Rundfunkorchester. Dirigent: Lamberto Gardelli – 1982 – Orfeo/L

GLUCK, CHRISTOPH WILLIBALD: *Iphigenie in Aulis* – Musial, Greindl, Blatter. RIAS-Sinfonie-Orchester. Dirigent: Arthur Rother – 1951 – Helikon/L

GLUCK, CHRISTOPH WILLIBALD: *Iphigenie in Aulis*. Neubearbeitung von Richard Wagner – Schmidt, Moffo, Spiess, Stewart, Auger, Weikl, Hillebrand. Chor des Bayerischen Rundfunks. Münchener Rundfunkorchester. Dirigent: Kurt Eichhorn – 1972 – eurodisc/L

GLUCK, CHRISTOPH WILLIBALD: *Orpheus und Eurydike* (Orpheus) – Stader, Streich. RIAS-Kammerchor. Berliner Motettenchor. Radio-Sinfonie-Orchester Berlin. Dirigent: Ferenc Fricsay – 1956 – DG

GLUCK, CHRISTOPH WILLIBALD: *Orpheus und Eurydike* (Orpheus) – Janowitz, Moser. Münchener Bach-Chor. Münchener Bach-Orchester. Dirigent: Karl Richter – 1967 – DG/L

GOUNOD, CHARLES: *Margarethe*. Valentins Gebet – Radio-Sinfonie-Orchester Berlin. Dirigent: Ferenc Fricsay – 1961 – DG

GOUNOD, CHARLES: *Margarethe*. Querschnitt (deutsch) – RIAS-Kammerchor. Radio-Sinfonie-Orchester Berlin. Dirigent: Giuseppe Patané – 1973 – EMI

GRIEG, EDVARD: *Lieder*. Morgentau, op. 4 Nr. 2. Abschied, op. 4 Nr. 3. Jägerlied, op. 4 Nr. 4. Wo sind sie hin, op. 4 Nr. 6. Hör' ich das Liedchen klingen, op. 36 Nr. 6. Dereinst, dereinst, Gedanke mein, op.

48 Nr. 2. Lauf der Welt, op. 48 Nr. 3 – Klavier: Aribert Reimann – 1974 – EMI

HAAS, JOSEPH: *Die bewegliche Musica* – Klavier: Jörg Demus – 1970 – DG

HÄNDEL, GEORG FRIEDRICH: *Judas Maccabaeus.* Oratorium – Haefliger, Stader, Hartwig, van Dijk. RIAS-Kammerchor. Chor der St.-Hedwigs-Kathedrale. RIAS-Sinfonie-Orchester Berlin. Dirigent: Ferenc Fricsay – 1954 – Helikon/L

HÄNDEL, GEORG FRIEDRICH: *Arien.* Alexanderfest: Revenge, revenge, Timotheus cries. Xerxes: Frondi tenere e belle. Ombra mai fu. Samson: Honour and Arms. Saul: To him Ten Thousands. With Rage I Shall Burst. Belsazar: Oh Memory, still Bitter to my Soul. Opprest with never Ceasing Grief. Ottone: Con gelosi sospetti. Dopo l'orore d'un cielo turbato. Berenice: Si, tra i cappi. Susanna: Down my Old Cheeks. Peace, Peace, crowned with Roses. Salomo: Prais'd be the Lord. When the Sun o'er yonder Hills. Agrippina: Pur ritorno a rimiarvi – Münchener Kammerorchester. Dirigent: Hans Stadlmair – 1977 – DG/L

HÄNDEL, GEORG FRIEDRICH: *Cuopra tal volta il cielo. Dalla guerra amorosa.* Solokantaten – Cembalo: Edith Picht-Axenfeld. Flöte: Aurèle Nicolet. Oboe: Lothar Koch. Violoncello: Irmgard Poppen – 1960 – EMI

HÄNDEL, GEORG FRIEDRICH: *Rinaldo.* Arie: Cara sposa – Flöte: J.-P. Rampal. Cembalo: R. Veyron-Lacroix. Violoncello: J. Neilz – 1971 – EMI/L

HÄNDEL, GEORG FRIEDRICH: *Duette.* Giú nei Tartarei regni. Quando in calma ride il mare – Baker. Violoncello: Kenneth Heath. Cembalo: George Malcolm – 1970 – EMI

HÄNDEL, GEORG FRIEDRICH: *Apollo e Dafne* – Giebel. Berliner Philharmoniker. Dirigent: Günther Weissenborn – 1966 – DG

HÄNDEL, GEORG FRIEDRICH: *Julius Cäsar.* Arien und Szenen der Cleopatra und des Cäsar – Seefried. Radio-Sinfonie-Orchester Berlin. Dirigent: Karl Böhm – 1960 – DG

HÄNDEL, GEORG FRIEDRICH: *Julius Cäsar.* (Cäsar) – Troyanos, Hamari, Schreier. Münchener Bach-Chor. Münchener Bach-Orchester. Dirigent: Karl Richter – 1969 – DG

HARTMANN, KARL AMADEUS: *Gesangsszene für Bariton und Orchester* zu Worten aus »Sodom und Gomorrha« von Jean Giraudoux – Sinfonieorchester des Bayerischen Rundfunks. Dirigent: Rafael Kubelik – 1968 – Wergo/L

HAUER, JOSEPH MATTHIAS: *Lieder.* Der gefesselte Strom, op. 23 Nr. 2. An die Parzen, op. 23 Nr. 4 – Klavier: Aribert Reimann – 1974 – EMI

HAYDN, JOSEPH: *Die Jahreszeiten* – Mathis, Jerusalem. Chor der Academy of St. Martin-in-the-Fields. Orchester der Academy of St. Martin-in-the-Fields. Dirigent: Neville Marriner – 1980 – Phil/L

HAYDN, JOSEPH: *Die Schöpfung* – Janowitz, Ludwig, Wunderlich, Krenn, Berry. Wiener Singverein. Berliner Philharmoniker. Dirigent: Herbert von Karajan – 1966–1969 – DG/L

HAYDN, JOSEPH: *Die Schöpfung* – Mathis, Baldin. Chor und Orchester der Academy of St. Martin-in-the-Fields. Dirigent: Neville Marriner – 1980 – Phil/L

HAYDN, JOSEPH: *Lieder und Canzonetten.* Zufriedenheit. Das Leben ist ein Traum. Gegenliebe. Eine sehr gewöhnliche Geschichte. Die zu späte Ankunft der Mutter. Lob der Faulheit. Auch die Sprödeste der Schönen. Abschiedslied. Das Kaiserlied. The Spirit's song. Fidelity. Recollection. Piercing eyes. She never told her love. The Wanderer. Sailor's Song – Klavier: Gerald Moore – 1959 – EMI

HAYDN, JOSEPH: *An den Vetter* – Klavier: Gerald Moore – 1967 – EMI/L

HAYDN, JOSEPH: *Schlaf in deiner engen Kammer* – De los Angeles. Klavier: Gerald Moore. Violine: Eduard Drolc. Violoncello: Irmgard Poppen – 1960 – EMI

HAYDN, JOSEPH: *Lieder.* Schläfst oder wachest du. Heimkehr. Maggy Lauder. Dort, wo durchs Ried. Fließ leise mein Bächlein – Violine: Helmut Heller. Violoncello: Irmgard Poppen. Flöte: Aurèle Nicolet. Klavier: Karl Engel – 1961 – DG

HAYDN, JOSEPH: *Arien.* Tergi i vezzosi rai. Un cor si tenero. Spann deine langen Ohren. Dice benissimo – Wiener Haydn-Orchester. Dirigent: Reinhard Peters – 1969 – Tis/L

HENZE, HANS WERNER: *Fünf Neapolitanische Lieder* – Mitglieder der Berliner Philharmoniker. Dirigent: Richard Kraus – 1956 – DG

HENZE, HANS WERNER: *Elegie für junge Liebende* (Mittenhofer) – Hemsley, Dubin, Mödl, Gayer. Radio-Sinfonie-Orchester Berlin. Mitglieder des Orchesters der Deutschen Oper Berlin. Dirigent: Hans Werner Henze – 1963 – DG

HENZE, HANS WERNER: *Das Floß der Medusa* – Moser, Regnier. Chor des Norddeutschen Rundfunks. RIAS-Kammerchor. Sinfonie-Orchester des Norddeutschen Rundfunks. Dirigent: Hans Werner Henze – 1968 – DG

HILLER, FERDINAND: *Gebet* – Klavier: Aribert Reimann – 1974 – EMI

HINDEMITH, PAUL: *Requiem »When Lilacs...«* – Fassbaender. Wiener Staatsopernchor. Wiener Sinfoniker. Dirigent: Wolfgang Sawallisch – Live-Aufnahme 1983 – Orfeo

HINDEMITH, PAUL: *Lieder*. Sonnenuntergang. The Wild Flower's Song. Sing on there in the Swamp. On hearing »The Last Rose of Summer«. Ehmals und jetzt. Brautgesang. Singet leise. Das Ganze, nicht das Einzelne. Des Morgens. Fragment. Der Tod. Ich will nicht klagen mehr. Hymne. Abendphantasie. O, nun heb du an in deinem Moor. Vor dir schein ich aufgewacht. Die Sonne sinkt. An die Parzen – Klavier: Aribert Reimann – 1984 – Orfeo

HINDEMITH, PAUL: *Mathis der Maler* (Titelpartie). Ausschnitte – Lorengar, Grobe. Radio-Sinfonie-Orchester Berlin. Dirigent: Leopold Ludwig – 1961 – DG

HINDEMITH, PAUL: *Mathis der Maler* (Titelpartie) – Koszut, Wagemann, Schmidt, King, Cochran, Grobe, Schmidt, Feldhoff, Heven. Sinfonie-Orchester des Bayerischen Rundfunks. Dirigent: Rafael Kubelik – 1977 – EMI/L

HINDEMITH, PAUL: *Cardillac,* Urfassung (Titelpartie) – Kirchstein, Söderström, Grobe. Chor des Westdeutschen Rundfunks. Kölner Rundfunk-Sinfonie-Orchester. Dirigent: Joseph Keiberth – 1968 – DG/L

HINDEMITH, PAUL: *Das Angenehme dieser Welt* (Fragment) – Klavier: Hermann Reutter – 1970 – EMI

HUMMEL, JOHANN NEPOMUK: *Goethe-Lieder*. Zur Logenfeier – Klavier: Jörg Demus – 1972 – DG

HUMPERDINCK, ENGELBERT: *An das Christkind* – Klavier: Jörg Demus – 1970 – DG

HUMPERDINCK, ENGELBERT: *Hänsel und Gretel* (Besenbinder) – Moffo, Donath, Ludwig, Berthold, Auger, Popp. Tölzer Knabenchor. Orchester des Bayerischen Rundfunks. Dirigent: Kurt Eichhorn – 1971 – Ar

IVES, CHARLES: *Songs*. At the River. Elégie. Ann Street. A Christmas Carol. From »The Swimmers«. West London. A Farewell to Land. Abide with me. Where the Eagle cannot see. Disclosure. The White Gulls. The Childrens Hour. The Little Flowers. Autumn. Tom Sails away. Ich grolle nicht. Feldeinsamkeit. Weil auf mir. In Flanderns Fields – Klavier: Michael Ponti – 1975 – DG

JENSEN, ADOLF: *Lieder*. Lehn deine Wang' an meine Wang', op. 1 Nr. 1 – Klavier: Aribert Reimann – 1974 – EMI

KEMPFF, WILHELM: *Vier Lieder* nach Gedichten von C. F. Meyer. Liederseelen. Alle. Der Gesang des Meeres. In einer Sturmnacht – Klavier: Wilhelm Kempff – 1964 – DG

KIRCHNER, FÜRCHTEGOTT THEODOR: *Lieder*. Frühlingslied, op. 1 Nr. 2. Sie weiß es nicht, op. 1 Nr. 3. Frühlingslied, op. 1 Nr. 4. Frühlingslied, op. 1 Nr. 9 – Klavier: Aribert Reimann – 1974 – EMI

KNAB, ARMIN: *Marienkind* – Klavier: Jörg Demus – 1970 – DG

KRENEK, ERNST: *Lieder*. Erinnerung, op. 19 Nr. 1. Die frühen Gräber, op. 19 Nr. 5 – Klavier: Aribert Reimann – 1974 – AD

KREUTZER, CONRADIN: *Goethe-Lieder*. Ein Bettler vor dem Tor – Klavier: Jörg Demus – 1972 – DG

LAWES, WILLIAM: *Duette*. A Dialogue on a Kiss. A Dialogue between Charon and Philomel. A Dialogue between Daphne and Strephon – Baker. Violoncello: Kenneth Heath. Cembalo: George Malcolm – 1970 – EMI

LEONCAVALLO, RUGGIERO: *Der Bajazzo*. Schaut her, ich bin's (Prolog des Tonio) – Radio-Sinfonie-Orchester Berlin. Dirigent: Ferenc Fricsay – 1961 – DG

LILIUS, FRANTISEK: *Duett*. Tua Jesu delictio – Baker. Violoncello: Kenneth Heath. Cembalo: George Malcolm – 1970 – EMI

LISZT, FRANZ: *Lieder*. Die Vätergruft. Die drei Zigeuner. Tristesse. Vergiftet sind meine Lieder. Der Alpenjäger. Es muß ein Wunderbares sein. Blume und Duft. Ihr Glocken von Marling. Oh, quand je dors – Klavier: Jörg Demus – 1961 – DG

LISZT, FRANZ: *Drei Petrarca Sonette*. Benedetto sia'l giorno. Pace non trovo. I' vidi in terra angelici costumi – Klavier: Jörg Demus – 1961 – DG

LISZT, FRANZ: *Lieder*. Es rauschen die Winde. Wieder möcht' ich dir begegnen. Ständchen. Über allen Gipfeln ist Ruh' – Klavier: Aribert Reimann – 1974 – EMI

LISZT, FRANZ: *Lieder*. Anfangs wollt ich fast verzagen. Angiolin dal biondo crin. Blume und Duft. Comment, disaient-ils. Der Alpenjäger. Der du von dem Himmel bist. Der Fischerknabe. Der Hirt. Der traurige Mönch. Des Tages laute Stimmen schweigen. Die drei Zigeuner. Die Loreley. Die stille Wasserrose. Die Vätergruft. Du bist wie eine Blume. Ein Fichtenbaum steht einsam. Enfant, si j'etais roi. Es muß ein Wunderbares sein. Es rauschen die Winde. Gastibelza. Gestorben war ich. Hohe Liebe. Ich möchte hingehn. Ihr Glocken von Marling. Im Rhein im schönen Strome. In Liebeslust. J'ai perdu ma force et ma vie. Kling' leise mein Lied. Laßt mich ruhen. La tombe et la rose. Le vieux vagabond. Morgens steh ich auf und frage. Oh, quand je dors. O lieb, so lang du lieben kannst – Klavier: Daniel Barenboim – 1982 – DG/L

LISZT, FRANZ: *Petrarca-Sonette*. Pace non trovo. Benedetto sia l'giorno. I vidi in terra angelici costumi. Schwebe, schwebe, blaues Auge. S' il est un charmant gazon. Über allen Gipfeln ist Ruh. Vergiftet sind meine Lieder. Wer nie sein Brot mit Tränen aß. Wieder möcht ich dir begegnen. Wie singt die Lerche schön – Klavier: Daniel Barenboim – 1981 – DG

LISZT, FRANZ: *Via Crucis* – geplant: September 1984

LOEWE, CARL: *Tom der Reimer. Die Uhr* – Klavier: Leo Stein – 1948 – EMI

LOEWE, CARL: *Balladen*. Archibald Douglas. Edward. Erlkönig. Herr Oluf. Kleiner Haushalt. Der Mohrenfürst auf der Messe. Der Schatzgräber. Süßes Begräbnis. Tom der Reimer – Klavier: Gerald Moore – 1967 – EMI/L

LOEWE, CARL: *Lieder und Balladen nach Texten von Goethe*. Balladen op. 9/I Nr. 3b. op. 9/III Nr. 1, 3, 5. op. 20 Nr. 2, 3. op. 22 Nr. 5. op. 44 Nr. 2, 3. op. 79 Nr. 1. op. 81 Nr. 1. Canzonette. Freibeuter. Wenn der Blüten Frühlingsregen – Klavier: Jörg Demus – 1969 – DG/L

LOEWE, CARL: *Balladen und Lieder*. Balladen, op. 3 Nr. 2/3. op 9/I Nr. 3a. op. 9/III Nr. 1. op. 9/VIII Nr. 1, 3, 5. op. 20 Nr. 1, 2, 3. op. 33/I Nr. 5. op. 44 Nr. 2, 3. op. 56 Nr. 1. op. 75 Nr. 3. op. 79 Nr. 1. op. 81 Nr. 1. op. 123 Nr. 2, 3. op. 129 Nr. 2. Canzonette. Freibeuter. Die Gruft der Liebenden. Odins Meerritt. Prinz Eugen. Wenn der Blüten Frühlingsregen – Klavier: Jörg Demus – 1968/1969 – DG/L

LOEWE, CARL: *Balladen*. Archibald Douglas, op. 128. Meeresleuchten, op. 145/I. Herr Oluf, op. 2 Nr. 2. Erlkönig, op. 1 Nr. 3. Edward, op. 1 Nr. 1. Tom der Reimer, op. 135a. Süßes Begräbnis, op. 62 Nr. 4. Kleiner Haushalt, op. 71. Hinkende Jamben, op. 62 Nr. 5. Der Schatzgräber, op. 59 Nr. 3. Der Mohrenfürst auf der Messe, op. 97 Nr. 3 – Klavier: Jörg Demus – 1979 – DG/L

LOEWE, CARL: *Geistliche Gesänge,* op. 22. Wenn ich nur ihn habe. Wenn alle untreu werden. Der Hirten Lied am Kripplein. Bußlied. Gottes ist der Orient – Klavier: Jörg Demus – DG

LORTZING, ALBERT: *Undine*. Nun ist's vollbracht. O kehr zurück (Kühleborn–Undine) – Streich. Berliner Philharmoniker. Dirigent: Wilhelm Schüchter – 1955 – EMI

LORTZING, ALBERT: *Der Wildschütz*. Wie freundlich strahlt. Heiterkeit und Fröhlichkeit (Baron, I. Akt) – Berliner Philharmoniker. Dirigent: Wilhelm Schüchter – 1955 – EMI

LORTZING, ALBERT: *Zar und Zimmermann*. Sonst spielt' ich mit Zepter und Krone (Zar) – Berliner Philharmoniker. Dirigent: Wilhelm Schüchter – 1955 – EMI

LORTZING, ALBERT: *Zar und Zimmermann* (Peter I.). Querschnitt – Hallstein, Lenz, Kohn, Wunderlich. Bamberger Sinfoniker. Dirigent: Hans Gierster – 1966 – DG/L

LOTHAR, MARK: *Musik des Einsamen,* op. 67. Liederzyklus für Gesang und 7 Instrumente (Hesse) – Dirigent: Mark Lothar – 1967 – EMI

MAHLER, GUSTAV: *Das Lied von der Erde* (H. Bethge: Die chinesische

Flöte) – Dickie. Philharmonia Orchester London. Dirigent: Paul Kletzki – 1959 – EMI

MAHLER, GUSTAV: *Das Lied von der Erde* – King. Wiener Philharmoniker. Dirigent: Leonard Bernstein – 1966 – TIS/L

MAHLER, GUSTAV: *Kindertotenlieder* (Rückert) – Philharmonia Orchester
London. Dirigent: Rudolf Kempe – 1955 – EMI/L

MAHLER, GUSTAV: *Kindertotenlieder* – Berliner Philharmoniker. Dirigent:
Karl Böhm – Live-Mitschnitt 1962 – Helikon/L

MAHLER, GUSTAV: *Kindertotenlieder* – Berliner Philharmoniker. Dirigent:
Karl Böhm – 1963 – DG

MAHLER, GUSTAV: *Kindertotenlieder* – Berliner Philharmoniker. Dirigent:
Karl Böhm – DG

MAHLER, GUSTAV: *Lieder eines fahrenden Gesellen* – Philharmonia Orchester London. Dirigent: Wilhelm Furtwängler – 1951/1952 – EMI/L

MAHLER, GUSTAV: *Lieder eines fahrenden Gesellen* – Wiener Philharmoniker. Dirigent: Wilhelm Furtwängler – Live-Mitschnitt 1951 – Furtwängler Edition Nr. 29

MAHLER, GUSTAV: *Lieder eines fahrenden Gesellen* – Sinfonie-Orchester des
Bayerischen Rundfunks. Dirigent: Rafael Kubelik – 1968 – DG/L

MAHLER, GUSTAV: *Lieder eines fahrenden Gesellen. Vier Rückert-Lieder* –
Sinfonie-Orchester des Bayerischen Rundfunks. Dirigent: Rafael Kubelik – DG

MAHLER, GUSTAV: *Lieder von Rückert*, 1–5. Blicke mir nicht in die Lieder.
Ich atme einen linden Duft. Ich bin der Welt abhanden gekommen –
Berliner Philharmoniker. Dirigent: Karl Böhm – 1963 – DG/L

MAHLER, GUSTAV: *Des Knaben Wunderhorn* (Auswahl) – Schwarzkopf. London Symphony Orchestra. Dirigent: George Szell – 1968 –
EMI/L

MAHLER, GUSTAV: *Lieder.* Lieder und Gesänge aus der Jugendzeit. Lieder aus »Des Knaben Wunderhorn«. Rückert-Lieder. Lieder eines fahrenden Gesellen. Lieder und Gesänge aus der Jugendzeit – Klavier:
Daniel Barenboim – 1978 – EMI

MAHLER, GUSTAV: *Lieder und Gesänge aus der Jugendzeit.* Um schlimme
Kinder artig zu machen. Selbstgefühl. Scheiden und Meiden. Ablö-
sung im Sommer. Nicht wiedersehen. Fantasie aus »Don Juan«. Zu
Straßburg auf der Schanz. *Lieder von Rückert*, Nr. 1, 2, 3, 5 – Klavier:
Leonard Bernstein – 1968 – CB

MAHLER, GUSTAV: *Lieder.* (In Sammlung: Lieder der späten Romantik)
siehe Lieder mit verschiedenen Komponisten. Phantasie aus »Don
Juan«. Aus »Des Knaben Wunderhorn« 1. Ablösung im Sommer. 2.
Selbstgefühl. 3. Des Antonius von Padua Fischpredigt. Zu Straßburg

auf der Schanz. Strauß-Lieder. Pfitzner-Lieder – Klavier: Karl Engel –
1959 – DG

MAHLER, GUSTAV: *Wo die schönen Trompeten blasen* – Klavier: Hermann
Reutter – 1970 – EMI/L

MAHLER, GUSTAV: *Sinfonie Nr. 8.* Sinfonie der Tausend – Arroyo, Spo-
renberg, Mathis, Hamari, Proctor, Grobe, Crass. Chöre des Norddeutschen Rundfunks, des Bayerischen Rundfunks und andere. Sinfonie-
Orchester des Bayerischen Rundfunks. Dirigent: Rafael Kubelik –
1970 – DG/L

MAINARDI, ENRICO: *Lieder.* Uomo del mio tempo (Quasimodo). Con
una fronda di mirto (Archilochos/Quasimodo) – Klavier: Jörg Demus –
1964 – DG

MARTIN, FRANK: *Monologe aus Jedermann,* Nr. 1–6 – Berliner Philharmoniker. Dirigent: Frank Martin – 1963 – DG/L

MARTIN, FRANK: *Der Sturm* (Fragmente aus der gleichnamigen Oper) –
Berliner Philharmoniker. Dirigent: Frank Martin – 1963 – DG

MATTIESEN, EMIL: *Lieder.* Herbstgefühl. Heimgang in der Frühe – Klavier: Aribert Reimann – 1971 – EMI

MATTHUS, SIEGFRIED: *Holofernes.* Portrait für Bariton und Orchester
nach Texten von Friedrich Hebbel. 1. Es gibt eine Kunst. 2. Nebukad-
nezar gebietet. 3. O diese Judith. 4. Eins möchte ich wissen. 5. Den
Holofernes töten – Gewandhausorchester Leipzig. Dirigent: Kurt Masur – 1981 – Eterna

MENDELSSOHN-BARTHOLDY, FELIX: *Elias,* op. 70 – Jones, Baker, Gedda.
New Philharmonia Chorus London. New Philharmonia Orchestra
London. Dirigent: Rafael Frühbeck de Burgos – 1968 – EMI/L

MENDELSSOHN-BARTHOLDY, FELIX: *Paulus,* op. 36 – Donath, Schwarz,
Hollweg. Chor des Städtischen Musikvereins Düsseldorf. Knabenchor
Wuppertaler Kurrende. Düsseldorfer Sinfoniker. Dirigent: Rafael
Frühbeck de Burgos – 1976 – EMI/L

MENDELSSOHN-BARTHOLDY, FELIX: *Duette.* Abendlied. Ich wollt' meine
Lieb'. Lied aus »Ruy Blas«. Wasserfahrt – De los Angeles. Klavier:
Gerald Moore – 1967 – EMI/L

MENDELSSOHN-BARTHOLDY, FELIX: *Duette.* Abschiedslied der Zugvögel.
Herbstlied. Suleika und Hatem. Wie kann ich froh und lustig sein –
Baker. Klavier: Daniel Barenboim – 1969 – EMI

MENDELSSOHN-BARTHOLDY, FELIX: *Ausgewählte Lieder.* Der Blumen-
kranz. Pagenlied. Schlafloser Augen Leuchten. Das Waldschloß. Warnung vor dem Rhein – Klavier: Wolfgang Sawallisch – 1970 – EMI

MENDELSSOHN-BARTHOLDY, FELIX: *Lieder.* op. 8 Nr. 4, 8. op. 9 Nr. 6.
op. 19a Nr. 1–6. op. 34 Nr. 1, 2, 3, 6. op. 47 Nr. 1, 2, 3, 4, 6. op. 57

Nr. 1, 2, 4, 5, 6. op. 71 Nr. 1, 3, 4, 5, 6. op. 84 Nr. 1, 3. op. 86 Nr. 1, 4, 5.
op. 99 Nr. 1, 5

MENDELSSOHN-BARTHOLDY, FELIX: *Die beiden Pädagogen* – Fuchs, Laki,
Hirte, Dallapozza, Wewel. Chor des Bayerischen Rundfunks. Orchester des Bayerischen Rundfunks. Dirigent: Heinz Wallberg – EMI

MENDELSSOHN-BARTHOLDY, FELIX: *Die Heimkehr aus der Fremde* – Donath, Schwarz, Schreier, Kusche. Chor des Bayerischen Rundfunks.
Orchester des Bayerischen Rundfunks. Dirigent: Heinz Wallberg –
1977 – EMI

MERGNER, FRIEDRICH: *Weihnachtslied* – Klavier: Jörg Demus – 1970 – DG

MEYERBEER, GIACOMO: *Lieder.* Menschenfeindlich. Hör ich das Liedchen klingen. Die Rose, die Lilie, die Taube. Komm. Der Garten des
Herzens. Sie und ich. Sicilienne. Ständchen. Die Rosenblätter. Le
chant du dimanche. Le Poète mourant. Cantique du Trappiste. Scirocco.
Mina – Klavier: Karl Engel – 1974 – DG

MILHAUD, DARIUS: *Lamentation* – Klavier: Hermann Reutter – 1970 –
EMI

MONTEVERDI, CLAUDIO: *Orfeo* – 1983

MOZART, WOLFGANG AMADEUS: *Messe C-Dur, Nr. 14, KV 317* (Krönungsmesse) – Moser, Hamari, Gedda. Chor des Bayerischen Rundfunks. Orchester des Bayerischen Rundfunks. Dirigent: Eugen Jochum
– 1976 – EMI/L

MOZART, WOLFGANG AMADEUS: *Vesperae solennes de confessore* in C, KV
339 – Moser, Hamari, Gedda. Chor des Bayerischen Rundfunks. Sinfonie-Orchester des Bayerischen Rundfunks. Dirigent: Eugen Jochum –
1976 – EMI/L

MOZART, WOLFGANG AMADEUS: *Requiem, KV 626* – Armstrong, Baker,
Gedda. John Alldis Choir. English Chamber Orchestra. Dirigent: Daniel Barenboim – 1971 – EMI/L

MOZART, WOLFGANG AMADEUS: *Arien.* Figaros Hochzeit: Der Prozeß
schon gewonnen. Die Gärtnerin aus Liebe. Nach der Welschen Art.
Cosi dunque Tradisci, KV 432. Mentre ti lascio o figlia, KV 513. Un
baccio di mano, KV 541. Ich möchte wohl der Kaiser sein, KV 539.
Männer suchen stets zu naschen, KV 433 – Wiener Haydn-Orchester.
Dirigent: Reinhard Peters – 1969 – TIS/L

MOZART, WOLFGANG AMADEUS: *Trios.* La Partenza, KV 436. Più non si
trovano, KV 549 – De los Angeles, Schwarzkopf. Klavier: Gerald
Moore – 1967 – EMI/L

MOZART, WOLFGANG AMADEUS: *Lieder.* Kantate: Die ihr des unermeßli-
chen Weltalls Schöpfer ehrt, KV 619. Gesellenreise, KV 468. Die Zufriedenheit, KV 473. Die betrogene Welt, KV 474. Das Veilchen, KV

476. Lied der Freiheit, KV 506. Das Lied der Trennung, KV 519. Abendempfindung, KV 523. Geheime Liebe, KV 125 e. Die Zufriedenheit im niedrigen Stande, KV 125 f. Wie unglücklich bin ich nit, KV 125 g. An die Freundschaft, KV 125 h. Die großmütige Gelassenheit, KV 125 d. Das Traumbild, KV 530. An die Hoffnung, KV 340 c. An Chloe, KV 524 – Klavier: Daniel Barenboim – 1971 – EMI

MOZART, WOLFGANG AMADEUS: *Così fan tutte*, KV 588 (Don Alfonso) – Seefried, Merriman, Köth, Haefliger, Prey. RIAS-Kammerchor Berlin. Berliner Philharmoniker. Dirigent: Eugen Jochum – 1962 – DG/L

MOZART, WOLFGANG AMADEUS: *Don Giovanni*, KV 527 (Titelpartie) – Stader, Jurinac, Seefried, Haefliger, Sardi, Kohn, Krepped. RIAS-Kammerchor. Radio-Sinfonie-Orchester Berlin. Dirigent: Ferenc Fricsay – 1958 – DG/L

MOZART, WOLFGANG AMADEUS: *Don Giovanni*, KV 527 (Titelpartie). Querschnitt (deutsch) – Salemka, Streich, Watson, Haefliger, Berry. Radio-Sinfonie-Orchester Berlin. Dirigent: Hans Löwlein – 1963 – DG/L

MOZART, WOLFGANG AMADEUS: *Don Giovanni*, KV 527 (Titelpartie) – Arroyo, Grist, Nilsson, Schreier, Flagello, Talvela. Tschechischer Sängerchor Prag. Orchester des Nationaltheaters Prag. Dirigent: Karl Böhm – 1967 – DG/L

MOZART, WOLFGANG AMADEUS: *Die Hochzeit des Figaro*, KV 492 (Graf Almaviva) – Schwarzkopf, Seefried, Kunz, Ludwig. Chor der Wiener Staatsoper. Wiener Philharmoniker. Dirigent: Karl Böhm – 1957 – Helikon/L

MOZART, WOLFGANG AMADEUS: *Die Hochzeit des Figaro*, KV 492 (Graf Almaviva) – Seefried, Stader, Schweiger, Töpper, Capecchi, Sardi, Lenz, Wieter. RIAS-Kammerchor. Radio-Sinfonie-Orchester Berlin. Dirigent: Ferenc Fricsay – 1960 – DG/L

MOZART, WOLFGANG AMADEUS: *Figaros Hochzeit*, KV 492 (Graf Almaviva). Querschnitt (deutsch) – Stader, Streich, Steffek, Berry. Berliner Philharmoniker. Dirigent: Ferdinand Leitner – 1961 – DG/L

MOZART, WOLFGANG AMADEUS: *Figaros Hochzeit*, KV 492 (Graf Almaviva) – Janowitz, Mathis, Prey, Troyanos, Johnson, Wohlfahrt, Vantin, Lagger. Chor der Deutschen Oper Berlin. Orchester der Deutschen Oper Berlin. Dirigent: Karl Böhm – 1968 – DG/L

MOZART, WOLFGANG AMADEUS: *Die Hochzeit des Figaro*, KV 492 (Graf Almaviva) – Güden, Evans, Sciutti, Pfleger, Lear, Lagger, Johnson, Kesteren, Frese, Vantin. Chor der Wiener Staatsoper. Wiener Philharmoniker. Dirigent: Lorin Maazel – Live-Mitschnitt 1963 – Movimento Musica/L

Mozart, Wolfgang Amadeus: *Die Hochzeit des Figaro*, KV 492 (Graf Almaviva) – Berganza, Belgen, Harper, Evans, John Aldis Choir. English Chamber Orchestra. Dirigent: Daniel Barenboim – 1976 – EMI

Mozart, Wolfgang Amadeus: *Die Zauberflöte*, KV 620 (Papageno) – Greindl, Haefliger, Borg, Streich, Stader, Schech, Losch, Klose, Otto. RIAS-Kammerchor. RIAS-Sinfonie-Orchester. Dirigent: Ferenc Fricsay – 1955 – P/L

Mozart, Wolfgang Amadeus: *Die Zauberflöte*, KV 620 (Sprecher) – Deutekom, Holm, Lorengar, Burrows, Prey, Stolze, Talvela. Chor der Wiener Staatsoper. Wiener Philharmoniker. Dirigent: Georg Solti – 1969 – DECCA/L

Mozart, Wolfgang Amadeus: *Die Zauberflöte*, KV 620 (Papageno) – Wunderlich, Crass, Lear, Peters, Hotter, King, Talvela. RIAS-Kammerchor Berlin. Berliner Philharmoniker. Dirigent: Karl Böhm – 1964 – DG/L

Mozart, Wolfgang Amadeus: *Die Zauberflöte für Kinder*, erzählt von Karlheinz Böhm, mit vielen Musikbeispielen (Papageno) – Streich, Stader, Otto, Haefliger, Greindl, Vantin. RIAS-Chor Berlin. RIAS-Sinfonieorchester Berlin. Dirigent: Ferenc Fricsay – 1955 – DG/L

Neefe, Christian Gottlob: *Goethe-Lieder*. Serenade – Klavier: Jörg Demus – 1972 – DG

Nicolai, Otto: *Die lustigen Weiber von Windsor*. Duett: Herr Fluth–Falstaff. Gott grüß Euch ... In einem Waschkorb ... Wie freu ich mich – Frick. Berliner Philharmoniker. Dirigent: Wilhelm Schüchter – 1955 – EMI

Nietzsche, Friedrich: *Lieder*. (Aus »Sieben Lieder«), Nr. 2 Wie sich Rebenranken schwingen. Nr. 5 Verwelkt. Nr. 6 Nachspiel – Klavier: Aribert Reimann – 1974 – EMI

Offenbach, Jacques: *Hoffmanns Erzählungen* (Lindorf, Coppelius, Dappertutto, Dr. Mirakel) – Scovotti, Sharp, Varady, Schunk, Lenz, Gramatzki, Schwarz, Jerusalem, Hirte, Orth, Moll, Wewel, Lika. Chor des Bayerischen Rundfunks. Münchener Rundfunkorchester. Dirigent: Heinz Wallberg

Orff, Carl: *Carmina burana*. Sechs Ausschnitte. 1. Veni, veni, venias. 2. Estuans interius. 3. Ego sum abbas. 4. Tempus est Jucundum. 5. In trutina. 6. In taberna quando sumus – RIAS-Chor. RIAS-Sinfonie-Orchester. Dirigent: Ferenc Fricsay – 1949

Orff, Carl: *Carmina burana* – Janowitz, Stolze. Schöneberger Sängerknaben. Chor der Deutschen Oper Berlin. Orchester der Deutschen Oper Berlin. Dirigent: Eugen Jochum – 1967 – DG/L

ORFF, CARL: *Gesänge* für Bariton und Orchester. An den Mond. Dietrichs Erzählung (Der arme Heinrich). Herr Oluf. Lethe. Lieder, op. 4 Nr. 2. Lieder, op. 15 Nr. 2, 3 – Sinfonieorchester des Bayerischen Rundfunks. Dirigent: Wolfgang Sawallisch – EMI/L

PFITZNER, HANS: *Lieder*. (In Sammlung: Lieder der späten Romantik). 1. Sie haben heut' Abend Gesellschaft. 2. In Danzig. 3. Eingelegte Ruder. 4. Säerspruch. 5. Hussens Kerker. 6. Zorn. 7. An die Mark. 8. Zum Abschied meiner Tochter. 9. Tragische Geschichte – Klavier: Karl Engel – 1959 – DG

PFITZNER, HANS: *Lieder* nach Gedichten von Joseph von Eichendorff – Klavier: Karl Engel – 1969 – EMI

PFITZNER, HANS: *Lieder*. An den Mond. Mailied – Klavier: Aribert Reimann – 1971 – EMI

PFITZNER, HANS: *Lieder*. Hussens Kerker. Es geht mit mir zu Ende – Klavier: Hermann Reutter – 1970 – EMI

PFITZNER, HANS: *Sonett nach Petrarca*. Voll jener Süße, die nicht auszudrücken, op. 24 Nr. 3 – Klavier: Jörg Demus – 1972 – DG

PFITZNER, HANS: *Ausgewählte Lieder*. Sehnsucht. Gegenliebe. Müde. Leierkastenmann. Michaelskirchplatz. Schön Suschen. Ich und du. Gebet. An den Mond. Abendrot. Tragische Geschichte. Ist der Himmel darum im Lenz so blau. Stimme der Sehnsucht. Es glänzt so schön die sinkende Sonne. Ich aber weiß. Wasserfahrt – Klavier: Hartmut Höll – Juni 1982 – Orfeo/L

PFITZNER, HANS: *Palestrina* (Borromeo) – Ridderbusch, Weikl, Prey, Gedda, Mazura, Fassbaender u. a. Chor des Bayerischen Rundfunks. Sinfonie-Orchester des Bayerischen Rundfunks. Dirigent: Rafael Kubelik – 1973 – DG/L

POULENC, FRANCIS: *Le Bal Masqué* für Singstimme und Instrumente – Instrumentalsolisten der Berliner Philharmoniker – 1975 – RCA/L

PUCCINI, GIACOMO: *La Bohème* (Quartett 3. Akt: Lebt wohl, ihr süßen Stunden) – Trötschel, Streich, Fehenberger. Orchester der Komischen Oper Berlin. Dirigent: Paul Schmitz – 1949 – DG

PUCCINI, GIACOMO: *La Bohème* (Marcel). Querschnitt – Berger, Köth, Schock, Prey, Frick. Chor der Deutschen Oper Berlin. Berliner Sinfoniker. Dirigent: Wilhelm Schüchter – 1954 – EMI

PUCCINI, GIACOMO: *La Bohème* (Marcel) – Lorengar, Streich, Konja, Günter. Kinderchor der Komischen Oper Berlin. Chor der Staatsoper Berlin. Staatskapelle Berlin. Dirigent: Alberto Erede – 1961 – DG/L

PUCCINI, GIACOMO: *Gianni Schicchi* (Titelpartie) – Zeumer, Töpper, Ilosvalvy, Schmidt, Lipp, Frohn, Krug, Smith, Nolen, Gramatzki, Kahlstorf, Feller, Horn, Thissen. Kölner Rundfunk-Sinfonie-Orchester. Dirigent: Alberto Erede – 1975 – Herausgegeben von der Pressestelle des Westdeutschen Rundfunks, Köln

PUCCINI, GIACOMO: *Madame Butterfly* (Sharpless). Querschnitt – Frauenchor der Deutschen Oper Berlin. Orchester der Deutschen Oper Berlin. Dirigent: Wilhelm Schüchter – 1954 – EMI

PUCCINI, GIACOMO: *Tosca* (Scarpia) – Silja, King, Palma, Mantovani. Chor der Accademia di Santa Cecilia Rom. Orchester der Academia di Santa Cecilia Rom. Dirigent: Lorin Maazel – 1966 – Dec/L

PURCELL, HENRY: *Kantate*. When night her purple veil – Flöte: Aurèle Nicolet. Violine: K. Toyoda. Cembalo: Edith Picht-Axenfeld. Violoncello: G. Donderer. Kontrabaß: H. Nowak – 1969 – EMI/L

PURCELL, HENRY: *Duette*. Let us wander. Gavotta. Lost is my quiet – De los Angeles. Klavier: Gerald Moore – 1960 – EMI

PURCELL, HENRY: *Duette*. No, resistance is but rain. My dearest, my fairest. Shepherd, leave decoying. Sound the Trumpet – Baker. Klavier: Daniel Barenboim – 1969 – EMI

RAFF, JOSEPH JOACHIM: *Lieder*. Unter Palmen – Klavier: Aribert Reimann – 1974 – EMI

RAMEAU, JEAN PHILIPPE: *Kantate* – Flöte: J.-P. Rampal. Cembalo: R. Veyron-Lacroix. Violoncello: J. Neilz – 1971 – EMI/L

RAVEL, MAURICE: *Chansons Madécasses 1–3. Cinq Mélodies populaires greques. Don Quichotte à Dulcinée,* (1–3) – Klavier: Karl Engel. Flöte: Aurèle Nicolet. Violoncello: Irmgard Poppen – 1959 – DG

RAVEL, MAURICE: *Chansons Madécasses* – Flöte: K. H. Zöller. Violoncello: W. Boettcher. Klavier: W. Sawallisch – 1975 – RCA/L

RAVEL, MAURICE: *Ausgewählte Lieder*. Un grand Sommeil Noir. Deux Epigrammes. Histoires naturelles. Cinq Mélodies populaires greques. Ronsard à son ame. Rêves. Don Quichotte à Dulcinée – Klavier: Hartmut Höll – 1983 – Orfeo/L

REGER, MAX: *Geistliche Lieder,* op. 137. Nr. 3 Uns ist geboren ein Kindelein. Nr. 10 Christkindleins Wiegenlied. *Neue Kinderlieder,* op. 142. Nr. 3 Mariä Wiegenlied – Klavier: Jörg Demus – 1970 – DG

REGER, MAX: *Ausgewählte Lieder*. Traum durch die Dämmerung. Äolsharfe. Nelken. Ihr, ihr Herrlichen. Der Himmel hat eine Träne geweint. Glückes genug. Waldeinsamkeit. Schlecht Wetter. Heimat. Minnelied. Ein Drängen. Der zerrissene Grabkranz. Winterahnung. Im April. Das Blatt im Buche. Trost. Grablied. Das sterbende Kind. Flieder. Einsamkeit. Gottes Segen – Klavier: Günter Weißenborn – 1965 – SG

REGER, MAX: *Lieder*. op. 104 Nr. 2 Warnung. op. 98 Nr. 5 Sommernacht – Klavier: Aribert Reimann – 1971 – EMI

REICHARDT, JOHANN FRIEDRICH: *Goethe-Lieder.* Gott. Feiger Gedanken. Die schöne Nacht. Einziger Augenblick. Einschränkung. Mut. Rhapsodie. An Lotte. Aus Euphrosyne – Klavier: Jörg Demus – 1972 – DG

REICHARDT, JOHANN FRIEDRICH: *Petrarca-Sonette.* Canzon, s'al dolce loco la donna nostra vedi. Erano i capei d'oro. O poggi, o valli, o fiume, o selve, o campi. Più volte gia dal bel sembiante umano. Di tempo in tempo mi si fa men dura. Or che il ciel e la terra – Klavier: Jörg Demus – 1972 – DG

REIMANN, ARIBERT: *Requiem* – Varady, Dernesch. RIAS-Kammerchor. Radio-Sinfonie-Orchester Berlin. Dirigent: Gerd Albrecht – 1983 – EMI/L

REIMANN, ARIBERT: *Fünf Gedichte von Paul Celan.* Blume. Auge der Zeit. Tenebrae. Heut und Morgen. Ein Lied in der Wüste – Klavier: Aribert Reimann – 1961 – HYM

REIMANN, ARIBERT: *Lear* (Titelpartie) – Varady, Dernesch, Lorand, Boysen. Chor der Bayerischen Staatsoper. Orchester der Bayerischen Staatsoper. Dirigent: Gerd Albrecht – Live-Mitschnitt 1978 – DG/L

REINECKE, CARL: *Weihnachtslied* – Klavier: Jörg Demus – 1970 – DG

REUTTER, HERMANN: *Lieder.* Meine dunklen Hände. Bänkelsänger. Trommel. Schwarzes Mädchen. Lied für ein dunkles Mädchen. Wenn Susanna Jones trägt rot – Klavier: Aribert Reimann – 1961 – EMI

REUTTER, HERMANN: *Johannes Kepler,* op. 64 Nr. 5. *Lied für ein dunkles Mädchen. Trommel* – Klavier: Hermann Reutter – 1970 – EMI

REUTTER, HERMANN: *Weihnachtskantilene* – Klavier: Jörg Demus – 1970 – DG

RHEINBERGER, JOSEPH: *Der Stern von Bethlehem,* op. 164 (Weihnachtskantate) – Streich. Chor des Bayerischen Rundfunks. Sinfonie-Orchester Graunke. Dirigent: Robert Heger – 1968 – EMI/L

REZNICEK, EMIL NIKOLAUS VON: *Vier Bet- und Bußgesänge nach Worten der Heiligen Schrift* – Klavier: Günter Weißenborn – 1960 – DG

RITTER, ALEXANDER: *Lieder,* op. 10 Nr. 1. Primula veris – Klavier: Aribert Reimann – 1974 – EMI

ROSENMÜLLER, JOHANN: *Von den himmlischen Freuden.* Kantate für Baß und B. C. – Cembalo: Edith Picht-Axenfeld. Violoncello: Georg Donderer. Kontrabaß: Hans Nowak – 1969 – EMI/L

ROSSINI, GIACOMO: *Petite Messe solennelle* – Lövaas, Fassbaender, Schreier. Münchener Vokalsolisten. Leitung u. Klavier: Wolfgang Sawallisch. 2. Klavier: Hans-Ludwig Hirsch. Harmonium: Reinhard Raffalt – 1972 – Ar/L

ROSSINI, GIACOMO: *Guglielmo Tell* – Jaia, Modesti, Sardi, Mancini, Borelli, Pirino, Nicolai, Campi, Cerquetti, Söley. Orchestra Sinfonica e

298

Coro di Milano della Radiotelevisione Italiana. Dirigent: Mario Rossi – 1956 – foyer

ROSSINI, GIACOMO: *Wilhelm Tell*. Arie des Tell – Radio-Sinfonie-Orchester Berlin. Dirigent: Ferenc Fricsay – 1961 – DG

RUBINSTEIN, ANTON: *Lieder*, op. 72 Nr. 1. Es blinkt der Tau – Klavier: Aribert Reimann – 1974 – EMI

SAINT-SAËNS, CAMILLE: *Pastorale* – De los Angeles. Klavier: Gerald Moore – 1960 – EMI

SCARLATTI, ALESSANDRO: *Infirmata vulnerata* (Kantate) – Flöte: Aurèle Nicolet. Violine: Helmut Heller. Cembalo: Edith Picht-Axenfeld. Violoncello: Irmgard Poppen – 1963 – EMI

SCHEIN, JOHANN HERMANN: *Duette*. Christe, der du bist Tag und Licht. Gott der Vater wohnt bei uns – Baker. Violoncello: Kenneth Heath. Cembalo: George Malcolm. Orgel: George Malcolm – 1970 – EMI

SCHILLINGS, MAX VON: *Lieder*. Freude soll in deinen Werken sein – Klavier: Aribert Reimann – 1974 – EMI

SCHOECK, OTHMAR: *Lieder*. Aus »Ein Tagewerk«. 1. Vom Lager stand ich mit dem Frühlicht auf. 2. Aber ein kleiner goldener Stern. Frühgesicht. Reisephantasie. Am Ende des Festes. Nachruf. Jugendgedenken. Peregrina II. Auf ein Kind. Dämmrung senkte sich von oben. Aber wie schön ist die Nacht. Nachklang. Höre den Rat. Venezianisches Epigramm. Jetzt rede du – Klavier: Margit Weber – 1958 – DG

SCHOECK, OTHMAR: *Lebendig begraben*, op. 40. 14 Gesänge nach Gedichten von Gottfried Keller – Radio-Sinfonie-Orchester Berlin. Dirigent: Fritz Rieger – 1962 – DG

SCHOECK, OTHMAR: *Notturno*, op. 42 – Juilliard-Quartett – 1967 – CBS

SCHOECK, OTHMAR: *Lieder*. Peregrina, op. 17 Nr. 4. Abendwolken, op. 20 Nr. 6. Reiselied, op. 12 Nr. 1 – Klavier: Hermann Reutter. Klavier: Aribert Reimann – 1971 – EMI

SCHOECK, OTHMAR: *Hesse-Lieder* – Klavier: Karl Engel – 1977 – DG

SCHÖNBERG, ARNOLD: *Lieder*. Erwartung, op. 2 Nr. 1. Die Aufgeregten, op. 3 Nr. 2. Geübtes Herz, op. 3 Nr. 5. Verlassen, op. 6 Nr. 4. Der verlorene Haufen, op. 12 Nr. 2. Ich darf nicht danken, op. 14 Nr. 1. Sommermüd, op. 48 Nr. 1. Tot, op. 48 Nr. 2 – Klavier: Aribert Reimann – 1970 – DG/L

SCHÖNBERG, ARNOLD: *Lieder*. Warnung, op. 3 Nr. 3. Traumleben, op. 6 Nr. 1. – Klavier: Aribert Reimann – 1974 – EMI

SCHÖNBERG, ARNOLD: *Lieder-Auswahl*. Dank, op. 1/1. Abschied, op. 1/2. Erwartung, op. 2/1. Schenk mir deinen goldenen Kamm, op. 2/2. Wie Georg von Frundsberg von sich selber sang, op. 3/1. Die Aufgeregten, op. 3/2. Warnung, op. 3/3. Geübtes Herz, op. 3/5. Deinem Blick mich zu bequemen, ohne op. Traumleben, op. 6/1. Verlassen, op. 6/4. Der Wanderer, op. 6/8. Der verlorene Haufen, op. 12/2. Ich darf nicht danken, op. 14/1. Am Strande, ohne op. Sommermüd, op. 48/1. Tot, op. 48/2 – Klavier: Aribert Reimann – 1983 – EMI/L

SCHRECKER, FRANZ: *Lieder*. Die Dunkelheit sinkt schwer wie Blei – Klavier: Aribert Reimann – 1971 – EMI

SCHUBERT, FRANZ: *Geistliche Chorwerke, Vol. I*. Messe B-Dur D 324. Messe F-Dur D 105. Kyrie d-moll D 49. Tantum ergo Es-Dur D 962 – Popp, Fassbaender, Donath, Dallapozza, Schreier. Chor des Bayerischen Rundfunks. Sinfonie-Orchester des Bayerischen Rundfunks. Dirigent: Wolfgang Sawallisch – 1980–1981 – EMI/L

SCHUBERT, FRANZ: *Geistliche Chorwerke, Vol. II*. Messe Es-Dur D 950. Messe C-Dur D 452. Messe G-Dur D 167. Magnificat D-Dur D 486 – Donath, Fassbaender, Schreier, Araiza, Popp, Dallapozza, Rüggeberg, Falk, Gassner, Lika. Chor und Sinfonie-Orchester des Bayerischen Rundfunks. Dirigent: Wolfgang Sawallisch – 1980–1981 – EMI/L

SCHUBERT, FRANZ: *Geistliche Chorwerke, Vol. III*. Messe As-Dur D 678. Lazarus oder die Feier der Auferstehung (Osterkantate) D 689. Stabat mater f-moll D 383 – Donath, Popp, Venuti, Fassbaender, Araiza, Protschka, Tear. Capella Bavariae. Chor des Bayerischen Rundfunks. Sinfonie-Orchester des Bayerischen Rundfunks. Dirigent: Wolfgang Sawallisch – 1983 – EMI

SCHUBERT, FRANZ: *Deutsche Messe. Salve Regina. Psalmen 23 und 92* – Chor des Bayerischen Rundfunks. Sinfonie-Orchester des Bayerischen Rundfunks. Dirigent: Wolfgang Sawallisch – EMI

SCHUBERT, FRANZ: *Sinfonie Nr. 5, B-Dur D 759. Sinfonie Nr. 8, h-moll D 759 (Unvollendete)* – New Philharmonia Orchestra London. Dirigent: Dietrich Fischer-Dieskau – 1973 – EMI

SCHUBERT, FRANZ: *Lieder, Vol. I* – Klavier: Gerald Moore – 1966–1969 – DG/L

SCHUBERT, FRANZ: *Lieder, Vol. II* – Klavier: Gerald Moore – 1966–1969 – DG/L

SCHUBERT, FRANZ: *Lieder, Vol. III*. Die schöne Müllerin. Winterreise. Schwanengesang – Klavier: Gerald Moore – 1971/1972 – DG/L

SCHUBERT, FRANZ: *Lieder*. Eine Auswahl – Klavier: Gerald Moore – 1970 – DG

SCHUBERT, FRANZ: *Franz Schubert in seinen Liedern* mit einem Aufsatz von Dietrich Fischer-Dieskau im Begleitbuch – Klavier: Gerald Moore – 1969–1972 – Belser

SCHUBERT, FRANZ: *Die schöne Müllerin, D 795* – Klavier: Gerald Moore – 1971 – DG/L

SCHUBERT, FRANZ: *Die schöne Müllerin*, D 795 – Klavier: Jörg Demus –
1968 – DG

SCHUBERT, FRANZ: *Die schöne Müllerin*, D 795. Schwanengesang D 957.
Die Winterreise D 911 – Klavier: Gerald Moore – 1951–1962 – EMI/L

SCHUBERT, FRANZ: *Die schöne Müllerin*, D 795 – Klavier: Gerald Moore –
1951 – EMI/L

SCHUBERT, FRANZ: *Die schöne Müllerin*, D 795. (Mit einem Prolog und
einem Epilog des Dichters Wilhelm Müller) – Klavier: Gerald Moore –
1961 – EMI

SCHUBERT, FRANZ: *Schwanengesang*, D 957 – Klavier: Gerald Moore –
1972 – DG/L

SCHUBERT, FRANZ: *Schwanengesang*, D 957 – Klavier: Gerald Moore –
1962 – EMI/L

SCHUBERT, FRANZ: *Schwanengesang*, D 957 – Klavier: Alfred Brendel –
1982 – Philips/L, auch CD

SCHUBERT, FRANZ: *Winterreise*, D 911 – Klavier: Gerald Moore – 1955 –
EMI/L

SCHUBERT, FRANZ: *Winterreise*, D 911 – Klavier: Klaus Billing – 1948 –
Helikon

SCHUBERT, FRANZ: *Winterreise*, D 911 – Klavier: Daniel Barenboim –
1979 – DG/L

SCHUBERT, FRANZ: *Winterreise*, D 911 und *ausgewählte Lieder* – Klavier:
Alfred Brendel – 1983 – Philips (noch nicht erschienen)

SCHUBERT, FRANZ: *Winterreise*, D 911 und: Das Weinen. Schiffers Schei-
delied. Vor meiner Wiege. Frühlingslied. Der Kreuzweg. Jägers Lie-
beslied – Klavier: Jörg Demus – 1965 – DG/L

SCHUBERT, FRANZ: *Lieder*. Des Sängers Habe D 832. Wehmut D 772.
Der Strom D 565. Das Zügenglöcklein D 871. Abendbilder D 650. Auf
der Donau D 553. Der Schiffer D 536. Totengräbers Heimweh D 842.
Am Fenster D 878. Die Sterne D 939. Fischerweise D 881. Liebeslau-
schen D 698. Der Wanderer D 649. Auf der Bruck D 853. Im Frühling
D 882. Aus »Heliopolis« D 754 – Klavier: Svjatoslav Richter – Live-
Mitschnitt 1977 – DG/L

SCHUBERT, FRANZ: *Ausgewählte Lieder*. Auflösung D 807. Hippolits Lied
D 890. Der Einsame D 800. Gesänge des Harfners D 478. Gruppe aus
dem Tartarus D 583. Herbst D 945. Nacht und Träume D 827. Nacht-
stück D 672. Im Abendrot D 799. Der Wanderer D 493. Über Wilde-
mann D 884. Der Wanderer an den Mond D 870. – Klavier: Alfred
Brendel – 1982 – Philips, auch CD/L

SCHUBERT, FRANZ: *Lieder nach Texten von Schiller*. An den Frühling. Bürgschaft. Das Geheimnis. Die Götter Griechenlands. Gruppe aus dem

Tartarus. Der Jüngling am Bache. Mädchen aus der Fremde. Pilgrim. Sehnsucht – Klavier: Gerald Moore – 1966–1969 – DG

SCHUBERT, FRANZ: *Lieder nach Texten von Goethe*. An den Mond I und II. Erlkönig. Fischer. Gesänge des Harfners. Heidenröslein. Meeres Stille. Nachtgesang. Nähe des Geliebten. Rastlose Liebe. Schäfers Klagelied. Wanderers Nachtlied (D 224) – Klavier: Gerald Moore – 1970 – DG/L

SCHUBERT, FRANZ: *Lieder nach Gedichten von Goethe*. Wanderers Nachtlied I und II. Ganymed. Jägers Abendlied. An Schwager Kronos. Meeres Stille. Prometheus. Gesänge des Harfners. An den Mond II. Auf dem See. Erster Verlust. Der Musensohn – Klavier: Jörg Demus – 1959 – DG/L

SCHUBERT, FRANZ: *Lieder*. An die Entfernte. Auf dem Wasser zu singen. Jüngling und der Tod. Nachtgesang. Die schöne Müllerin, Nr. 8 und Nr. 11. Schwanengesang, Nr. 5, 8, 12. Sei mir gegrüßt. Seligkeit. Winterreise, Nr. 5, 11. Der Fischer – Klavier: Gerald Moore und Karl Engel – EMI/L

SCHUBERT, FRANZ: *Lieder*. An die Leier. Memnon. Lied eines Schiffers. Die Dioskuren. Aeschylos-Fragment – Klavier: Jörg Demus – 1958 – DG

SCHUBERT, FRANZ: *Lieder*. Gruppe aus dem Tartarus. Die Götter Griechenlands. Die Erwartung. Sehnsucht. Der Taucher – Klavier: Karl Engel – 1959 – EMI

SCHUBERT, FRANZ: *Lieder*. Der Sänger. Die Bürgschaft. Der Fischer. Die Einsamkeit – Klavier: Karl Engel – 1958 – EMI

SCHUBERT, FRANZ: *Lieder*. Am Strome. Der Alpenjäger. Erlafsee. Wie Ulfru fischt. Beim Winde. Trost. Auf der Donau. Abendstern. Liebesend. Sehnsucht. Heliopolis. Punschlied. Der Sieg. An die Freunde – Klavier: Karl Engel – 1959 – EMI

SCHUBERT, FRANZ: *Lieder*. Spiegel der Antike. Die zürnende Diana. An die Leier. Memnon. Lied eines Schiffers. An die Dioskuren. Aus »Heliopolis«. Freiwilliges Versinken. Aeschylos-Fragment«. Fahrt zum Hades. Orpheus. Philoktet. Orest auf Tauris. Der entsühnte Orest – Klavier: Jörg Demus – 1961 – DG

SCHUBERT, FRANZ: *Apollo lebet noch dein hold Verlangen*, D 628. *Allein, nachdenklich, wie gelähmt*, D 629. *Nunmehr, da Himmel, Erde schweiget und Winde*, D 630 – Klavier: Gerald Moore – 1972 – DG

SCHUBERT, FRANZ: *Terzette* – Ameling, Schreier, Laubenthal. Klavier: Gerald Moore – 1972 – DG/L

SCHUBERT, FRANZ: *Quartette* – Ameling, Baker, Schreier. Klavier: Gerald Moore – 1972 – DG/L

SCHUBERT, FRANZ: *Die Zwillingsbrüder*, D 647 (Gesamtaufnahme) – Donath, Schreier, Brokmeier, Lenz, Strassner. Chor der Bayerischen

Staatsoper München. Orchester der Bayerischen Staatsoper München. Dirigent: Wolfgang Sawallisch – 1975 – EMI

SCHUBERT, FRANZ: *Der vierjährige Posten*, D 190 (Gesamtaufnahme) – Chor des Bayerischen Rundfunks. Münchener Rundfunkorchester. Dirigent: Heinz Wallberg – 1977 – EMI

SCHUBERT, FRANZ: *Alfonso und Estrella*, D 732 – Prey, Mathis, Adam, Schreier, Falewicz, Büchner, Gebhardt. Rundfunkchor Berlin. Staatskapelle Berlin. Dirigent: Otmar Suitner – 1978 – EMI/L

SCHUBERT, FRANZ: *Das mehrstimmige weltliche Vokalwerk.* Trinklied D 75. Zur guten Nacht D 903. Der 92. Psalm D 953 – Capella Bavariae. Dirigent: Wolfgang Sawallisch – 1981 – EMI/L

SCHÜTZ, HEINRICH: *Matthäuspassion* – Richter, Schulz. Hugo-Distler-Chor Berlin. Dirigent: Klaus Fischer-Dieskau – 1961 – DG/L

SCHÜTZ, HEINRICH: *Duette.* Der Herr schauet vom Himmel SWV 292. Cerbum caro factum est SWV 314 – Baker. Violine: Kenneth Heath. Orgel: George Malcolm – 1970 – EMI

SCHUMANN, ROBERT: *Requiem,* op. 148. *Requiem für Mignon,* op. 98 b – Donath, Soffel, Gedda, Lindner, Andonian, Georg. Chor des Städtischen Musikvereins Düsseldorf e. V. Düsseldorfer Sinfoniker. Dirigent: Bernhard Klee – 1983 – EMI/L

SCHUMANN, ROBERT: *Klavierkonzert in a-moll. Konzertstück,* op. 92 G-Dur (Introduktion und Allegro appasionato) – Klavier: Daniel Barenboim. London Philharmonic Orchestra. Dirigent: Dietrich Fischer-Dieskau – 1974 – EMI

SCHUMANN, ROBERT: *Sinfonie Nr. 2,* op. 61 C-Dur – Bamberger Sinfoniker. Dirigent: Dietrich Fischer-Dieskau – 1975 – BASF

SCHUMANN, ROBERT: *Sinfonie Nr. 3,* op. 97, Es-Dur (Rheinische). *Manfred-Ouvertüre,* op. 115 – Bamberger Sinfoniker. Dirigent: Dietrich Fischer-Dieskau – 1975 – BASF

SCHUMANN, ROBERT: *Lieder.* Nach Texten von Joseph von Eichendorff. Liederkreis, op. 39. Der frohe Wandersmann, op. 77 Nr. 1. Der Schatzgräber, op. 45 Nr. 1. Frühlingsfahrt, op. 45 Nr. 2. Der Einsiedler, op. 83 Nr. 3 – Klavier: Gerald Moore – 1964 – EMI/L

SCHUMANN, ROBERT: *Dichterliebe,* op. 48 (Liederzyklus nach Heinrich Heine). *Liederkreis,* op. 24 – Klavier: Jörg Demus – 1965 – DG/L

SCHUMANN, ROBERT: *Dichterliebe,* op. 48 – Klavier: Vladimir Horowitz – Live-Mitschnitt 1976 – CBS

SCHUMANN, ROBERT: *Lieder nach Heinrich Heine* – Klavier: Hertha Klust – EMI

SCHUMANN, ROBERT: *Lieder, Vol. I* – Klavier: Christoph Eschenbach – 1975 – DG/L

SCHUMANN, ROBERT: *Lieder, Vol. II* – Klavier: Christoph Eschenbach – 1976 – DG/L

SCHUMANN, ROBERT: *Lieder, Vol. III* – Klavier: Christoph Eschenbach – 1975–1977 – DG/L

SCHUMANN, ROBERT: *Lieder* (in einer Kassette). 9 LP. Zusammenfassung der drei Kassetten – Klavier: Christoph Eschenbach. Inhalt wie in Vol. I, II, III – 1975–1977 – DG

SCHUMANN, ROBERT: *Lieder,* op. 24. Aus »Myrthen«, op. 25 – Klavier: Christoph Eschenbach – DG

SCHUMANN, ROBERT: *Vokal-Duette* – Varady, Schreier. Klavier: Christoph Eschenbach – 1980 – DG/L

SCHUMANN, ROBERT: *Duette.* Tanzlied. Er und sie. Ich denke dein. In der Nacht – Schwarzkopf. Klavier: Gerald Moore – 1967 – EMI/L

SCHUMANN, ROBERT: *Duette.* Er und sie. Herbstlied. Ich bin dein Baum. Schön ist das Fest des Lenzes. Tanzlied. Wiegenlied – Baker. Klavier: Daniel Barenboim – 1969 – EMI

SCHUMANN, ROBERT: *Lieder.* Mondnacht. Lotosblume. Du bist wie eine Blume. Die beiden Grenadiere – Klavier: Gerald Moore – 1951 – EMI

SCHUMANN, ROBERT: *Lieder* – Klavier: Hertha Klust – 1956 – EMI

SCHUMANN, ROBERT: *Lieder.* 12 Gedichte von Justinus Kerner, op. 35. Freisinn, Schneeglöckchen. Ständchen (Komm in die Stille der Nacht). Venezianisches Lied I und II. Des Sennen Abschied. Talismane – Klavier: Günter Weißenborn – 1957 – DG

SCHUMANN, ROBERT: *Lieder* aus dem Spanischen und aus »Myrthen«. Der Kontrabandiste. Zigeunerliedchen Nr. 1 und 2. Tief im Herzen trag ich Pein. Melancholie. Sehnsucht. Geständnis. O, wie lieblich ist das Mädchen. Weh, wie zornig ist das Mädchen. Der Hidalgo. Romanze: Ebro caudaloso. Widmung. Der Nußbaum. Lieder aus dem »Schenkenbuch im Divan«, Nr. 1 und 2. Die Lotosblume. Aus den Hebräischen Gesängen. Zum Schluß. Mein schöner Stern – Klavier: Jörg Demus – 1960 – DG

SCHUMANN, ROBERT: *Lieder* aus dem Jahre 1840. Liebesbotschaft. Nichts Schöneres. An den Sonnenschein. Sonntags am Rhein. Dichters Genesung. Was soll ich sagen. Die Löwenbraut. Der Knabe mit dem Wunderhorn. Der Page. Rätsel. 2 Venezianische Lieder. Sag an, o lieber Vogel. Jasminenstrauch. Aus den östlichen Rosen. Nur ein lächelnder Blick. Dem roten Röslein gleicht mein Lieb'. Niemand. Hochländers Abschied. Hauptmanns Weib. Freisinn. Talismane – Klavier: Jörg Demus – 1967 – DG

SCHUMANN, ROBERT: *Lieder* nach Heinrich Heine – Klavier: Jörg Demus – 1965 – DG

SCHUMANN, ROBERT: *Chor-Balladen* – Dirigent: Bernhard Klee – 1984 – EMI

SCHUMANN, ROBERT: *Szenen aus Goethes Faust* (Titelpartie) – Harwood, Shirley-Quirk, Pears, Vyrgan, Palmer, Dickinson, Stevens, Lloyd, Hodgson. Aldeburgh Festival Singers. English Chamber Orchestra. Dirigent: Benjamin Britten – 1973 – Decca/L

SCHUMANN, ROBERT: *Szenen aus Goethes Faust* – Mathis, Berry, Gedda, Daniels, Lövaas, Schwarz, Sharp, Gramatzki, Stamm. Chor des Städtischen Musikvereins e. V. Düsseldorf. Tölzer Knabenchor. Düsseldorfer Sinfoniker. Dirigent: Bernhard Klee – 1981 – EMI/L

SCHUMANN, ROBERT: *Genoveva* (Siegfried). Gesamtaufnahme – Moser, Schreier, Lorenz, Vogel. Berliner Rundfunkchor. Gewandhausorchester Leipzig. Dirigent: Kurt Masur – 1976 – EMI/L

SCHWARZ-SCHILLING, REINHARD: *Lieder* nach Gedichten von Eichendorff. Der wanderne Musikant. Wandern lieb' ich für mein Leben. Wenn die Sonne lieblich schiene. Bist du manchmal auch verstimmt. Durch Feld und Buchenhallen – Klavier: Aribert Reimann – 1961 – EMI

SCHWARZ-SCHILLING, REINHARD: *Eichendorff-Lieder*. Todeslust. Marienlied. Kurze Fahrt – Klavier: Gerald Moore – 1965 – EMI

SENCKENDORFF, KARL SIEGMUND VON: *Goethe-Lieder*. Romanze aus »Claudine« – Klavier: Jörg Demus – 1972 – DG

SCHOSTAKOVICH, DIMITRI: *Sinfonie Nr. 14* – Varady. Concertgebouw-Orchester Amsterdam. Dirigent: Bernard Haitink – 1980 – Decca

SPOHR, LUDWIG: *Lieder* – Klavier: Hartmut Höll – 1984 – Orfeo

SPOHR, LUDWIG: *Faust* – 1984 – Orfeo

SPONTINI, GASPARO LUIGI PACIFICO: *Olympie* – 1984 – Orfeo

STEPHAN, RUDI: *Liebeszauber* für Bariton und Orchester (1911/13) – Radio-Sinfonie-Orchester Berlin. Dirigent: Hans Zender – 1983 – Schwann

STÖLZEL, GOTTFRIED HEINRICH: *Aus der Tiefe rufe ich* (Kantate) – Festival Strings Lucerne. Dirigent: Rudolf Baumgartner – 1963 – DG

STRAUSS, JOHANN: *Die Fledermaus* – Rothenberger, Gedda, Holm, Fassbaender, Dallapozza, Berry, Schenk. Chor der Wiener Staatsoper. Wiener Sinfoniker. Dirigent: Willi Boskovsky – 1971 – EMI/L

STRAUSS, RICHARD: *Enoch Arden,* op. 38. – Klavier: Jörg Demus – 1964 – DG/EMI

STRAUSS, RICHARD: *Krämerspiegel,* op. 66. 12 Gesänge von Alfred Kerr – Klavier: Gerald Moore – 1964 – EMI

STRAUSS, RICHARD: *Lieder.* 5 Lieder, op. 39. Lieder, op. 41 Nr. 2–5. Gesänge älterer deutscher Meister, op. 43 Nr. 1 und 3. 5 Gedichte, op. 46. 5 Gedichte, op. 47. 5 Gedichte, op. 48. Lieder, op. 49. 6 Lieder, op.

56. Lieder, op. 67 Nr. 4–6. Lieder, op. 68 Nr. 1 und 4. 5 kleine Lieder, op. 69. Gesänge des Orients, op. 77. Gesänge, op. 87 Nr. 1, 3, 4. 2 Lieder, op. 88. Lieder, ohne Opuszahl – Klavier: Gerald Moore – 1968/ 1970 – EMI

STRAUSS, RICHARD: *Lieder*, Vol. I. 8 Lieder, op. 10: Zueignung. Nichts. Die Nacht. Die Georgine. Geduld. Die Verschwiegenen. Die Zeitlose. Allerseelen. 5 Lieder, op. 15: Madrigal. Winternacht. Lob des Leidens. Aus den Liedern der Trauer. Heimkehr. 6 Lieder, op. 17: Seitdem dein Aug' in meines schaute. Ständchen. Das Geheimnis. Aus den Liedern der Trauer. Nur Mut! Barkarole – Klavier: Gerald Moore – 1967 – EMI/L

STRAUSS, RICHARD: *Lieder*, Vol. II. 6 Lieder, op. 19: Wozu noch Mädchen, soll es frommen. Breit' über mein Haupt dein schwarzes Haar. Schön sind, doch kalt die Himmelssterne. Wie sollten wir geheim sie halten. Hoffen und wieder verzagen. Mein Herz ist stumm, mein Herz ist kalt. Schlichte Weisen, op. 21: All mein Gedanken. Du meines Herzens Krönelein. Ach Lieb, ich muß nun scheiden. Ach weh, mir unglückhaftem Mann. Die Frauen sind oft fromm und still. 2 Lieder, op. 26: Frühlingsgedränge. O wärst du mein. Mädchenblumen, op. 22: Kornblumen. Mohnblumen. Epheu. Wasserrose. 4 Lieder, op. 27: Ruhe, meine Seele. Cäcilie. Heimliche Aufforderung. Morgen – Klavier: Gerald Moore – 1970 – EMI/L

STRAUSS, RICHARD: *Lieder*, Vol. III. Lieder, op. 29 Nr. 1 und 3: Traum durch die Dämmerung. Nachtgang. 3 Lieder, op. 31: Blauer Sommer. Wenn. Weißer Jasmin. Stiller Gang, op. 31 Nr. 4. 5 Lieder, op. 32: Ich trage meine Minne. Sehnsucht. Liebeshymnus. O süßer Mai. Himmelsboten. Lieder, op. 36 Nr. 1 und 4: Das Rosenband. Anbetung. Lieder, op. 37 Nr. 1–3 und 5–6: Glückes genug. Ich liebe dich. Meinem Kinde. Herr Lenz. Hochzeitlich Lied – Klavier: Gerald Moore – 1970 – EMI/L

STRAUSS, RICHARD: *Lieder* (siehe Sammlungen: Lieder der späten Romantik). 3 Lieder aus den Büchern des Unmuts des Rendsch Nameh (West-östlicher Divan von Goethe). Wer wird von der Welt verlangen. Hab ich euch denn je geraten. Wanderers Gemütsruhe – Klavier: Karl Engel – 1959 – DG

STRAUSS, RICHARD: *Lieder*. Gefunden. Krämerspiegel. Das Rosenband. Einerlei. Winterweihe. Stiller Gang. Der Arbeitsmann. Blindenklage. Heimkehr. Enoch Arden, op. 38 (Tennyson) – Klavier: Jörg Demus – 1964 – DG

STRAUSS, RICHARD: *Lieder*. Wer hat's getan, op. posthum – Klavier: Aribert Reimann – 1971 – EMI

STRAUSS, RICHARD: *Ausgewählte Lieder* – Klavier: Wolfgang Sawallisch – 1981–1983 – DG

STRAUSS, RICHARD: *Arabella* (Mandryka) – Paskuda, Kohn, Hoppe, Günter, della Casa, Malaniuk, Rothenberger u. a. Chor der Bayerischen Staatsoper München. Orchester der Bayerischen Staatsoper München. Dirigent: Joseph Keilberth – 1963 – DG/L

STRAUSS, RICHARD: *Arabella* (Mandryka) – Berry, Schmidt, Varady, Donath, Dallapozza, Winkler, Küper, Becht, Höbarth, Soffel, Lemberg, Praprotnik, Mühlhansel. Chor der Bayerischen Staatsoper München. Orchester der Bayerischen Staatsoper München. Dirigent: Wolfgang Sawallisch – 1981 – EMI/L

STRAUSS, RICHARD: *Arabella* (Mandryka). Großer Querschnitt – Varady, Donath, Dallapozza, Schmidt, Berry. Chor der Bayerischen Staatsoper. Bayerisches Staatsorchester. Dirigent: Wolfgang Sawallisch – EMI

STRAUSS, RICHARD: *Ariadne auf Naxos* (Musiklehrer) – Grist, Hillebrecht, Troyanos, Thomas. Sinfonie-Orchester des Bayerischen Rundfunks. Dirigent: Karl Böhm – 1969 – DG/L

STRAUSS, RICHARD: *Capriccio* (Graf) – Janowitz Schreier, Prey, Ridderbusch, Troyanos u. a. Sinfonie-Orchester des Bayerischen Rundfunks. Dirigent: Karl Böhm – 1971 – DG/L

STRAUSS, RICHARD: *Capriccio* (Olivier) – Schwarzkopf, Wächter, Gedda, Hotter, Ludwig, Christ, Moffo u. a. Philharmonia Orchestra London. Dirigent: Wolfgang Sawallisch – 1957 – EMI/L

STRAUSS, RICHARD: *Elektra* (Orest) – Borkh, Madeira, Schech, Uhl. Chor der Staatsoper Dresden. Orchester der Staatsoper Dresden. Dirigent: Karl Böhm – 1960 – DG/L

STRAUSS, RICHARD: *Frau ohne Schatten* (Barak) – Borkh, Bjoner, Mödl, Töpper, Hotter, Thomas. Chor der Bayerischen Staatsoper München. Orchester der Bayerischen Staatsoper München. Dirigent: Joseph Keilberth – 1963 – DG/L

STRAUSS, RICHARD: *Intermezzo* (Hofkapellmeister Storch) – Popp, Brammer, Fuchs, Dallapozza, Hirte, Greindl-Rosner, Finke, Grumbach, Wilsing, Moll, Woska, Rüggeberg, Hautermann. Sinfonie-Orchester des Bayerischen Rundfunks. Dirigent: Wolfgang Sawallisch – 1980 – EMI/L

STRAUSS, RICHARD: *Der Rosenkavalier* (Faninal) – Schech, Seefried, Streich, Böhme, Steingruber, Wagner. Chor der Staatsoper Dresden. Staatskapelle Dresden. Dirigent: Karl Böhm – 1958 – DG/L

STRAUSS, RICHARD: *Salome* (Jochanaan) – Cassilly, Dunn, Jones, Ochmann. Orchester der Hamburgischen Staatsoper. Dirigent: Karl Böhm – 1970 – DG/L

Strawinsky, Igor: *Babel* (Kantate für Männerchor, Sprecher und Orchester). *Zwei Lieder von Paul Verlaine*, op. 9. *Elegie für J. F. Kennedy* – Südfunkchor Stuttgart. Radio-Sinfonie-Orchester Stuttgart. Dirigent: Gary Bertini – 1982 – Orfeo/L

Strawinsky, Igor: *Zwei Lieder von Verlaine*, op. 9 – DG

Streicher, Theodor: *Ist dir ein getreues, liebevolles Kind beschert* – Klavier: Aribert Reimann – 1974 – EMI

Telemann, Georg Philipp: *Die Hoffnung ist mein Leben*. Kantate – Violine: Helmut Heller. Cembalo: Edith Picht-Axenfeld. Violoncello: Irmgard Poppen – 1962 – EMI

Telemann, Georg Philipp: *Ihr Völker höret*. Kantate – Cembalo: R. Veyron-Lacroix. Flöte: J.-P. Rampal – 1971 – EMI/L

Telemann, Georg Philipp: *Der Kanarienvogel*. Kantate – Violine: Helmut Heller. Viola: Heinz Kirchner. Oboe: Lothar Koch. Cembalo: Edith Picht-Axenfeld. Violoncello: Irmgard Poppen – 1962 – EMI

Telemann, Georg Philipp: *Lieder*. Die Einsamkeit. Glück. Das Frauenzimmer. Seltenes Glück. Die vergessene Phillis. Falschheit. Lob des Weins – Cembalo: Edith Picht-Axenfeld. Violoncello: Irmgard Poppen – 1962 – EMI

Telemann, Georg Philipp: *Erquicktes Herz sei voller Freuden*. Kantate – Violine: Koji Toyod. Cembalo: Edith Picht-Axenfeld. Violoncello: Georg Donderer. Kontrabaß: Hans Nowak – 1969 – EMI

Tiessen, Heinz: *Vöglein Schwermut*, op. 23 Nr. 3 – Klavier: Aribert Reimann – 1971 – EMI

Tschaikowsky, Peter Iljitsch: *Lieder*. Mein Schutzengel, mein Engel. Eine Träne zittert. Versteh doch einmal nur. Wie auf glühender Asche. Ich habe nie mit dir gesprochen. Geh' nicht fort von mir. Meine kleine Schelmin. Kein Echo, weder Wort noch Freundschaftszeichen. Serenade des Don Juan. Inmitten eines rauschenden Balles. O wenn du könntest. Die Liebe eines Toten. Heldenmut. Ich segne euch, Wälder. Auf die gelben Felder. Neugriechisches Lied. Seitdem sie ständig wiederholen: »Dummkopf« – Klavier: Aribert Reimann – 1981 – Philips/L

Tschaikowsky, Peter Iljitsch: *Schottische Ballade*. Edward, op. 46 Nr. 2 – De los Angeles. Klavier: Gerald Moore – 1960 – EMI

Tschaikowsky, Peter Iljitsch: *Eugen Onegin* (Titelpartie) – Konetzni, Jurinac, Cvejic, Rössl-Majdan, Dermota, Kreppel, Klein. Chor der Wiener Staatsoper. Orchester der Wiener Staatsoper. Dirigent: Lovro von Matacic – 1961 – Helikon/L

Tschaikowsky, Peter Iljitsch: *Eugen Onegin* (Titelpartie). Querschnitt in deutscher Sprache – Lear, Fassbaender, Wunderlich, Talvela. Chor der Bayerischen Staatsoper München. Orchester der Bayerischen Staatsoper München. Dirigent: Otto Gerdes – 1966 – DG/L

VERDI, GIUSEPPE: *Arien* aus: Der Troubadour. Rigoletto. Die Sizilianische Vesper. Don Carlos. Ein Maskenball. Falstaff – Berliner Philharmoniker. Dirigent: Alberto Erede – 1959 – EMI

VERDI, GIUSEPPE: *Don Carlos* (Posa) – Tebaldi, Bumbry, Ghiaurov, Bergonzi, Talvela. Chor und Orchester des Royal Opera House Covent Garden London. Dirigent: Georg Solti – 1965 – Decca/L

VERDI, GIUSEPPE: *Don Carlos* (Posa). Querschnitt (deutsch) – Radio-Sinfonie-Orchester Berlin. Dirigent: Giuseppe Patané – 1973 – EMI/L

VERDI, GIUSEPPE: *Ein Maskenball* (Renato). Querschnitt (deutsch) – Borkh, Lear, Wagner, Thomas. Chor der Deutschen Oper Berlin. Orchester der Deutschen Oper Berlin. Dirigent: Giuseppe Patané – 1963 – DG/L

VERDI, GIUSEPPE: *Falstaff* (Titelpartie) – Panerai, Oncina, Stolze, Dikkie, Kunz, Ligabue, Sciutti, Resnik, Rössel-Majdan. Wiener Philharmoniker. Dirigent: Leonard Bernstein – 1966 – CBS/L

VERDI, GIUSEPPE: *Macbeth* (Titelpartie) – Souliotis, Ghiaurov, Pavarotti, Cassinelli. Wandsworth Boys Choir. Ambrosian Singers. London Philharmonic Orchestra. Dirigent: Lamberto Gardelli – 1971 – Decca

VERDI, GIUSEPPE: *Macbeth* (Titelpartie) – Bumbry, Lorenzi, Lagger, Lazaro, Cossovel. Chor der Wiener Staatsoper. Wiener Philharmoniker. Dirigent: Wolfgang Sawallisch – Live-Mitschnitt 1964 – Orfeo

VERDI, GIUSEPPE: *Die Macht des Schicksals.* Szene und Arie des Don Carlos – Radio-Sinfonie-Orchester Berlin. Dirigent: Ferenc Fricsay – 1961 – DG

VERDI, GIUSEPPE: *Die Macht des Schicksals* (Don Carlos). Querschnitt (deutsch) – Woytowicz, Ahlin, Thomas, Stern. RIAS-Kammerchor. Radio-Sinfonie-Orchester Berlin. Dirigent: Klaus Löwlein – 1962 – DG/L

VERDI, GIUSEPPE: *Otello* (Jago). Querschnitt (deutsch) – Stratas, Windgassen, Lenz u. a. Chor der Bayerischen Staatsoper. Orchester der Bayerischen Staatsoper. Dirigent: Otto Gerdes – 1967 – DG/L

VERDI, GIUSEPPE: *Otello* (Jago) – McCracken, Jones, Stagio, Palma. Ambrosian Singers. New Philharmonia Orchestra London. Dirigent: John Barbirolli – 1968 – EMI

VERDI, GIUSEPPE: *Rigoletto* (Titelpartie). Querschnitt (deutsch) – Vivarelli, Rütgers, Kozub, Lauhöfer. Chor der Deutschen Oper Berlin. Berliner Philharmoniker. Dirigent: Horst Stein – 1962 – DG/L

VERDI, GIUSEPPE: *Rigoletto* (Titelpartie) – Scotto, Bergonzi, Vinco, Cossotto. Chor der Mailänder Scala. Orchester der Mailänder Scala. Dirigent: Rafael Kubelik – 1964 – DG/L

VERDI, GIUSEPPE: *La Traviata* (Germont). Querschnitt (deutsch) – Güden, Hellmann, Wunderlich, Kohn. Chor des Bayerischen Rundfunks. Sinfonie-Orchester des Bayerischen Rundfunks. Dirigent: Bruno Bartoletti – 1966 – DG/L

VERDI, GIUSEPPE: *La Traviata*. Arie des Germont – Radio-Sinfonie-Orchester Berlin. Dirigent: Ferenc Fricsay – 1961 – DG

VERDI, GIUSEPPE: *La Traviata* (Germont) – Lorengar, Fiorentino, Carbonari, Aragal. Chor der Deutschen Oper Berlin. Orchester der Deutschen Oper Berlin. Dirigent: Lorin Maazel – 1968 – Decca/L

WAGNER, RICHARD: *Goethe-Lieder*. Lied des Mephistopheles. Branders Lied – Klavier: Jörg Demus – 1972 – DG

WAGNER, RICHARD: *Der fliegende Holländer* (Titelpartie) – Frick, Schech, Schock, Wagner, Wunderlich. Chor der Staatsoper Berlin. Orchester der Staatsoper Berlin. Dirigent: Franz Konwitschny – 1960 – EMI/L

WAGNER, RICHARD: *Götterdämmerung* (Gunther) – Nilsson, Windgassen, Frick, Watson, Ludwig, Neidlinger, Watts, Hoffmann, Välkki, Popp, Jones, Guy. Chor der Wiener Staatsoper. Wiener Philharmoniker. Dirigent: Georg Solti – 1964 – Decca/L

WAGNER, RICHARD: *Lohengrin* (Rolle des Heerrufers) – Windgassen, Nilsson, Adam, Uhde, Varnay, Stolze, Tobin, Blankenheim, Crass. Chor der Bayreuther Festspiele. Orchester der Bayreuther Festspiele. Dirigent: Eugen Jochum – 1954 – Helikon

WAGNER, RICHARD: *Lohengrin* (Telramund) – Thomas, Grümmer, Ludwig, Frick. Chor der Wiener Staatsoper. Wiener Philharmoniker. Dirigent: Rudolf Kempe – 1962/63 – EMI/L

WAGNER, RICHARD: *Die Meistersinger von Nürnberg* (Hans Sachs) – Domingo, Ligendza, Ludwig, Laubenthal, Discroll, Maus, Mercker, Vantin, Feldhoff, Hermann, Lagger, Lang, Sardi. Chor der Deutschen Oper Berlin. Orchester der Deutschen Oper Berlin. Dirigent: Eugen Jochum – 1976 – DG/L

WAGNER, RICHARD: *Parsifal* (Amfortas) – Vinay, Mödl, Greindl, Blankenheim, Hotter, Traxel, Herwig, Lechner, Schärtel, Stolze, Pfeifle, Hollweg, Pöltinger, Siebert, Vulpius. Chor der Bayreuther Festspiele 1956. Orchester der Bayreuther Festspiele 1956. Dirigent: Hans Knappertsbusch – 1956 – Helikon

WAGNER, RICHARD: *Parsifal* (Amfortas) – Kollo, Ludwig, Hotter, Frick, Kelemen. Chor der Wiener Staatsoper. Wiener Sängerknaben. Wiener Philharmoniker. Dirigent: Georg Solti – 1971 – Decca/L

WAGNER, RICHARD: *Das Rheingold* (Wotan) – Donath, Moser, Stolze, Grobe, Wohlfahrt, Kelemen, Talvela. Berliner Philharmoniker. Dirigent: Herbert von Karajan – 1967 – DG/L

WAGNER, RICHARD: *Tannhäuser* (Wolfram von Eschenbach) – Windgassen, de los Angeles, Greindl, Bumbry, Stolze u. a. Chor und Orchester der Bayreuther Festspiele 1961. Dirigent: Wolfgang Sawallisch – 1961 – Helikon/L

WAGNER, RICHARD: *Tannhäuser* (Wolfram von Eschenbach) – Greindl, Suthaus, Musial, Buchner, Liebing, Nissen, Zimmermann. Chor der Städtischen Oper Berlin. Orchester der Städtischen Oper Berlin. Dirigent: Leopold Ludwig – 1949 – Helikon/L

WAGNER, RICHARD: *Tannhäuser* (Wolfram von Eschenbach) – Vinay, Brouwenstijn, Greindl, Wilfert, Traxel, Blankenheim u. a. Chor und Orchester der Bayreuther Festspiele 1954. Dirigent: Joseph Keilberth – 1954 – Helikon/L

WAGNER, RICHARD: *Tannhäuser* (Wolfram von Eschenbach) – Grümmer, Hopf, Frick. Chor der Staatsoper Berlin. Orchester der Staatsoper Berlin. Dirigent: Franz Konwitschny – 1960 – EMI/L

WAGNER, RICHARD: *Tannhäuser*. Großer Querschnitt – Grümmer, Schech, Hopf, Frick. Chor der Staatsoper Berlin. Orchester der Staatsoper Berlin. Dirigent: Franz Konwitschny – EMI

WAGNER, RICHARD: *Tannhäuser* (Wolfram von Eschenbach) – Windgassen, Laubenthal, Adam, Nilsson. Chor der Deutschen Oper Berlin. Orchester der Deutschen Oper Berlin. Dirigent: Otto Gerdes – 1968/69 – DG/L

WAGNER, RICHARD: *Tristan und Isolde* (Kurwenal) – Kollo, Moll, Price, Götz, Fassbaender, Dermota, Hellmich, Büchner. Rundfunkchor Leipzig. Staatskapelle Dresden. Dirigent: Carlos Kleiber – 1980/81 – DG/L

WAGNER, RICHARD: *Tristan und Isolde* (Kurwenal) – Suthaus, Flagstad, Thebom, Greindl, Schock u. a. Covent Garden Chor. Philharmonia Orchestra London. Dirigent: Wilhelm Furtwängler – 1952 – EMI

WAGNER, RICHARD: *Der Tannenbaum* – Klavier: Aribert Reimann – 1974 – EMI

WALTER, BRUNO: *Drei Lieder* nach Gedichten von Joseph von Eichendorff. Musikantengruß. Der junge Ehemann. Der Soldat – Klavier: Jörg Demus – 1964 – DG

WEBER, CARL MARIA VON: *Schottische Lieder und Volksweisen*. Ein entmutigter Liebender. Ein beglückter Liebender. Bewunderung. Glühende Liebe. Trinklied. Wein, weine nur nicht – Violine: Helmut Heller. Violoncello: Irmgard Poppen. Flöte: Aurèle Nicolet. Klavier: Karl Engel – 1961 – DG

WEBERN, ANTON VON: *Lieder*. Vorfrühling. Gefunden. Bild der Liebe. Am Ufer. Dies ist ein Lied. Am Bachesrand. Noch zwingt mich Treue.

So ich traurig bin. Ihr tratet zu dem Herde – Klavier: Aribert Reimann – 1970 – DG/L

WEBERN, ANTON VON: *Vier Lieder* nach Stefan George. Erwachen aus dem tiefsten Traumesschoße. Trauer 1 (Maximin). Das lockere Staatsgebilde lechzet krank. Kunfttag 1 – Klavier: Aribert Reimann – 1974 – EMI

WEINGARTNER, FELIX PAUL VON: *Liebesfeier*. (An ihren bunten Liedern klettert) – Klavier: Aribert Reimann – 1974 – EMI

WEISMANN, WILHELM: *Schlaf wohl, du Himmelsknabe. Der heilige Nikolaus* – Klavier: Jörg Demus – 1970 – DG

WOLF, HUGO: *16 Lieder aus dem Italienischen Liederbuch* – Klavier: Hertha Klust – 1950–1951 – DG

WOLF, HUGO: *Italienisches Liederbuch* – Seefried. Klavier: Jörg Demus und Erik Werba – 1958 – DG

WOLF, HUGO: *Italienisches Liederbuch* – Schwarzkopf. Klavier: Gerald Moore – 1966 – EMI

WOLF, HUGO: *Italienisches Liederbuch* – Ludwig. Klavier: Daniel Barenboim – 1979 – DG/L

WOLF, HUGO: *Spanisches Liederbuch* – Schwarzkopf. Klavier: Gerald Moore – 1966/67 – DG/L

WOLF, HUGO: *Lieder, Vol. I* – Klavier: Daniel Barenboim – 1972 – DG/L

WOLF, HUGO: *Lieder, Vol. II* – Klavier: Daniel Barenboim – 1974–1976 – DG/L

WOLF, HUGO: *Lieder, Vol. III* – Klavier: Daniel Barenboim – 1974–1976 – DG/L

WOLF, HUGO: *Lieder* von Eichendorff, Goethe, Byron, Mörike, Michelangelo, Reinick. Aus dem »Spanischen Liederbuch«. Lieder nach verschiedenen Dichtern – Klavier: Gerald Moore – 1957–1960 – EMI

WOLF, HUGO: *Fünf Lieder aus dem »Italienischen Liederbuch«* – Klavier: Jörg Demus – 1960 – DG

WOLF, HUGO: *Lieder*, Vol. I, nach Gedichten von Eduard Mörike – Klavier: Daniel Barenboim – 1972 – DG/L

WOLF, HUGO: *Lieder,* Vol. II. Goethe-Heine-Lenau-Lieder – Klavier: Daniel Barenboim – 1974–1976 – DG/L

WOLF, HUGO: *Lieder,* Vol. III. Lieder von Eichendorff, Michelangelo, von Fallersleben, Reinick, Shakespeare u. a. – Klavier: Daniel Barenboim – 1974–1976 – DG/L

WOLF, HUGO: *Mörike-Lieder*. Auswahl – Klavier: Svjatoslav Richter – 1973 – DG

ZELTER, KARL FRIEDRICH: *Goethe-Lieder*. Rastlose Liebe. Um Mitter-

nacht. Gleich und gleich. Wo gehts Liebchen – Klavier: Jörg Demus –
1972 – DG
ZELTER, KARL FRIEDRICH: *Lieder*. Die Sänger der Vorwelt. Wanderers
Nachtlied. Wo gehts Liebchen. Ruhe. Gleich und gleich. Erster Ver-
lust. Rastlose Liebe. An die Entfernte. Wonne der Wehmut. Um Mit-
ternacht. Einsamkeit. Harfenspieler. Klage (erste Komp.). Klage
(zweite Komp.). Berglied. Beruhigung. Selige Sehnsucht. Gesang und
Kuß. Abschied – Klavier: Aribert Reimann – 1983 – Orfeo
ZEMLINSKY, ALEXANDER: *Lyrische Sinfonie,* op. 18 – Varady. Berliner
Philharmoniker. Dirigent: Lorin Maazel – 1981 – DG/L

Sammlungen

Die großen Sänger unserer Zeit I – Haydn, Beethoven, Schubert, Mendels-
sohn, Schumann, Brahms, Wolf, Strauss – EMI
Dietrich Fischer-Dieskau singt Arien – Britten: War Requiem. Haydn: Aci-
de e Galatea. Mahler: Lied von der Erde. Mozart: Figaros Hochzeit.
Puccini: Tosca. Schumann: Faust. Verdi: Don Carlos, Macbeth, La
Traviata. Wagner: Götterdämmerung, Parsifal – Wiener Philharmoni-
ker u. a. – TIS/L
Concert of the Century. Aufnahme zum 85. Jahrestag des Bestehens der
Carnegie Hall am 18. Mai 1976 – Schumann: Dichterliebe – Klavier:
Vladimir Horowitz – 1976 – CBS
Baroque Cantatas I – Händel: Caro sposa (Rinaldo). Telemann: Ihr
Völker höret. Bach, J. S.: Ächzen und erbärmlich weinen (Kantate 13).
Kein Höllenfeind (aus Kantate 123). Rameau: Cantata »Thetis«. Pur-
cell: When Night her Purple Veil – Flöte: J.-P. Rampal. Cembalo:
Robert Veyron-Lacroix. Violoncello: Jacques Neilz – EMI
Baroque Cantatas II – Telemann: Erquicktes Herz sei voller Freude.
Rosenmüller: Von den himmlischen Freuden. Clérambault: Orphée –
Flöte: Aurèle Nicolet. Cembalo: Edith Picht-Axenfeld. Violoncello: Ge-
org Donderer. Kontrabaß: Hans Nowak – EMI
Dank an Gerald Moore – Lieder: Mozart, Schubert, Rossini, Brahms,
Schumann, Wolf, Mendelssohn, Haydn – De los Angeles, Schwarz-
kopf. Klavier: Gerald Moore – Live-Mitschnitt 1967 – EMI/L
Opernarien – Bizet: Carmen. Gounod: Margarethe. Bizet: Perlenfischer.
Verdi: Die Macht des Schicksals. Rossini: Wilhelm Tell. Verdi: La
Traviata. Giordano: André Chenier. Leoncavallo: Der Bajazzo –
RIAS-Kammerchor. RIAS-Sinfonie-Orchester. Dirigent: Ferenc Fric-
say – 1961 – DG

Goethe-Lieder – Reichardt: Gott. Feiger Gedanken. Die schöne Nacht. Einziger Augenblick. Einschränkung. Mut. An Lotte. An Euphrosine. Zelter: Rastlose Liebe. Um Mitternacht. Gleich und gleich. Wo gehts Liebchen. A. A. von Preußen: Auf dem Lande und in der Stadt. Sie scheinen zu spielen. Senckendorff: Romanze. Neefe: Serenade. Beethoven: Mit Mädeln sich vertragen. Kreutzer: Ein Bettler vor dem Tor. Arnim: Aus Faust. Wagner: Lied des Mephistopheles. Branders Lied – Klavier: Jörg Demus – 1972 – DG

Lieder großer Interpreten – Busoni: Lied des Unmuts. Zigeunerlied. Schlechter Trost. Lied des Mephistopheles. Kempff: Liederseelen. Alle. Der Gesang des Meeres. In einer Sturmnacht. Busch: Nun die Schatten dunkeln. Wonne der Wehmut. Aus den Himmelsaugen droben. Walter: Musikantengruß. Der junge Ehemann. Der Soldat. Mainardi: Uomo del mio tempo. Con una fronda di mirto – Klavier: Jörg Demus und Wilhelm Kempff. Viola: Robert Nel – 1964 – DG

Lieder der Neudeutschen. Stilwandlungen des Klavierliedes 1850–1950 – Liszt, Wagner, Berlioz, Cornelius, Nietzsche, Weingartner, Ritter, Streicher, Raff, Eulenburg, Schillings – Klavier: Aribert Reimann – EMI

Lieder der Schumannianer. Stilwandlungen des Klavierliedes 1850–1950 – Franz, Grieg, Kirchner, Hiller, Jensen, Rubinstein – Klavier: Aribert Reimann – EMI

Lieder der Neuen Wiener Schule – Schönberg: Erwartung, op. 2/1. Die Aufgeregten, op. 3/2. Geübtes Herz, op. 3/5. Verlassen, op. 6/4. Der verlorene Haufen, op. 12/2. Ich darf nicht danken, op. 14/1. Sommermüd, op. 48/1. Tod, op. 48/2. Webern: Vorfrühling. Gefunden. Bild der Liebe. Am Ufer. Dies ist ein Lied. An Bachesrand. Noch zwingt mich Treue. So ich traurig bin. Ihr tratet zu dem Herde. Berg: Vier Gesänge, op. 2 – Klavier: Aribert Reimann – 1970 – DG/L

Leise flehen meine Lieder – Franz Schubert – Janowitz, Ludwig, Streich, Schreier, Wunderlich – DG

Lieder der späten Romantik – Strauss: 3 Goethe-Lieder aus den Büchern des Unmuts. 1. Wer wird von der Welt verlangen. 2. Hab ich euch je geraten. 3. Wanderers Gemütsruhe. Mahler: Phantasie aus Don Juan aus »Des Knaben Wunderhorn«. 1. Ablösung im Sommer. 2. Selbstgefühl. 3. Des Antonius von Padua Fischpredigt. 4. Zu Straßburg auf der Schanz. Pfitzner: 1. Sie haben heut' abend Gesellschaft. 2. In Danzig. 3. Eingelegte Ruder. 4. Säerspruch. 5. Hussens Kerker. 6. Zorn. 7. An die Mark. 8. Zum Abschied meiner Tochter. 9. Tragische Geschichte – Klavier: Karl Engel – 1959 – DG

Weltstars wünschen frohe Weihnachten – Von Karajan, Prey, Schreier, Stader, Streich, Wunderlich. Don Kosaken Chor mit Serge Jaroff. Regens-

burger Domspatzen. Thomanerchor Leipzig. Bläser der Berliner Philharmoniker – DG

Weihnachtslieder – Schubart: Weihnachtslied der Hirten. Reinicke: Weihnachtslied. Mergner: Weihnachtslied. Loewe: Der Hirten Lied am
Kripplein. Humperdinck: An das Christkind. Reger: Uns ist geboren
ein Kindlein. Christkindleins Wiegenlied. Maria am Rosenstrauch.
Knab: Marienlied. Haas: Die beweglichste Musika. Cornelius: Zu uns
komme dein Reich. Weismann: Der heilige Nikolaus. Reutter: Weihnachtskantilene – Klavier: Jörg Demus – 1970 – DG

Berühmte Duette – Verdi, Ponchielli, Bizet, Puccini – Bergonzi. Sinfonie-
Orchester des Bayerischen Rundfunks. Dirigent: Jesus Lopez-Cobos –
1982 – Orfeo/L

Interviews. So sprechen sie. Stimmen und Meinungen großer Musiker: –
Camille Saint-Saëns: La cloche. Clair de lune. Le pas d'armes du roi
Jean. L'attente. Charles Gounod: Solitude. César Franck: Le mariage
des roses. Nocturne. Roses et papillons. Reynaldo Hahn: L'heure ex-
quise. Si mes vers avaient des ailes. Ernest Chausson: Le temps des
lilas. Les papillons. Vincent d'Indy: Madrigal. Lied maritime. Georges
Bizet: La chanson du fou. Jules Massenet: Que l'heure est donc brève.
Gabriel Pierné: Sérénade. Emmanuel Chabrier: L'île hereuse. Les ciga-
les. Villanelle des petits canards. Gabriel Fauré: Au cimitière. Clair de
lune. Lydia – Géza Anda, Moshe Atzmon, Colin Davis, Dean Dixon,
Christoph von Dohnányi, Bruno Leonardo Gelber, Michael Gielen,
Eliahu Inbal, Wilhelm Kempff, Rafael Kubelik, Erich Leinsdorf,
Christa Ludwig, Lorin Maazel, Igor Markevitsch, Zubin Metha,
Yehudi Menuhin, David Oistrach, Seiji Ozawa, Arthur Rubinstein,
Georg Solti, Janos Starker, Georg Szell. Klavier: Hartmut Höll – 1984
– Orfeo

Dietrich Fischer-Dieskau als Dirigent

BERLIOZ, HECTOR: *Harold in Italien*, op. 16 – Viola: Josef Suk. Tschechische Philharmonie Prag. Dirigent: Dietrich Fischer-Dieskau – 1976 –
Supraphon

BRAHMS, JOHANNES: *Sinfonie Nr. 4 e-moll*, op. 98 – Tschechische Philharmonie Prag. Dirigent: Dietrich Fischer-Dieskau – 1976 – Supraphon

SCHUBERT, FRANZ: *Sinfonie Nr. 5 B-Dur*, D 759. *Sinfonie Nr. 8 h-moll*, D
759. (Unvollendete) – New Philharmonia Orchestra London. Dirigent:
Dietrich Fischer-Dieskau – 1973 – EMI

SCHUMANN, ROBERT: *Klavierkonzert a-moll* und *Konzertstück G-Dur*, op. 92.

Introduktion und Allegro appassionato – Klavier: Daniel Barenboim.
Dirigent: Dietrich Fischer-Dieskau – 1974 – EMI
SCHUMANN, ROBERT: *Sinfonie Nr. 2 C-Dur, op. 61* – Bamberger Sinfoniker. Dirigent: Dietrich Fischer-Dieskau – 1975 – BASF
SCHUMANN, ROBERT: *Sinfonie Nr. 3 Es-Dur, op. 97 (Rheinische). Manfred, op. 115* Ouvertüre – Bamberger Sinfoniker. Dirigent: Dietrich Fischer-Dieskau – 1975 – BASF

Dietrich Fischer-Dieskau als Autor

Texte deutscher Lieder (dtv)
Auf den Spuren der Schubert-Lieder (Deutsche Verlags-Anstalt/dtv)
Robert Schumann: Wort und Musik (Deutsche Verlags-Anstalt)
Wagner und Nietzsche (Deutsche Verlags-Anstalt/dtv)
Vorwort zu F. Martienßen-Lohmann: Der wissende Sänger (Atlantis-Verlag)
Vorwort zu M. Boyd: Johann Sebastian Bach (Deutsche Verlags-Anstalt)

Literatur über Dietrich Fischer-Dieskau

Jörg Demus, Karla Höcker, Wolf-Eberhardt von Lewinski, Werner Oehlmann: Dietrich Fischer-Dieskau (Rembrandt-Verlag)
Felix Schmidt: Musikerportraits. Aus den Werkstätten von Komponisten und Interpreten. Interview mit D. Fischer-Dieskau (Hoffmann und Campe)

Wagner und Nietzsche
Der Mystagoge und sein Abtrünniger
312 Seiten und 8 Seiten Abbildungen

Dietrich Fischer-Dieskau schildert die bis heute nach-
wirkende Begegnung zwischen Nietzsche und Wagner, eine Freundschaft, die sich in Feindschaft ver-
wandelte. Die Freundschaft der beiden Männer, die
hier nachgezeichnet wird, wirkt nur wie der Schein
einer solchen. Nietzsche als der Psychologe, der bereits die möglichen Folgen der Wagnerschen Musik
erkannte, legte einen Leidensweg zurück, um selbst
unabhängig zu werden.

Mit einem Vorwort von
Dietrich Fischer-Dieskau:

Malcolm Boyd
Johann Sebastian Bach
Leben und Werk
Mit einem Vorwort von Dietrich Fischer-Dieskau
Aus dem Englischen übertragen
von Konrad Küster
375 Seiten mit 20 Abbildungen,
zahlreichen Notenbeispielen und dem
vollständigen Werkverzeichnis

»Boyds Buch ist möglicherweise das beste, gewiß jedoch das konstruktivste und faszinierendste, das je in
knapper Form über Johann Sebastian Bach in irgend-
einer Sprache erschienen ist.«   *The Times*

DVA